New
TOPIK II

한국어능력시험

必須文法
150

한글파크

『NEW TOPIK Ⅱ 必須文法 150』은 중급 TOPIK Ⅱ을 대비하는 외국인 학습자를 위한 한국어 문법 대비서입니다. 특히 이 책은 학습자들이 짧은 시간 안에 TOPIK에 자주 출제되는 문법을 공부하고 실전 문제로 자신의 실력을 확인할 수 있도록 구성하였습니다.

많은 학습자들이 한국어 교육 기관에서 한국어를 배우거나 스스로 한국어 문법을 공부하고 있지만 TOPIK을 준비하는 데에는 대부분 어려움을 겪고 있습니다. 그 이유는 크게 다음과 같이 생각해 볼 수 있습니다.

1) TOPIK을 준비하기 위해 꼭 알아야 할 문법 목록이 없다.
2) TOPIK을 준비하기 위해 혼자 학습할 수 있는 문법책이 없다.
3) 배운 문법이라도 그 문법이 TOPIK Ⅱ에 어떻게 출제되는지 모른다.

이러한 문제로 고민하는 학습자들을 위하여 이 책은 TOPIK을 준비하는 데에 앞서 알아야 할 문법을 선정하고, 문법의 내용을 알기 쉽게 정리하였습니다.

먼저 지금까지의 TOPIK 기출문제를 분석해서 중요하게 출제되는 문법 150개를 선정했습니다. 그 다음 선정된 기출 문법들을 출제빈도수에 따라 중요도를 나눠 제시하였는데 이것은 시간이 충분하지 못한 학생일지라도 출제빈도수가 높은 문법을 중심으로 살펴보며 시험을 대비할 수 있도록 하기 위함입니다. 뿐만 아니라 자세한 연습문제 풀이를 통해 학습자는 TOPIK에 익숙해질 수 있도록 구성하였습니다.

이 책을 통해 TOPIK을 대비하는 외국인 학습자들이 공부의 방향을 잃지 않고 효율적으로 시험을 준비하여 좋은 결과를 얻기를 바랍니다.

책이 나오기까지 어떤 TOPIK 대비서가 필요한지에 대해 함께 고민하고 조언해 준 외국인 학생들과 문법 사항을 감수해 주신 감수자 선생님들께 감사드립니다. 또한 좋은 책을 만들기 위해서 수고해 주신 랭기지플러스 출판사 분들께도 감사의 말씀을 드립니다.

2018. 5. 집필자 일동

『TOPIK II 必須文法 150』は中級TOPIK IIを受験する外国人学習者のための韓国語文法対策本です。特に本書は、TOPIKに多く出題される文法を短期間で学習でき、実戦問題で実力を把握できるよう構成されています。

多くの学習者が教育機関で韓国語を学んだり、独学で韓国語を勉強していますが、その大部分が中級TOPIKを受験するにあたって文法で苦戦しています。その理由は大きく分けて次のように考えられます。

1) TOPIK受験のための必須文法リストがない。
2) TOPIK受験のための独学用の文法書がない。
3) 学習した文法がTOPIK IIにどのように出題されるか分からない。

このような問題に直面している学習者のために、本書では、TOPIKを受験するにあたり知っておくべき文法を厳選し内容を分かりやすく整理しました。

まず過去に出題された問題を分析し、主に出題される文法150個を選びました。次に、それらの文法を出題頻度の高いものから重要度別に分けて掲載し、学習に十分に時間を割けない
学習者でも出題頻度の高い文法を中心に学習できるようにしました。またそれだけでなく、過去に出題された問題を解くことでTOPIKの出題形式を把握できるようにし、さらに実践問題を通してTOPIKの出題形式に慣れるよう構成されています。

本書を通してTOPIKを受験する外国人学習者が、学習の方向性を見失うことなく効率的に学習し、よい結果を得ることができれば幸いです。

本書の出版にあたり、どんなTOPIK対策本が必要とされているのか、共に悩み、助言してくれた外国人学生ならびに文法事項を監修してくださいました先生方に心より感謝いたします。また良い本を作るためにご尽力いただきましたLangagePLUSの出版部の方々にも心より
御礼申し上げます。

2018. 5. 執筆者一同

일러두기
本書の使い方

이 책은 150개의 중급 문법으로 구성되어 있고 문법의 의미에 따라 29개의 장으로 구분하였다. 각 장은 '초급 문법 확인하기', '알아두기', '더 알아두기', '확인하기', '연습 문제'로 구성되어 있다.

本書は150個の中級レベルの文法を内容別に29章に分けてあります。章は「初級文法」、「知っておこう」、「もっと知ろう」、「確認しよう」、「練習問題」から構成されています。

1) 초급 문법 확인하기　初級文法を確認しよう

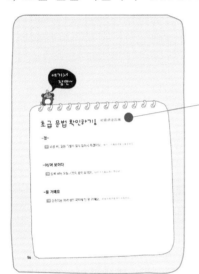

초급 문법을 예문을 통해 확인해 볼 수 있어요.
例文を通して初級文法の確認ができます。

2) 알아두기　知っておこう

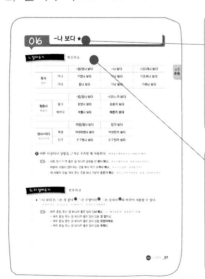

★ : TOPIK에 얼마나 많이 출제됐는지를 나타내요!! ★이 많을수록 자주 출제가 된 문법이니까 ★★★은 시험 전에 꼭 확인하도록 하세요!

★ : TOPIKでの出題頻度を表します!!★が多いほど、よく出題される文法なので、★★★は試験前に必ず確認しましょう!

l. 알아두기

문법의 '형태 변화, 의미, 예문, 주의사항'이 들어 있어요.

知っておこう：文法の「(動詞、形容詞、名詞)の、意味、例文、注意事項」が載っています。

3) 더 알아두기 もっと知ろう

2. 더 알아두기

다른 문법과 함께 쓰이면 의미가 어떻게 되는지 정리되어 있고, 의미나 기능이 유사한 문법을 비교해 놓았어요. 무엇보다 TOPIK 문제에서 비교되어 함께 출제되는 문법들도 정리되어 있으니 놓치지 마세요.

もっと知ろう：他の文法と合わせて使われると意味がどのように変わるのかを整理し、意味や機能が似ている文法と比較してあります。TOPIKでよく一緒に出題され、比較される文法も整理されているので確認しておきましょう。

🔦 : 문법을 비교해서 정리해 놓은 부분입니다. 만약 같은 장에 있는 두 문법이 비교될 경우에는 앞 부분의 문법 '더 알아두기'에는 정리해 놓았지만, 뒷 부분의 문법 '더 알아두기'에는 같은 내용의 문법 비교를 싣지 않았어요. 하지만 🔦 만 잘 따라가면 빨리 찾을 수 있어요.

🔦 ：文法を比較し、整理してあります。同じ章に出てくる2つの文法を比較する場合、先に出てくる文法の「もっと知ろう」にのみ記載があります。後に出てくる文法には、を表示し、比較されている文法項目が参照しやすくなっています。

TIP : TOPIK을 대비하기 위해서 필요한 정보나 항목을 자세하게 보충하여 다루고 있어요.

TIP ：TOPIKを受験するにあたって必要な情報や項目を補足説明しています。

4) 확인하기　確認しよう

3. 확인하기

문법이 어떻게 TOPIK에 출제됐는지 확인할 수 있어요. 정답해설도 함께 있으니 답을 찾는 방법도 함께 공부할 수 있어요.

確認しよう：文法が過去にどのようにTOPIKに出題されたのかが確認できます。解答と解説も一緒に載っているので、解答をみちびく方法も合わせて学習しましょう。

5) 연습 문제　練習問題

연습 문제 : TOPIK 문제 유형을 분석하여 실전 문제를 충실히 대비할 수 있도록 출제한 문제예요.

練習問題：TOPIKの問題形式を分析した予想問題で、実際の試験に十分に対応できるようになっています

093 : 문법의 번호로 문법 항목 뒤에 붙거나 해당 문법의 연습 문제 끝에 붙어요.

093 : これは文法番号で、文法項目や該当する文法が使われている練習問題の後に表示します。

6) 부록　付録

> 불규칙, 반말, 서술문이 수록되어 있어요.
>
> 不規則、ぞんざい語、叙述文が収録されています。

7) 포켓북　ポケットブック

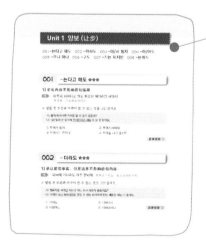

> 편하게 들고 다니면서 공부할 수 있는 책이에요.
> 문법의 의미와 예문이 포함되어 있어요.
>
> 持ち運びに便利なポケットブックです。文法の意味や例文が含まれています。

차례
目次

文法比較 索引

TOPIK(한국어능력시험) 안내　韓国語能力試験 案内

1. **한국어능력시험의 목적**
   - 한국어를 모국어로 하지 않는 재외동포·외국인의 한국어 학습 방향 제시 및 한국어 보급 확대
   - 한국어 사용능력을 측정·평가하여 그 결과를 국내 대학 유학 및 취업 등에 활용

2. **응시 대상**
   - 한국어를 모국어로 하지 않는 외국인 또는 재외동포
   - 한국어 학습자 및 국내·외 대학 유학희망자
   - 국내·외 한국어기업체 및 공공기관 취업희망자
   - 외국 학교 재학 또는 졸업자(재외국인)

3. **주관기관**
   교육부 국립국제교육원

4. **시험의 수준 및 등급**
   - 시험의 수준 : TOPIK Ⅰ, TOPIK Ⅱ
   - 평가 등급 : 6개 등급(1~6급)

TOPIK Ⅰ		TOPIK Ⅱ			
1급	2급	3급	4급	5급	6급
80점 이상	140점 이상	120점 이상	150점 이상	190점 이상	230점 이상

5. **시험 시간**

구분	교시	영역	시간
TOPIK Ⅰ	1교시	듣기/읽기	100분
TOPIK Ⅱ	1교시	듣기/쓰기	110분
	2교시	읽기	70분

6. **문항 구성**
   1) 수준별 구성

구분	교시	영역/시간	유형	문항수	배점	배점총계
TOPIK Ⅰ	1교시	듣기(40분)	객관식	30	100	200
	2교시	읽기(60분)	객관식	40	100	
TOPIK Ⅱ	1교시	듣기(60분)	객관식	50	100	300
		쓰기(50분)	주관식	4	100	
	2교시	읽기(70분)	객관식	50	100	

2) 문제유형
① 객관식 문항(4지 택 1형)
② 주관식 문항(쓰기영역)
  · 문장완성형(단답) : 2문항
  · 작문형 : 2문항
    - 중급 수준의 200~300자 정도의 설명문 1문항
    - 고급 수준의 600~700자 정도의 논술문 1문항

7. 문제지의 종류

종류	A형	B형
시행지역	미주, 유럽, 아프리카	아시아, 오세아니아
시행요일	토요일	일요일

8. 원서 접수 안내

① 로그인
- TOPIK 홈페이지에서 회원 가입
- 로그인 화면에서 아이디/비밀번호 입력

② 접수
- 인터넷 접수에서 접수 클릭
- 접수 회차의 일정 확인

③ 시험장 선택
- 원하는 시험장 검색(해당 정원이 모두 신청된 경우 신청 불가)
- 시험장 신청 버튼 클릭

④ 사진 등록
- 여권용 사진을 선택, 사진등록 → 편집 → 확인
  ※ 사진 등록시 표준 사진이 맞는지 확인

⑤ 개인 정보 입력
- 시험 수준, 시험장 및 등록한 사진 확인
- 개인 정보 입력 후 등록

⑥ 정보 확인 및 수정
- 시험 수준, 시험장, 등록한 개인 정보 확인 후 응시료 결제버튼 클릭

⑦ 응시료 결제
- 응시료 결제 클릭 후 응시료 결제 방법 선택 → 결제하기

⑧ 접수 내역 확인
- 나의 시험정보 → 접수내역 클릭
- 시험회차, 시험수준으로 검색하여 접수된 정보 확인
- 결제여부 및 접수 내역 확인

9. 등급별 평가 기준

시험수준	등급	평가기준
TOPIK I	1급	– '자기 소개하기, 물건 사기, 음식 주문하기' 등 생존에 필요한 기초적인 언어 기능을 수행할 수 있으며 '자기 자신, 가족, 취미, 날씨' 등 매우 사적이고 친숙한 화제에 관련된 내용을 이해하고 표현할 수 있다. – 약 800개의 기초 어휘와 기본 문법에 대한 이해를 바탕으로 간단한 문장을 생성할 수 있다. 간단한 생활문과 실용문을 이해하고, 구성할 수 있다.
	2급	– '전화하기, 부탁하기' 등의 일상생활에 필요한 기능과 '우체국, 은행' 등의 공공시설 이용에 필요한 기능을 수행할 수 있다. – 약 1,500~2,000개의 어휘를 이용하여 사적이고 친숙한 화제에 관해 문단 단위로 이해하고 사용할 수 있다. – 공식적 상황과 비공식적 상황에서의 언어를 구분해 사용할 수 있다.
TOPIK II	3급	– 일상생활을 영위하는 데 별 어려움을 느끼지 않으며, 다양한 공공시설의 이용과 사회적 관계 유지에 필요한 기초적 언어 기능을 수행할 수 있다. – 친숙하고 구체적인 소재는 물론, 자신에게 친숙한 사회적 소재를 문단 단위로 표현하거나 이해할 수 있다. – 문어와 구어의 기본적인 특성을 구분해서 이해하고 사용할 수 있다.
	4급	– 공공시설 이용과 사회적 관계 유지에 필요한 언어 기능을 수행할 수 있으며, 일반적인 업무 수행에 필요한 기능을 어느 정도 수행할 수 있다. – '뉴스, 신문 기사' 중 평이한 내용을 이해할 수 있다. 일반적인 사회적·추상적 소재를 비교적 정확하고 유창하게 이해하고, 사용할 수 있다. – 자주 사용되는 관용적 표현과 대표적인 한국 문화에 대한 이해를 바탕으로 사회·문화적인 내용을 이해하고 사용할 수 있다.
	5급	– 전문 분야에서의 연구나 업무 수행에 필요한 언어 기능을 어느 정도 수행할 수 있다. – '정치, 경제, 사회, 문화' 전반에 걸쳐 친숙하지 않은 소재에 관해서도 이해하고 사용할 수 있다. – 공식적, 비공식적 맥락과 구어적, 문어적 맥락에 따라 언어를 적절히 구분해 사용할 수 있다.
	6급	– 전문 분야에서의 연구나 업무 수행에 필요한 언어 기능을 비교적 정확하고 유창하게 수행할 수 있다. – '정치, 경제, 사회, 문화' 전반에 걸쳐 친숙하지 않은 주제에 관해서도 이용하고 사용할 수 있다. 원어민 화자의 수준에는 이르지 못하나 기능 수행이나 의미 표현에는 어려움을 겪지 않는다.

10. 쓰기 영역의 작문 문항평가 범주

문항	평가범주	평가내용
51~52	내용 및 과제 수행	제시된 과제에 맞게 적절한 내용으로 썼는가?
	언어사용	어휘와 문법 등의 사용이 정확한가?
53~54	내용 및 과제 수행	– 제시된 과제를 충실히 수행하였는가? – 주제에 관련된 내용으로 풍부하고 다양하게 구성하였는가?
	전개 구조	– 글의 조직이 명확하고 논리적이며 중심 생각을 잘 구성하였는가? – 논리 전개에 도움이 되는 담화 표지를 적절히 사용하였는가?
	언어사용	– 어휘와 문법 등을 정확하고 다양하게 사용하였는가? – 글의 목적과 기능에 따라 격식에 맞춰 글을 썼는가?

11. 성적 관련 정보

- 성적 확인 방법 : 홈페이지(www.topik.go.kr) 접속 후 확인 및 발송된 성적증명서 확인

  ※ 홈페이지에 접속하여 성적을 확인할 경우 시험회차, 수험번호, 생년월일이 필요함

  ※ 해외 응시자도 홈페이지(www.topik.go.kr)를 통해 자기 성적 확인

- 성적증명서 발급 대상 : 부정행위자를 제외하고 합격·불합격 여부에 관계없이 응시자 전원에게 발급

- 성적증명서 발급방법

  • 인터넷 발급 : TOPIK 홈페이지 성적증명서 발급 메뉴를 이용하여 온라인 발급(성적 발표 당일 출력 가능)

  • 우편수령 선택 : 한국 응시자의 경우 성적 발표일로부터 3일 후(근무일 기준) 발송

    일반우편으로 발송되므로 수취여부를 보장하지 못함

    주소 오류 또는 반송된 성적증명서는 다시 발송 되지 않음(3개월이내 방문수령 가능)

12. 시험 응시 관련

- 시험 당일에는 시험 시작 30분 전까지 해당 시험실의 지정된 좌석에 앉아 시험 감독관의 지시를 따라야 하며, 시험 시간 20분 전부터는 입실할 수 없다(타 지역 또는 타 시험장에서는 절대로 응시할 수 없음).

- 환불 기간에 환불을 신청한 경우, 환불 처리여부와 상관없이 시험에 응시할 수 없으며, 시험에 응시할 경우 해당 성적은 무효처리된다.

- 시험 시간 중에는 신분증과 수험표를 자기 책상의 좌측 상단에 놓아야 한다.

- 시험 시간 관리 책임은 수험생 본인에게 있으며, 시간 내에 답안 작성을 완료하여야 한다.

- 시험 시간 도중에는 퇴실할 수 없으나, 부득이한 경우 감독관의 허락을 받아 다른 응시자에게 방해가 되지 않도록 조용히 퇴실할 수 있다.

- 시험 도중 질병으로 인한 화장실 이용 등으로 인하여 부득이하게 복도로 나갔을 때에는 부정행위를 예방하기 위한 복도감독관의 확인에 협조하여야 한다.

- TOPIK Ⅱ 시험 2개 교시 중 어느 하나라도 결시한 응시생은 결시자로 처리된다.

- 시험 시간 중에 음식물을 먹어서는 안 되며, 소란스럽게 해도 안 된다.

- 시험장 내에서는 흡연을 할 수 없으며, 시설물이 훼손되지 않도록 주의하여야 한다.

- 시험 감독관의 지시를 따르지 않는 자 및 부정행위자는 당해 시험의 정지, 무효, 또는 합격 결정 취소 처분을 받을 수 있으며, 향후 2년간 시험 응시 자격이 제한될 수 있다.

13. 본인 확인 관련

- 본인 확인을 위해 수험표와 규정된 신분증(외국인등록증, 여권, 운전면허증 등)을 반드시 소지하여야 하며, 시험 당일 신분증을 가져오지 않은 응시자는 시험에 응시할 수 없다.
- 학생증 및 자격증 등은 신분증으로 인정하지 않으며, 규정된 신분증의 사본은 신분증으로 인정하지 않는다.
- 한국 내 응시자는 TOPIK 홈페이지에서 수험표 출력 기간 동안 수험표 출력이 가능하며, 수험표를 잃어버렸을 경우 시험장 관리본부에 신고한 뒤 본인 여부를 확인받은 후 수험표를 다시 발급 받아야 한다.
- 감독관의 응시자 본인 확인 절차에 성실하게 응하여야 하며 따르지 않으면 부정행위로 간주될 수 있다.

14. 답안지 작성 관련

- 답안지는 훼손 · 오염되거나 구겨지지 않도록 주의하여야 하며, 낙서를 하거나 불필요한 표기를 하였을 경우에 불이익을 받을 수 있다. 특히 답안지 상 · 하단의 타이밍 마크(■ ■ ■)는 절대로 훼손해서는 안 된다.
- 문제지에만 답을 쓰고 답안지에 옮기지 않으면 점수로 인정되지 않는다.
- 객관식 답안은 양면사인펜의 굵은 펜을 사용하고 매 문항마다 반드시 하나의 답만을 골라 그 숫자에 "●"로 표기하여야 한다. 불완전한 표기 또는 한 문항에 답을 2개 표기하는 경우에는 그 문항은 오답으로 처리한다. 객관식 답안을 수정할 경우에는 수정테이프를 사용하여 잘못된 답안을 완전히 덮어서 보이지 않도록 한다.
- 주관식 답안은 양면사인펜의 얇은 부분을 사용하여 반드시 정해진 답란 안에 작성해야 하며, 정해진 답란을 벗어나거나 답란을 바꿔서 쓸 경우 점수를 받을 수 없다. 주관식 답안을 수정할 경우에는 수정할 부분에 두 줄을 긋거나 수정테이프를 사용할 수 있다. 수정테이프를 사용해야 할 경우 감독관에게 조용히 손을 든다.
- OMR 답안지 작성을 잘못한 경우에는 교체할 수 있으나 시험시간 내에 답안지 작성을 마치지 못하여도 답안지는 제출하여야 한다. 시험 종료 후에는 답안지를 작성할 수 없으며, 시험 종료 후에도 계속 답안지를 작성하는 등 시험 감독관의 답안지 제출 지시에 불응할 경우에는 당해 시험이 무효처리될 수 있다.
- 답안지 작성은 1교시 시작 전 감독관이 배부한 양면사인펜만을 사용한다.
- 지정된 펜을 사용하지 않거나, 위 준수사항을 위반하여 발생하는 채점결과상의 불이익에 대한 책임은 응시자에게 있다.
- 시험 종료를 알리는 종이 울리면 필기도구를 놓고 답안지는 오른쪽에, 문제지는 왼쪽에 놓은 후 손을 책상 밑으로 내린 다음 감독관의 지시에 따른다.
- 답안 기재가 끝났더라도, 시험 종료 후 시험 감독관의 지시가 있을 때까지 퇴실할 수 없으며, 사용한 문제지 및 답안지는 반드시 제출하여야 한다.

UNIT 1

양보 讓步

001 –는다고 해도 ★★★

		–았/었다고 해도	–(느)ㄴ다고 해도	–(으)ㄹ 거라고 해도
동사 動詞	먹다	먹었다고 해도	먹는다고 해도	먹을 거라고 해도
	하다	했다고 해도	한다고 해도	할 거라고 해도

		–았/었다고 해도	–다고 해도	–(으)ㄹ 거라고 해도
형용사 形容詞	적다	적었다고 해도	적다고 해도	적을 거라고 해도
	비싸다	비쌌다고 해도	비싸다고 해도	비쌀 거라고 해도

		이었/였다고 해도	(이)라고 해도	일 거라고 해도
명사+이다 名詞+이다	선생님	선생님이었다고 해도	선생님이라고 해도	선생님일 거라고 해도
	친구	친구였다고 해도	친구라고 해도	친구일 거라고 해도

❶ 선행절의 내용이 후행절의 결과에 영향을 주지 않을 때 사용한다.
先行節の内容が後続節の結果に影響を与えない場合に使う。

> 例 • 지금부터 열심히 공부를 한다고 해도 대학에 합격하기는 힘들어요.
>　　今から一生懸命勉強をしたとしても、大学に合格するのは難しいです。
>
> • 아무리 친구라고 해도 서로 지켜야 할 예의가 있잖아요.
>　いくら友達だと言っても、お互い守らなければならない礼儀があるでしょう。
>
> • 아무리 비싸다고 해도 필요한 책이라면 사야지.
>　いくら高くても、必要な本なら買わなきゃ。

▶ '–는다고 해도'는 '–아/어 봤자'⁰⁰⁹와 바꾸어 사용할 수 있다.
「–는다고 해도」は「–아/어 봤자」に置き換えて使うことができる。

> 例 • 밤을 새운다고 해도 못 끝낼 거예요.　徹夜しても終わらないでしょう。
>　　=밤을 새워 봤자 못 끝낼 거예요.

3. 확인하기 　確認しよう

※ 밑줄 친 부분과 바꾸어 쓸 수 있는 것을 고르십시오.

가: 빨리 뛰어가면 막차를 탈 수 있지 않을까?
나: 10분밖에 안 남아서 <u>뛰어간다고 해도</u> 못 탈 것 같아요.

① 뛰어가 봤자
② 뛰어가자마자
③ 뛰어가는 편이라서
④ 뛰어갈 리가 없지만

走って行っても終電には乗れない、という内容になる文を探す問題である。②の「-자마자」は順序を表し、③の「-는 편이다」は程度を表すため答えにならない。④の「-을 리가 없다」は可能性がないという意味を表すため答えにならない。したがって、期待した結果にはならないだろうと予測する「-아/어 봤자」の表現を使った①が正解である。

正解 ①

		-았/었더라도	-더라도
동사 動詞	먹다	먹었더라도	먹더라도
	가다	갔더라도	가더라도
형용사 形容詞	많다	많았더라도	많더라도
	비싸다	비쌌더라도	비싸더라도

		이었/였더라도	(이)더라도
명사+이다 名詞+이다	선생님	선생님이었더라도	선생님이더라도
	친구	친구였더라도	친구더라도

❶ 선행절의 사실은 인정하지만 그것이 후행절의 내용에 영향을 주지 않을 때 사용한다.
　先行節の事実は認めつつも、それが後続節の内容に影響を与えない場合に使う。

> 例 ▶ · 가: 엄마, 나는 사촌언니 결혼식에 못 갈 것 같아요.
> 　　　お母さん、私は、いとこのお姉ちゃんの結婚式に行けそうにありません。
> 　　· 나: 아무리 바쁘**더라도** 언니 결혼식에는 가야지.
> 　　　いくら忙しくても、お姉ちゃんの結婚式には行かないと。
> 　　· 미국에 가**더라도** 자주 전화해.　アメリカに行っても、たびたび電話して。

▶ '-더라도'와 '-아/어도'⁰⁰⁴의 문법 비교　「-더라도」と「-아/어도」の文法比較

'-더라도'는 '-아/어도'와 바꾸어 사용할 수 있다.　「-더라도」は「-아/어도」に置き換えて使うことができる。

> 例 ▶ · 날씨가 춥**더라도** 학교에는 가야 돼.　寒くても、学校には行かないと。
> 　　　= 날씨가 추워**도** 학교에는 가야 돼.

'-아/어도'는 선행절의 일이 일어난 상황과 아직 일어나지 않은 상황에서 모두 사용할 수 있다. 하지만 '-더라도'는 선행절의 일이 아직 일어나지 않은 상황에서만 사용할 수 있다.

「-아/어도」は、先行節の事柄が起きた状況とまだ起きていない状態の両方に使うことができる。しかし「-더라도」は、先行節の事柄がまだ起きていない状況でのみ使うことができる。

이미 공부했지만 이해가 안 되는 상황   すでに勉強したが理解ができない状況で

例 ▶ • 아무리 공부**해도** 잘 이해가 안 돼요. いくら勉強してもよく理解ができません。

앞으로 공부한다고 해도 이해가 안 될 것 같은 상황
この先、勉強しても理解できないであろう状況で

例 ▶ • 아무리 공부**해도** 잘 이해가 안 될 거예요. いくら勉強してもよく理解ができないでしょう。
　　 = 아무리 공부하**더라도** 잘 이해가 안 될 거예요.

3. 확인하기   確認しよう

※ 밑줄 친 부분과 바꾸어 쓸 수 있는 것을 고르십시오.

가: 컴퓨터를 사려고 하는데 어느 회사 제품이 좋을까요?
나: 가격이 조금 <u>비싸더라도</u> 믿을 수 있는 회사에서 만든 제품을 사는 게 좋아요.

① 비싸도
② 비싸더니
③ 비쌌어도
④ 비싸더라니

解説

価格とは関係なく信頼できる会社の製品を買うのが良いという文章である。②の「-더니」は対照を表し、④の「-더라니」は予想と同じ場合に使う表現のため答えにならないまた、③の「-아/어도」は譲歩を表すが、一般的な事実について述べる場合は現在形を使うため、答えにならない。したがって、譲歩を表す「-아/어도」を使った①が正解である。

正解 ①

003 –아/어 봤자 ★★★

		–아/어 봤자
동사 動詞	읽다	읽어 봤자
	가다	가 봤자
형용사 形容詞	많다	많아 봤자
	예쁘다	예뻐 봤자

❶ 선행절의 일을 해도 기대하는 결과가 안 나올 거라고 예상할 때 사용한다.
先行節の事柄をしても期待する結果にならないだろうと予想する場合に使う。

例 • 지금 출발해 **봤자** 늦을 거예요. 今、出発したって遅れるでしょう。

• 요즘은 열심히 공부해 **봤자** 취업이 힘들 것 같아요.
最近は、一生懸命勉強したって就職は難しいでしょう。

❷ 선행절의 상태가 대단하지 않을 때 사용한다.
先行節の状態がそれほどでもないことを表す場合に使う。

例 • 학생이 돈이 많아 **봤자** 얼마나 많겠어요?
学生がお金をたくさん持っていたって、どれだけ多いでしょうか？

• 이번 영화가 재미있어 **봤자** 지난번 영화보다는 못 할 거예요.
今回の映画がいくらおもしろくたって、前回の映画ほどではないでしょう。

주의사항　注意事項

● '–아/어 봤자'가 ❶의 뜻일 때는 후행절에 '소용이 없다'가 자주 온다.
「–아/어 봤자」が❶の意味で用いられる場合、後続節に「소용이 없다」の表現を伴うことが多い。

例 아직 일어나지 않은 일에 대해서 걱정해 **봤자** 소용이 없어요.
まだ起こっていない事柄について、心配したってしようがないですよ。

● 후행절에는 명령문, 청유문이 오지 않는다.
後続節には命令文、勧誘文は使えない。

▶ '–아/어 봤자'가 ❶의 뜻일 때는 '–는다고 해도'⁰⁰¹와 바꾸어 사용할 수 있다.

「–아/어 봤자」が❶の意味で用いる場合、「–는다고 해도」に置き換えて使うことができる。

> 例 ▶ • 밤을 새 **봤자** 못 끝낼 거예요. 徹夜したって終えられないでしょう。
> =밤을 **샌다고** 해도 못 끝낼 거예요.

▶ '–아/어 봤자'가 ❶의 뜻일 때는 '–으나 마나'⁰⁰⁵와 바꾸어 사용할 수 있다.

「–아/어 봤자」が❶の意味で用いる場合、「–으나 마나」に置き換えて使うことができる。

> 例 ▶ • 지난 시험을 잘 못 봐서 공부를 열심히 **해 봤자** 진급하기 힘들 거예요.
> 前回の試験がよくできなかったので、勉強を一生懸命しても進級するのは難しいでしょう。
> = 지난 시험을 잘 못 봐서 공부를 하**나 마나** 진급하기 힘들 거예요.

3. 확인하기   確認しよう

※ 밑줄 친 부분과 의미가 같은 말을 고르십시오.

가: 참, 두 시에 약속이 있는 거 잊어버리고 있었네. 지금이라도 빨리 가야겠어.
나: 약속 시간이 벌써 삼십 분이나 지났잖아. <u>가 봤자 소용 없을 걸.</u>

① 지금 가면 만날 수 있을 거야.
② 빨리 가면 만날 수 있을까?
③ 가자마자 만날 걸.
④ 지금 가도 만날 수 없을 거야.

> 解説
>
> 「今、行っても会えない」という意味になる文章を探す問題である。①、②、③は全て会えるという内容のため、答えにならない。したがって、④が正解である。
>
> 正解 ④

004　-아/어도 ★★★

知っておこう

		-아/어도			-아/어도
동사 動詞	먹다	먹**어도**	형용사 形容詞	많다	많**아도**
	만나다	만나**도**		늦다	늦**어도**

❶ 선행절의 사실을 인정하지만 그것이 후행절의 내용에 영향을 주지 않을 때 사용한다.
先行節の事実を認めるが、それが後続節の内容に影響を与えない場合に使う。

例
- 가: 요즘 영어를 공부한다고 들었는데 많이 늘었어요?
  最近、英語を勉強していると聞きましたが、上達しましたか?
- 나: 아니요. 아무리 노력**해도** 실력이 늘지 않아요.
  いいえ。いくら努力しても実力がつきません。

- 가: 몇 시까지 와야 해요? 何時までに来なければなりませんか?
- 나: 아무리 늦**어도** 10시까지는 꼭 와야 합니다.
  いくら遅くても、10時前には必ず来なければなりません。

2. 더 알아두기 もっと知ろう

 ▶ '-아/어도'와 '-더라도'⁰⁰²의 문법 비교 (P. 24) 「-아/어도」と「-더라도」の文法比較

3. 확인하기 確認しよう

※ 다음 밑줄 친 부분에 가장 알맞은 것을 고르십시오.

가: 무슨 걱정 있니?
나: _____ 친구한테 연락이 안 와서.

① 아무리 기다려도　　　　　② 계속 기다리더라도
③ 끝까지 기다린다고 하고　　④ 오랫동안 기다리고 나면

解説

友達から連絡が来ないので心配している、といった内容になることが推測できる文章である。③は友達が待つと言った、④はもし待つと友達から連絡が来ない、という内容なので文脈に合わない。①と②はともに譲歩を表すが、②はこれから友達を待つという内容になり、これも文脈に合わない。したがって、今まで友達を待ったということを表す①が正解である。

正解 ①

005 　-으나 마나 ★★★

		-(으)나 마나
동사 動詞	먹다	먹**으나 마나**
	가다	가**나 마나**

❶ 어떤 일을 하든지 안 하든지 결과가 달라지지 않을 때 사용한다.
　ある事をしてもしなくても、結果が変わらない場合に使う。

　　例 ▶ ・뛰어 가**나 마나** 지각일 거예요.　走っても走らなくても遅刻だよ。

　　　　・그 사람은 보**나 마나** 오늘도 집에서 게임하고 있을 거야.
　　　　　あの人は見なくたって、今日も家でゲームをしていることだろう。

　　　　・내 친구는 노래를 못 하니까 들**으나 마나** 역시 이상하게 부를 거야.
　　　　　私の友達は歌が下手なので、聞かなくても変に歌うに決まっている。

　　주의사항　注意事項

　　● '-으나 마나이다'의 형태로도 사용한다.　「-으나 마나이다」の形でも使う。

　　　　例 말하나 마나예요. 그 사람은 계속 자기 주장만 할 거예요.
　　　　　言うまでもありません。あの人はずっと自分の主張ばかりするでしょう。

▶ '-으나 마나'는 '-아/어 봤자'⁰⁰³와 바꾸어 사용할 수 있다.
　「-으나 마나」は、「-아/어 봤자」に置き換えて使うことができる。

　　例 ▶ ・지난 시험을 잘 못 봐서 공부를 열심히 하**나 마나** 진급하기 힘들 거예요.
　　　　　前回の試験がよくできなかったので、勉強を一生懸命しても進級するのは難しいでしょう。
　　　　　= 지난 시험을 잘 못 봐서 공부를 열심히 **해 봤자** 진급하기 힘들 거예요.

※ 다음 밑줄 친 부분과 의미가 비슷한 것을 고르십시오.

가: 이번 모임에 몇 명이나 참석할 수 있는지 물어보세요.
나: <u>물어보나 마나</u> 모두 참석한다고 할 거예요.

① 물어보거나
② 물어볼 건지
③ 물어보지 않아도
④ 물어보기보다는

解説

全員が参加するだろうと確信している状況である。①の「-거나」は二つのうち一つを選択するという意味で、②の「-는지」は後ろに「알다/모르다」が来なければならない。④は訊く代わりに別の事をするという意味で合わない。したがって、訊いても訊かなくてもすでに結果がわかるという③が正解である。

正解 ③

006 −고도 ★

		−고도
동사 動詞	먹다	먹고도
	가다	가고도

❶ 선행절의 행동 후의 결과가 예상과 달랐을 때 사용한다.
先行節の行動後の結果が予想と違った場合に使う。

> 例 ▸ ・그 사람과 헤어지고도 눈물을 안 흘렸어요. その人と別れても、涙が出ませんでした。
> ・조금 전에 밥을 먹고도 또 먹어요. 少し前にご飯を食べたのに、また食べます。
> ・아이가 넘어지고도 울지 않네요. 子供は転んでも泣きませんね。

주의사항 注意事項

● 후행절에는 명령문, 청유문이 오지 않는다.
後続節には命令文、勧誘文は使えない。

※ ( ) 안에 알맞은 것을 고르십시오.

가: 뉴스를 보니 차가 별로 없는 새벽에 대형 교통 사고가 많이 난대요.
나: 차가 별로 없으니까 빨간 신호등을 (   ) 그냥 지나가는 차가 많아서 그런가 봐요.

① 본다면   ② 봐서 그런지
③ 보고도   ④ 보고서야

解説

赤信号を見ても気にせず通り過ぎる車が多いという意味になる文章である。①の「-는다면」は条件を表し、②の「-아/어서 그런지」は理由、④の「-고서야」は時間の順序を表す表現のため、答えにならない。したがって、予想と違う結果が出たという意味の「-고도」を使う③が正解である。

正解 ③

007 −기는 하지만 ★

1. 알아두기　知っておこう

		−기는 하지만
동사 動詞	먹다	먹기는 하지만
	가다	가기는 하지만
형용사 形容詞	춥다	춥기는 하지만
	예쁘다	예쁘기는 하지만

		(이)기는 하지만
명사+이다 名詞+이다	학생	학생이기는 하지만
	친구	친구기는 하지만

❶ 선행절의 상황을 인정하지만 후행절에는 예상과 다른 상황이 올 때 사용한다.
先行節の状況を認めるが、後続節のような予想と違う状況が来る場合に使う。

例
- 가: 오늘 날씨가 어때요?　今日の天気はどうですか?
  나: 바람이 불기는 하지만 춥지는 않아요.　風が吹いてはいますが、寒くはありません。

- 가: 유학 생활이 어때요?　留学生活はどうですか?
  나: 즐겁기는 하지만 아직 익숙해지지 않았어요.　楽しいですが、まだ慣れていません。

2. 확인하기　確認しよう

※ 다음 밑줄 친 부분의 말과 바꿔 쓸 수 있는 말을 고르십시오.

가: 백화점의 물건들은 너무 비싼 것 같아요.
나: 비싸기는 하지만 품질이 좋잖아요.

① 비싸면　　　　　　　　② 비싼데다가
③ 비싸도　　　　　　　　④ 비싸도록

解説

デパートの製品は高いのは事実だが品質が良い、という内容になる文章を探す問題である。①の「-으면」は条件を表すため適当でない。②の「-는데다가」は文法の制約で肯定的な内容は肯定的な内容と、否定的な内容は否定的な内容とのみ結合されるため、答えにならない。また、④の「-도록」は目的を表すため適当でない。したがって、前の内容を認めるが後には別の状況が来るという意味を表す「-아/어도」を使った③が正解である。

正解 ③

008 −는데도 ★

		−았/었는데도	−는데도	−(으)ㄹ 건데도
동사 動詞	찾다	찾았는데도	찾는데도	찾을 건데도
	오다	왔는데도	오는데도	올 건데도

		−았/었는데도	−(으)ㄴ데도
형용사 形容詞	많다	많았는데도	많은데도
	바쁘다	바빴는데도	바쁜데도

		이었/였는데도	인데도
명사+이다 名詞+이다	학생	학생이었는데도	학생인데도
	친구	친구였는데도	친구인데도

❶ 선행절의 상황에서 일반적으로 예상되는 결과와 다른 결과가 후행절에 온다.
先行節の状況で、一般的に予想する結果と違う結果が後続節に来る。

例 ▶ • 가: 아직도 열쇠를 못 찾았어요? まだ鍵が見つからないんですか?
　　나: 온 집안을 다 찾아**봤는데도** 없었어요. 家中探したけど、ないんです。

• 생활비가 넉넉**한데도** 항상 부족하다고 해요.
生活費が十分でも、いつも足りないと言っています。

• 몇 번이나 말**했는데도** 듣지 않으면 할 수 없지요.
何回も言いましたが、聞かなければどうしようもありませんよ。

주의사항 注意事項

● 후행절에는 미래가 오지 않는다. 後続節で未来形は使えない。

例 선생님께 물어 보는데도 <u>모를 거예요</u>. (X)
　　　　　　　　　　　(미래)(未来形)

● 후행절에는 명령문, 청유문이 오지 않는다.
後続節では命令文、勧誘文は使えない。

● '−는데도'는 '불구하고'와 자주 같이 사용된다. 「−는데도」は、後に「불구하고」を伴って使うことが多い。

例 바쁜데도 와 주셔서 감사합니다. お忙しいところ、おいでいただきありがとうございます。
　　= 바쁜데도 불구하고 와 주셔서 감사합니다.

※ 두 문장을 바르게 연결한 것을 고르십시오.

한 달간 열심히 연습했어요. 실력이 늘지 않아요.

① 한 달간 열심히 연습을 한 대로 실력이 늘지 않아요.
② 한 달간 열심히 연습을 했는데도 실력이 늘지 않아요.
③ 한 달간 열심히 연습을 했을 적에 실력이 늘지 않아요.
④ 한 달간 열심히 연습을 했으면 실력이 늘지 않아요.

解説

一ヶ月間練習したが、期待と違って上達しなかったという文章を作る。①の「-는 대로」は「연습한 것과 같이」を表し、③の「-을 적에」は「연습을 할 때」を表し、④の「-았/었으면」は「연습을 했다면」という意味になるため、答えにならない。したがって、上達するだろうという予想と違う結果を表す「-는데도」を使った②が正解である。

正解 ②

연습 문제 練習問題

unit 1
양보

1 밑줄 친 부분을 같은 의미로 바꾸어 쓴 것을 고르십시오.

> 가: 요즘 영수가 시험 준비로 많이 바쁜가 봐.
> 나: <u>그러게. 힘들어 보여서 내가 도와준다고 해도 싫대.</u>

❶ 내가 도와준다고 했는데도 괜찮대
❷ 내가 도와주는 통에 괜찮대
❸ 내가 도와준 덕분에 괜찮대
❹ 내가 도와주기만 하면 괜찮대   001

2 두 문장을 바르게 연결한 것을 고르십시오.

> 눈이 오다 / 등산을 하다

❶ 눈이 오느라고 등산을 하겠습니다.
❷ 눈이 오면서 등산을 하겠습니다.
❸ 눈이 오다가 등산을 하겠습니다.
❹ 눈이 오더라도 등산을 하겠습니다.   002

3 밑줄 친 부분을 같은 의미로 바꾸어 쓴 것을 고르십시오.

> 가: 지하철이 곧 끊길 시간이에요. 뛰어가요.
> 나: 지금 <u>뛰어가나 마나예요.</u> 우리 집으로 가는 지하철은 벌써 끊겼어요.

❶ 뛰어가도 소용없어요
❷ 뛰어간 셈 쳤어요
❸ 뛰어가려던 중이에요
❹ 뛰어갈 지경이에요   005

4 밑줄 친 부분에 들어갈 가장 알맞은 것을 고르십시오.

> 가: 자동차를 사고 싶은데 돈이 없어. 부모님께 한번 말씀 드려 볼까?
> 나: 꿈도 꾸지 마. _____.

❶ 말하는 대로 해 줄 셈이야
❷ 말해 봤자 소용없을 거야
❸ 말하는 바람에 소용이 없어
❹ 말 안 하더라도 안 해 줄 거야   003

연습 문제 練習問題

5   다음을 가장 알맞게 연결시킨 것을 고르십시오.

부모님께서 반대하시다 / 나는 꼭 유학 가다

① 부모님이 반대하셔도 나는 꼭 유학을 갈 겁니다.
② 부모님이 반대하실 테니까 나는 꼭 유학을 갔습니다.
③ 부모님이 반대하시느라고 나는 꼭 유학을 갑니다.
④ 부모님이 반대하시기 위해 나는 꼭 유학을 가기로 했습니다.   **004**

6   다음 (   )에 알맞은 말을 고르십시오.

그 사람이 어떤 말을 (   ) 저는 그 사람을 믿을 수가 없어요.

① 하려고   ② 해도
③ 하다니   ④ 했다가   **004**

7   (   ) 안에 알맞은 것을 고르십시오.

다른 사람에게 안 좋은 말을 하고 (   ) 이미 해 버린 말을 취소할 수는 없다.

① 후회를 하고서야   ② 후회를 하고 있으면서
③ 후회를 한다고 해도   ④ 후회를 할 게 아니라   **001**

8   밑줄 친 부분에 알맞은 말을 고르십시오

가: 주말에 혜경이한테 카메라를 좀 빌려 달라고 부탁해야겠어.
나: 부탁해 보나 마나야. _____.

① 계속 부탁을 하면 도와줄 거야
② 지난번에 부탁했을 때도 너를 도와줬잖아
③ 아마 네 부탁을 듣고 빌려 줄 거야
④ 새로 산 거라서 아무한테도 안 빌려 주잖아   **005**

9　　밑줄 친 부분에 들어갈 말을 고르십시오.

　　　가: 오늘은 기분이 안 좋아서 친구들과 술이나 한잔 해야겠어요.
　　　나: ＿＿＿＿＿＿＿＿＿＿＿＿＿＿＿＿＿.

　　　❶ 술을 마시더라도 너무 많이 마시지는 마세요
　　　❷ 술을 좋아하니까 친구들과 술을 마셔 두겠어요
　　　❸ 술을 마시면 마실수록 기분이 안 좋을까 봐요
　　　❹ 술을 좋아해서 술을 마신 덕분에 기분이 좋아요　　　　　**002**

10　　밑줄 친 부분이 바르게 사용된 문장을 고르십시오.

　　　❶ 너무 큰 실수를 해서 <u>잘못을 빌어 봤자</u> 소용 없을 것이다.
　　　❷ 꾸준히 <u>노력을 해 봐야</u> 마침내 성공을 하고 말았다.
　　　❸ 아무리 <u>운동을 해도</u> 예전보다 많이 건강해졌다.
　　　❹ 집에 <u>도착하다시피</u> 컴퓨터 작업을 시작해야 한다.　　　　　**003**

11　　(　　　)에 들어갈 적당한 말을 고르십시오.

　　　가: 내일이 시험인데 더 공부하지 않고 벌써 자요?
　　　나: 열심히 (　　　　　　) 못 볼 것 같으니까 그냥 자려고요.

　　　❶ 공부하더니　　　　　　　　❷ 공부할 테니까
　　　❸ 공부해도　　　　　　　　　❹ 공부할 게 아니라　　　　　**004**

12　　밑줄 친 부분과 같은 의미를 가진 것을 고르십시오.

　　　가: 요즘에 복권이 인기가 많던데 한번 복권을 사 볼까요?
　　　나: <u>사 보나 마나예요.</u> 복권에 당첨될 가능성이 얼마나 낮은데요.

　　　❶ 나도 사고 싶은데 같이 살래요?　　　❷ 당첨될 테니까 꼭 사세요.
　　　❸ 사 보면 당첨되겠는데요.　　　　　❹ 산다고 해도 당첨 안 될 거예요.　**001** **005**

연습 문제 練習問題

13 밑줄 친 부분이 맞는 것을 고르십시오

① 저장한 자료가 모두 <u>없어지느라고</u> 다시 시작해야 한다.

② 집에 <u>가려다가</u> 같이 저녁을 먹읍시다.

③ 아무리 <u>바쁘더라도</u> 친구의 생일을 잊어버리면 안 된다.

④ 노래를 <u>부르더라면</u> 마음 속에 있는 안 좋은 기분을 없앨 수가 있다.

14 밑줄 친 부분과 의미가 같은 말을 고르십시오.

가: 다음 주에 고향에 내려가야 하는데 기차표를 아직 안 샀어. 기차역에 전화해 봐야겠다.

나: 다음 주는 설날이어서 사람들이 모두 고향에 가잖아. 지금 <u>전화해 봤자 소용 없을걸.</u>

① 전화하면 살 수 있을 거야   ② 전화해도 살 수 없을 걸

③ 전화하자마자 표를 살걸   ④ 전화하는 덕분에 표를 살 수 없어

15 밑줄 친 부분과 바꿔 쓸 말을 고르십시오.

가: 이번 시험이 어려운지 쉬운지 선생님한테 한번 물어 볼까?

나: <u>물어 보나 마나예요.</u> 분명히 쉽다고 할 거예요.

① 물어 봐야지 알 수 있어요   ② 물어 볼 건지 결정하세요

③ 물어 봐도 결과는 마찬가지예요   ④ 물어 보면 대답해 줄 거예요

UNIT 2

정도 程度

009 -는 셈이다 ★★★

l. 알아두기 知っておこう

		-(으)ㄴ 셈이다	-는 셈이다
동사 動詞	먹다	먹은 **셈이다**	먹는 **셈이다**
	끝내다	끝낸 **셈이다**	끝내는 **셈이다**

❶ 생각해 보면 결국 어떤 일을 하는 것과 비슷할 때 사용한다.
考えてみると、結局はあることをするのと同じであることを表す場合に使う。

例
- 가: 아직도 일이 많이 남았어요? まだ仕事がたくさん残っていますか？
  나: 아니요, 이제 이것만 하면 되니까 다 한 **셈이에요**.
  いいえ、もうこれだけすればいいので、全部したのと同じです。

- 가: 노트북 싸게 샀다면서요? 어디서 샀어요?
  ノートパソコンを安く買ったんですって？どこで買いましたか？
  나: 중고로 샀는데 고장이 여러 번 나서 수리비로 얼마나 썼는지 몰라요.
  中古で買ったので何回か故障をして、修理費がどれだけかかったかわかりません。
  수리비까지 생각하면 비싸게 산 **셈인** 것 같네요.
  修理費まで考えたら、高く買ったのと同じようだね。

2. 더 알아두기 もっと知ろう

▶ '-는 셈이다'와 '-는 셈치다'의 문법 비교 「-는 셈이다」と「-는 셈치다」の文法比較
'-는 셈이다'는 어떤 일을 하는 것과 비슷하다고 판단할 때 사용한다. 반면에 '-는 셈치다'는 현실과 다른 상황을 가정할 때 사용한다.
「-는 셈이다」はある事をするのと同じだと考える場合に使う。一方、「-는 셈치다」は実際とは異なる状況を仮定する場合に使う。

例
- 이번 시험이 어려웠으니까 80점이면 잘 본 **셈이에요**.
  今回の試験が難しかったので80点ならよくできたのと同じだ。
  (시험을 잘 본 편이에요.)
  (試験はよくできたほうです)

- 가기 싫은 출장이지만 여행을 가는 **셈치려고요**.
  行きたくない出張ですが、旅行に行くと思うことにします。
  (실제로 여행을 가지는 않지만 여행을 간다고 가정한다.)
  (実際は旅行に行くわけではないが旅行に行く、と仮定する)

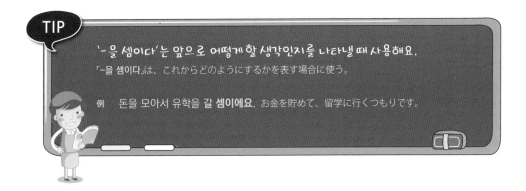

TIP

'-을 셈이다'는 앞으로 어떻게 할 생각인지를 나타낼 때 사용해요.

「-을 셈이다」は、これからどのようにするかを表す場合に使う。

例　돈을 모아서 유학을 갈 **셈이에요.** お金を貯めて、留学に行くつもりです。

3. 확인하기　　確認しよう

※ 밑줄 친 부분에 들어갈 가장 알맞은 것을 고르십시오.

가: 급한데, 완성하려면 아직 멀었어요?
나: 거의 끝났어요. 이것만 붙이면 되니까 _____.

① 이제 다 한 셈이에요
② 이제 끝난 모양이에요
③ 다 하기 전에 좀 쉴 거예요
④ 급하게 하려면 힘들 거예요

解説

仕事を終わらせるのにまだ時間がかかるか、という質問に、ほとんど終わったと返事をする状況である。②の「-는 모양이다」はある事柄を推測するときに用いる表現で、③と④は質問に合わない返事である。したがって、もう仕事がほとんど終わったのと同じだということを表す①が正解である。

正解 ①

−는 편이다 ★★★

010

1. 알아두기 　知っておこう

		-(으)ㄴ 편이다	-는 편이다
동사 動詞	먹다	먹은 편이다	먹는 편이다
	보다	본 편이다	보는 편이다

		-(으)ㄴ 편이다
형용사 形容詞	작다	작은 편이다
	크다	큰 편이다

❶ 어떤 일이 대체로 어떤 상황에 가깝다는 것을 나타낸다.
　ある事柄か、おおよそ、ある状況に近いということを表す。

> 例 ・가: 주말에 보통 뭐 하고 지내요?　週末、普通は何をして過ごしますか?
> 　　나: 주말에는 공원에 자주 가는 편이에요.　週末、公園によく行く方です。
>
> ・가: 이 식당 어때요?　この食堂、どうですか?
> 　나: 음식도 맛있고, 서비스도 좋은 편인 것 같네요.
> 　　　料理もおいしいし、サービスも良い方だと思います。

2. 확인하기 　確認しよう

※ 빈칸에 가장 알맞은 것을 고르십시오.

가: 고향에 계신 부모님께 자주 전화하세요?
나: 네. 일주일에 두세 번은 하니까 _____.

① 가끔 하려고 해요　　　　　　　② 가끔 한 모양이에요
③ 자주 하는 편이지요　　　　　　④ 자주 할 필요가 없어요

> 解説
>
> 故郷にいる両親によく電話をするか、という質問に答える状況である。①の「-으려고 하다」は未来の計画を表し、②の「-는 모양이다」は推測を表す。④は連絡をよくする必要がないという意味で、先行節の内容と合わない。したがって、よく連絡するという意味の③が正解である。
>
> 正解 ③

011 -을 만하다 ★★★

		-(으)ㄹ 만하다
동사 動詞	먹다	먹을 만하다
	가다	갈 만하다

❶ 가치가 있어서 권할 때 사용한다.
　　勧めるだけの価値があって、勧める場合に使う。

　　例 ▶ ・가: 한국 음식 중에서 맛있는 음식을 추천해 주세요.
　　　　　　　韓国料理の中でおいしい料理を推薦してください。
　　　　　나: 불고기가 먹을 **만할** 거예요. 한번 먹어 보세요.
　　　　　　　プルコギが食べる価値があると思います。一度、食べてみてください。

❷ 할 수 있는 수준이나 정도를 나타낸다.　可能な水準や程度を表す。

　　例 ▶ ・가: 5월인데 벌써 덥네요.　5月ですが、もう暑いですね。
　　　　　나: 아직은 참을 **만하**지만 앞으로가 걱정이에요.
　　　　　　　まだ我慢できるほどですが、これからが心配です。

주의사항 注意事項

● '-을 만하다'가 ❶의 뜻일 때는 '-아/어 보다'와 자주 같이 사용한다.
　「-을 만하다」が❶の意味の場合は「-아/어 보다」とよく使う。

　　例 부산은 꼭 한번 여행 가 볼 만한 곳이에요.　プサンは必ず一度、旅行に行ってみる価値のある所です。
　　　삼겹살은 한국에서 먹어 볼 만한 음식이에요.　サムギョプサルは韓国で食べてみる価値のある食べ物です。

※ ( ) 안에 알맞은 것을 고르십시오.

가: 좀 쉬고 싶어요. 오랫동안 걸었더니 다리가 아프네요.
나: 조금만 더 가면 ( ) 곳이 있어요.

① 쉴 뿐인　　　　　　　　　　② 쉴 만한

③ 쉴 뻔한　　　　　　　　　　④ 쉬는 듯한

012 -을 정도로 ★★★

1. 알아두기　知っておこう

		-았/었을 정도로	-(으)ㄹ 정도로
동사 動詞	먹다	먹었을 정도로	먹을 정도로
	가다	갔을 정도로	갈 정도로
형용사 形容詞	좋다	좋았을 정도로	좋을 정도로
	아프다	아팠을 정도로	아플 정도로

❶ 뒤에 오는 말의 정도가 앞에 오는 말과 비슷함을 나타낸다.
後続節の程度が先行節と同じぐらいの程度であることを表す。

例
- 가: 목소리가 왜 그래요? 감기에 걸렸어요?
  声、どうしたんですか？風邪を引いたんですか？
  나: 네, 목소리가 안 나올 **정도로** 목감기가 심해요. はい、声が出ないほど、のど風邪がひどいです。

- 가: 다리를 다쳤다고 들었는데, 어때요? 足を怪我したと聞きましたが、どうですか？
  나: 걷기 힘들 **정도로** 아파요. 歩くのが難しいほど痛いです。

주의사항 注意事項

● 어떤 상황을 과장해서 말할 때 사용하기도 한다.
ある状況を誇張話す場合に使うこともある。

例 독감에 걸려서 죽을 **정도로** 아팠어요. インフルエンザにかかって、死ぬほど痛かったです。
(많이 아팠다는 것을 '죽을 정도로'라는 표현으로 나타내고 있다.)
(とても痛かったことを「死ぬほど」という表現で表している)

주의사항 注意事項

● '-을 정도이다'의 형태로도 사용한다. 「-을 정도이다」の形でも使う。

例 한국 사람도 알아듣기 힘들 정도로 말이 빨라요.
韓国人でも聞き取るのが難しいくらい早口です。
= 말이 빨라서 한국 사람도 알아듣기 힘들 정도예요.

2. 더 알아두기   もっと知ろう

▶ '-을 정도로'는 '-을 만큼'과 바꾸어 사용할 수 있다.
「-을 정도로」は、「-을 만큼」に置き換えて使うことができる。

例 ・옆에 있는 사람의 얼굴도 안 보일 정도로 어두워요.
横にいる人の顔も見えないほど暗いです。
= 옆에 있는 사람의 얼굴도 안 보일 만큼 어두워요.

3. 확인하기   確認しよう

※ 다음 밑줄 친 부분과 의미가 비슷한 것을 고르십시오.

시험을 보는 교실 안은 연필 소리도 들릴 정도로 조용해요.

① 들릴 뿐   ② 들리는 대로
③ 들릴 만큼   ④ 들리는 동안에

解説

教室の中がとても静かで鉛筆の音さえも聞こえるようだ、という意味の文章である。①は鉛筆の音だけ聞こえるという意味で、②は「鉛筆の音が聞こえてすぐ」という意味で合わない。④は「鉛筆の音が聞こえる時間」という意味で合わない。したがって、鉛筆の音が聞こえるようだという「-을 만큼」を使って表現した③が正解である。

正解 ③

013 –다시피 하다 ★★

1. 알아두기　知っておこう

		–다시피 하다
동사 動詞	살다	살**다시피 하다**
	뛰다	뛰**다시피 하다**

❶ 어떤 일을 실제로 하는 것은 아니지만 거의 비슷하게 할 때 사용한다.
　ある事を実際にするのではないが、ほぼそれと同じくらいのことをする場合に使う。

　例　• 가: 왜 그렇게 피곤해 보여?　どうしてそんなに疲れているの?
　　　　나: 요즘 시험이 있어서 도서관에서 살**다시피 했**더니 너무 피곤해요.
　　　　　　最近、試験があって、図書館で暮らすようにいたので、とても疲れています。

　　　• 다이어트 때문에 매일 굶**다시피 하**는 사람들이 많아요.
　　　　ダイエットのために、毎日飢えるようにする人が多いです。

2. 더 알아두기　もっと知ろう

 ▶ '–다시피 하다'와 '–다시피'의 문법 비교　「–다시피 하다」と「–다시피」の文法比較

'–다시피 하다'는 어떤 일을 실제로 하는 것은 아니지만 거의 비슷하게 할 때 사용한다.
반면에 '–다시피'는 듣는 사람이 이미 알고 있다고 생각하는 정보를 다시 확인할 때 사용한다.

「–다시피 하다」はある事を実際にするのではないが、ほぼそれと同じくらいのことをする場合に使う。一方、「–다시피」は聞き手が
すでに知っていると考える情報を再度確認する場合に使う。

　例　• 알**다시피** 외국어 실력은 짧은 시간에 완성되는 것이 아닙니다.
　　　　ご存じの通り、外国語の実力は短い時間に完成するものではありません。

　　　• 너도 들었**다시피** 시험날짜가 바뀌었어.　君も聞いた通り、試験日が変わった。

'–다시피'는 '알다, 보다, 듣다, 배우다, 느끼다' 등의 동사와 자주 사용한다.
「–다시피」は「알다, 보다, 듣다, 배우다, 느끼다」等の動詞と共に用いられることが多いです

※ 다음 밑줄 친 부분에 들어갈 적당한 것을 고르십시오.

가: 어제 본 영화 재미있었어요?
나: 아니오, 너무 지루해서 거의 _____ 했어요.

① 졸까 말까
② 졸려고
③ 조는 둥 마는 둥
④ 졸다시피

映画がとても退屈で、居眠りするほどだったという返事をする状況である。①の「-을까 말까」は不確実な計画、②の「-으려고」は計画や目的、③の「-는 둥 마는 둥」はある事を大まかにしたということを表す。したがって、ある事がほとんど似た状態で起こったということを表す「-다시피 하다」を使った④が正解である。

正解 ④

014 -은 감이 있다 ★

1. 알아두기　知っておこう

		-(으)ㄴ 감이 있다
형용사 形容詞	짧다	짧은 감이 있다
	크다	큰 감이 있다

❶ 상황을 보고 어떤 느낌이나 생각이 드는 것을 나타낸다.
状況を見て、ある感じや思いがすることを表す。

例　・가: 선생님, 지금부터 열심히 공부하면 제가 그 대학교에 합격할 수 있을까요?
　　　　先生、今から一生懸命勉強したら、私がその大学に合格することができるでしょうか?
　　나: 좀 늦은 **감이 있**지만 지금부터라도 열심히 하면 좋겠다.
　　　　ちょっと遅い気もするけど、今からでも一生懸命したらいいよ。

　　・가: 오늘 산 치마인데 어때요?　今日買ったスカートだけど、どうですか?
　　나: 예쁘기는 한데 좀 짧은 **감이 있**네요.　かわいいけど、ちょっと短い感じがしますね。

주의사항　注意事項

● '-은 감이 있다'는 '-은 감이 없지 않다'로도 사용한다.
「-은 감이 있다」は、「-은 감이 없지 않다」としても使う。

例　민호의 농담은 지나친 **감이 있다**.　ミンホさんの冗談は度が過ぎる感がある。
　　= 민호의 농담은 지나친 감이 없지 않다.

※ 다음 밑줄 친 부분에 들어갈 알맞은 말을 고르십시오.

　가: 지금부터 시험 공부를 시작해도 괜찮을까?
　나: 내일이 시험이면 좀 _____ 그래도 안 하는 것보다 낫겠지.

　① 늦곤 하지만　　　　　　　　② 늦는 김에
　③ 늦은 체 했지만　　　　　　　④ 늦은 감이 있지만

解説

明日が試験なのに、今から始めるのはちょっと遅い方だという状況である。①の「-곤 하다」は反復、②の「-는 김에」は「무엇을 하는 기회에」という意味になるため、答えにならない。また③の「-는 체하다」は事実とは違う行動をするという意味のため、答えにならない。したがって、時間が少し遅い方だという意味の④が正解である。

正解 ④

015 −을 지경이다 ★

1. 알아두기   知っておこう

		−(으)ㄹ 지경이다
동사 動詞	먹다	먹을 지경이다
	가다	갈 지경이다

❶ 어떤 상태와 비슷함을 나타낸다. ある状態と似ていることを表す。

> 例 • 너무 많이 걸었더니 쓰러질 **지경이에요**.
> とてもたくさん歩いたので倒れそうです。
>
> • 그 사람이 보고 싶어서 미칠 **지경이에요**. その人に会いたくて狂いそうです。
>
> • 시험을 망쳐서 눈물이 날 **지경이에요**. 試験を台無しにして涙が出そうです。.

2. 더 알아두기   もっと知ろう

▶ '−을 지경이다'는 '−을 정도이다'와 주로 바꾸어 사용할 수 있다.
「−을 지경이다」は、「−을 정도이다」と置き換えて使うことができる。

> 例 • 친구는 계속 잘 달렸지만 나는 힘들어서 죽을 **지경이었다**.
> 友達はずっと走ったが、私は疲れて死にそうでした。
> = 친구는 계속 잘 달렸지만 나는 힘들어서 죽을 **정도였다**.

3. 확인하기   確認しよう

※ 다음 밑줄 친 부분과 바꿔 쓸 수 있는 것을 고르십시오.

요즘 스트레스가 심해서 잠도 못 잘 <u>지경이에요</u>.

① 잘걸요　　　　　　　　② 잘 정도예요
③ 잘 셈이에요　　　　　　④ 잘 리 없어요

> 解説
>
> 最近、ストレスがひどく、よく眠れないような状態だという意味である。①の「−을걸요」は相手に対する推測を表し、③の「−을 셈이다」はこれからどのようにする考えかということを表すため、答えにならない。また、④の「−을 리 없다」は可能性がないということを表すために合わない。したがって、ある状態と似ていることを表す「−을 정도이다」を使った②が正解である。

正解 ②

연습 문제 練習問題

1 밑줄 친 부분을 같은 의미로 바꾸어 쓴 것을 고르십시오.

> 이 일을 친구와 같이 하기로 했다. 그렇지만 친구는 바빠서 거의 참여를 못 했기 때문에 나 <u>혼자 한 거나 마찬가지다</u>.

❶ 나 혼자 한 셈이다　　　　　　❷ 혼자 하려던 참이다
❸ 나 혼자 해 버릴 거다　　　　　❹ 나 혼자 할 뿐이다　　　

2 밑줄 친 두 문장을 바르게 연결한 말을 고르십시오.

> 가: 영수 씨 어머니는 어떤 분이세요?
> 나: <u>잘 웃지 않으세요</u>. <u>마음은 따뜻한 편이에요</u>.

❶ 잘 웃지 않으시면 마음은 따뜻한 편이에요
❷ 잘 웃지 않으셔서 마음은 따뜻한 편이에요
❸ 잘 웃으실수록 마음은 따뜻한 편이에요
❹ 잘 웃지 않으셔도 마음은 따뜻한 편이에요　　　

3 괄호 안에 알맞은 것을 고르십시오.

> 제주도는 구경할 것과 먹을 것이 많아서 (　　　　　　　). 한번 가 보세요.

❶ 가 볼 지경이에요　　　　　　❷ 가 볼 만해요
❸ 가 볼 게 뻔해요　　　　　　　❹ 가 볼 뿐이에요　　　

4 밑줄 친 부분을 같은 의미로 바꾸어 쓴 것을 고르십시오.

> 가: 한국어 실력이 많이 늘었네요.
> 나: 네, 이제는 제 생각을 한국어로 거의 다 <u>표현할 수 있을 만큼</u> 한국어를 잘해요.

❶ 표현할 수 있을지　　　　　　❷ 표현할 수 있을 텐데
❸ 표현할 수 있을 테니까　　　　❹ 표현할 수 있을 정도로

5 다음 밑줄 친 부분 중 맞는 것을 고르십시오.

   ❶ 미리 알 수 있어서야 막을 수 없는 문제였다.
   ❷ 약속을 다음 주로 미루든지 말든지 연락했다.
   ❸ 그 일을 처음 시작하는 셈치고 다시 해 보기로 했다.
   ❹ 싸우기 위해 두 사람이 서로의 문제에 대해 이야기하게 했다.

6 다음 밑줄 친 부분과 의미가 비슷한 것을 고르십시오.

   저는 밖에 나가는 것을 별로 좋아하지 않는 편이에요.

   ❶ 아주 안 좋아한다   ❷ 조금은 좋아한다
   ❸ 좋아한다고 할 수 있다   ❹ 좋아한다고 하기 어렵다

7 다음 괄호 안의 말을 알맞게 고쳐 쓰십시오.

   그 박물관은 유명한 곳은 아니지만 한국 전통 미술이나 음악에 관심이 있는 사람이라면 한
   번 (구경해 보다) 만한 장소이다.

   (   )

8 밑줄 친 부분과 의미가 비슷한 것을 고르십시오.

   가: 지난주에 입학시험을 봤지요? 어땠어요?
   나: 울고 싶을 정도로 어려웠어요.

   ❶ 어려워서 울어 버렸어요
   ❷ 울고 싶었지만 울기 어려웠어요
   ❸ 너무 어려워서 울고 싶다는 생각을 했어요
   ❹ 어려웠지만 울고 싶지 않았어요

연습 문제 練習問題

9 다음 (   )에 알맞은 말을 고르십시오.

가: 다음 달에 결혼한다던데 결혼 준비는 다 하셨어요?
나: 이제 결혼식 음식만 고르면 되니까 다 (   ).

❶ 하곤 했어요   ❷ 한 셈이에요
❸ 하려나 봐요   ❹ 하기만 해요   **009**

10 (   ) 안에 맞는 것을 고르십시오.

가: 많이 시장하셨나 봐요? 정말 빨리 드시네요.
나: 아니에요, 저는 원래 밥을 빨리 (   ).

❶ 먹으려나 봐요   ❷ 먹는 편이에요
❸ 먹은 적이 있어요   ❹ 먹었으면 좋겠어요   **010**

11 밑줄 친 부분과 의미가 비슷한 것을 고르십시오.

가: 새로 들어간 회사는 어때요?
나: 새로 일을 배우는 것이 조금 어렵긴 하지만 <u>할 만해요</u>.

❶ 하기 쉬워요   ❷ 할 거예요
❸ 할 수 있어요   ❹ 할까 해요   **011**

12 다음 (   )에 알맞은 말을 고르십시오.

가: 저 사람은 벌써 몇 시간째 컴퓨터 게임만 하네요.
나: 네, (   ).

❶ 밤새도록 자면서 컴퓨터 게임을 해요
❷ 밤에 잘 뿐만 아니라 컴퓨터 게임도 해요
❸ 컴퓨터 게임이라면 밤을 샐 정도로 좋아해요
❹ 컴퓨터 게임만큼 잠을 안 자요   **012**

추측 推測

여기서 잠깐~

초급 문법 확인하기! 初級の文法を確認しよう!

-겠-

例 혜경 씨, 옷을 그렇게 얇게 입어서 춥겠어요. ヘギョンさん、そんなに薄着じゃ寒そうですね。

-아/어 보이다

例 상희 씨는 오늘 기분이 좋아 보여요. ソンヒさんは今日気分が良く見えます。

-을 거예요

例 승준이는 아마 생일 파티에 안 올 거예요. スンジュンはたぶん誕生日パーティーには来ないでしょう。

016 -나 보다 ★★★

1. 알아두기 知っておこう

		-았/었나 보다	-나 보다	-(으)려나 보다
동사 動詞	먹다	먹었나 보다	먹나 보다	먹으려나 보다
	가다	갔나 보다	가나 보다	가려나 보다

		-았/었나 보다	-(으)ㄴ가 보다
형용사 形容詞	좋다	좋았나 보다	좋은가 보다
	예쁘다	예뻤나 보다	예쁜가 보다

		이었/였나 보다	인가 보다
명사+이다 名詞+이다	학생	학생이었나 보다	학생인가 보다
	친구	친구였나 보다	친구인가 보다

❶ 어떤 사실이나 상황을 근거로 추측할 때 사용한다.
　　ある事実や状況を根拠に推測する場合に使う。

> 例 · 시험 점수가 안 좋은 걸 보니까 공부를 안 **했나 봐요**.
> 　　試験の点数が良くないのを見ると、(どうも)勉強をしなかったようです。
>
> · 하늘에 구름이 많아지는 것을 보니 비가 **오려나 봐요**.
> 　　空に雲が多くなっているのを見ると、(どうも)雨が降るようです。
>
> · 저 사람이 오늘 계속 웃는 것을 보니 기분이 **좋은가 봐요**.
> 　　あの人が今日ずっと笑っているのを見ると、(どうも)気分がいいようです。

2. 더 알아두기 もっと知ろう

▶ '-나 보다'는 '-는 것 같다'⁰¹⁷, '-는 모양이다'⁰²⁰, '-는 듯하다'⁰²²와 바꾸어 사용할 수 있다.
　「-나 보다」は「-는 것 같다」、「-는 모양이다」、「-는 듯하다」に置き換えて使うことができる。

> 例 · 하루 종일 웃는 걸 보니까 좋은 일이 있**나 봐요**.　一日中笑っているのを見ると、良いことがあったようです。
> 　　= 하루 종일 웃는 걸 보니까 좋은 일이 있**는 것 같아요**.
> 　　= 하루 종일 웃는 걸 보니까 좋은 일이 있**는 모양이에요**.
> 　　= 하루 종일 웃는 걸 보니까 좋은 일이 있**는 듯해요**.

※ 빈칸에 가장 알맞은 것을 고르십시오.

가: 준영 씨는 먼저 들어갔나요?
나: 가방이 있는 걸 보니까 _____.

① 잠깐 나갔나 봐요
② 잠깐 나가겠어요
③ 조금 후에 나가면 돼요
④ 조금 후에 나가려고 해요

解説

かばんがあるのを見て、そこから状況を推測する問題である。②は話し手の意志、③はある事に対する承諾を表し、④は未来のことに対する計画を表すため、答えにならない。したがって、かばんを見て、ジュニョンさんはちょっと外出しているのだろうという推測を表す①が正解である。

正解 ①

017 -는 것 같다 ★★★

		-(으)ㄴ 것 같다	-는 것 같다	-(으)ㄹ 것 같다
동사 動詞	먹다	먹은 것 같다	먹는 것 같다	먹을 것 같다
	가다	간 것 같다	가는 것 같다	갈 것 같다

		-(으)ㄴ 것 같다	-(으)ㄹ 것 같다
형용사 形容詞	좋다	좋은 것 같다	좋을 것 같다
	예쁘다	예쁜 것 같다	예쁠 것 같다

		인 것 같다	일 것 같다
명사+이다 名詞+이다	학생	학생인 것 같다	학생일 것 같다
	친구	친구인 것 같다	친구일 것 같다

❶ 어떤 사실이나 상황을 근거로 추측할 때 사용한다.
　ある事実や状況を根拠にした推測を表す場合に使う。

> 例 ・가: 오늘 날씨가 어떨까? 今日、天気はどうかな?
> 　　나: 하늘이 흐린 것을 보니 비가 올 **것 같**아. 空が曇っているのを見ると、雨が降りそうだ。

❷ 생각이나 의견을 말할 때 사용한다. 考えや意見を表す場合に使う。

> 例 ・가: 내 남자 친구 만나 보니까 어때? 私の彼氏、会ってみてどう?
> 　　나: 정말 멋있**는 것 같**아. 本当にかっこいいと思う。

▶ '-는 것 같다'가 ❶의 의미로 사용될 때 '-나 보다'⁰¹⁶, '-는 모양이다'⁰²⁰, '-는 듯하다'⁰²²와 바꾸어 사용할 수 있다.
　「-는 것 같다」が❶の意味で使われる場合、「-나 보다」、「-는 모양이다」、「-는 듯하다」に置き換えて使うことができる。

> 例 ・하루 종일 웃는 걸 보니까 좋은 일이 있**는 것 같**아요.
> 　　一日中笑っているのを見ると、良いことがあったようです。
> 　　= 하루 종일 웃는 걸 보니까 좋은 일이 있**나 봐**요.
> 　　= 하루 종일 웃는 걸 보니까 좋은 일이 있**는 모양이에**요.
> 　　= 하루 종일 웃는 걸 보니까 좋은 일이 있**는 듯해**요.

※ 다음 밑줄 친 부분과 의미가 비슷한 것을 고르십시오.

가: 그 식당 음식이 맛있어요?
나: 사람들이 많이 가는 걸 보니까 <u>맛있나 봐요</u>.

① 맛있고 말고요
② 맛있는지 몰라요
③ 맛있는 것 같아요
④ 맛있다고 들었어요

解説

この文は、「人がたくさん行く」ということを根拠に、その食堂はおいしいだろうと推測している状況である。①はある事実を強調する場合に使い、②はある事実に対する情報がわからない場合に使われる。また、④は聞いた内容を話す間接話法のため、答えにならない。したがって、推測を表す③が正解である。

正解 ③

018 –을 테니(까) ★★★

Ⅰ. 알아두기 知っておこう

		–았/었을 테니(까)	–(으)ㄹ 테니(까)
동사 動詞	먹다	먹었을 테니(까)	먹을 테니(까)
	가다	갔을 테니(까)	갈 테니(까)
형용사 形容詞	작다	작았을 테니(까)	작을 테니(까)
	크다	컸을 테니(까)	클 테니(까)

		이었/였을 테니(까)	일 테니(까)
명사+이다 名詞+이다	학생	학생이었을 테니(까)	학생일 테니(까)
	친구	친구였을 테니(까)	친구일 테니(까)

❶ 선행절은 말하는 사람의 강한 추측을 나타내며 후행절의 이유나 조건이 된다.
先行節は話し手の強い推測を表し、後続節の理由や条件になる。

> 例 ・가: 내일이면 합격자 발표가 있는데 정말 떨린다.
> 明日には合格者発表がありますが、本当に不安です。
>
> 나: 좋은 결과가 있을 **테니까** 걱정하지 말고 기다려.
> よい結果があるはずだから、心配せずに待ちなさい。

❷ 선행절은 말하는 사람의 의지를 나타내며 후행절의 조건이 된다.
先行節は話し手の意志を表し、後続節の条件になる。

> 例 ・가: 이번에 회사에서 또 승진했다면서요? 정말 축하해요!
> 今回、会社でまた昇進しましたって？本当におめでとうございます。
>
> 나: 고마워요. 오늘은 제가 살 **테니까** 맛있는 것을 먹으러 갑시다.
> ありがとう。今日は私がおごるから、おいしいものを食べに行きましょう。

주의사항 注意事項

● ❷의 의미일 때는 선행절의 주어는 말하는 사람이어야 한다.
❷の意味の場合は、先行節の主語は常に話し手でなければならない。

例 내가 도와줄 **테니까** 걱정하지 마. (O) 私が手伝うから心配しないで。

2. 더 알아두기　もっと知ろう

▶ '-을 테니(까)'와 '-을 텐데'[024]의 문법 비교 「-을 테니(까)」と「-을 텐데」の文法比較

'-을 테니까'가 추측의 의미일 때 '-을 텐데'와 바꾸어 사용할 수 있다.
「-을 테니까」が推測の意味の場合、「-을 텐데」に置き換えて使うことができる。

例 ・오후에 비가 올 **테니까** 우산을 가지고 가세요.
午後に雨が降るだろうから、傘を持って行きなさい。
= 오후에 비가 올 **텐데** 우산을 가지고 가세요.

'-을 테니(까)'는 후행절에 의문사가 있는 의문문과 함께 쓸 수 없지만 '-을 텐데'는 후행절에 의문사가 있는 의문문과 함께 사용할 수 있다.
「-을 테니(까)」は後続節に疑問詞を含む疑問文と共に使うことができないが、「-을 텐데」は、後続節に疑問詞を含む疑問文と共に使うことができる。

例 ・길이 막힐 **텐데** 어떻게 하지요? (O)　道が込むはずだか、どうしましょう。
・길이 막힐 **테니까** 어떻게 하지요? (X)

3. 확인하기　確認しよう

※ 빈칸에 들어갈 말로 알맞은 것을 고르십시오.

6시에 찾으러 (　　　　) 그때까지 고쳐 주세요.

① 올 테면
② 오는 중에
③ 오는 바람에
④ 올 테니까

解説

6時に取りに行くという話し手の意志を表すことができる表現を探す問題である。①は条件、②は行為が進行する過程、③は否定的な理由を表すため、理由を表現する④が正解である。

正解 ④

019 –을까 봐(서) ★★★

1. 알아두기　知っておこう

		–았/었을까 봐(서)	–을까 봐(서)
동사 動詞	먹다	먹었을 까봐(서)	먹을까 봐(서)
	모르다	몰랐을 까봐(서)	모를까 봐(서)

		–(으)ㄹ까 봐(서)
형용사 形容詞	많다	많을까 봐(서)
	바쁘다	바쁠까 봐(서)

		일까 봐(서)
명사+이다 名詞+이다	감기	감기일까 봐(서)
	매진	매진일까 봐(서)

❶ 선행절의 내용을 미리 걱정하여 후행절에서 어떤 행동을 할 때 사용한다.
　先行節の内容を前もって心配し、後続節である行動をする場合に使う。

> 例 ▶ ・여권을 잃어버릴**까 봐서** 집에 두고 왔어요.
> 　　パスポートを無くすかもしれないと思って、家に置いて来ました。
>
> 　　・친구가 화가 **났을까 봐** 전화를 해 봤어요.
> 　　友達が怒ったかもしれないと思って、電話をしてみました。
>
> 　　・날씨가 추울**까 봐** 옷을 많이 입고 왔어.
> 　　寒いかもしれないと思って、服をたくさん着て来たよ。

2. 더 알아두기　もっと知ろう

▶ '–을까 봐(서)'는 '–을까 싶어(서)', '–을 지도 몰라(서)'와 바꾸어 사용할 수 있다.
　「–을까 봐(서)」は、「–을까 싶어(서)」、「–을 지도 몰라(서)」に置き換えて使うことができる。

> 例 ▶ ・약속을 잊어버렸**을까 봐** 확인 전화를 했어요.
> 　　約束を忘れてしまうかもしれないと思って、確認の電話をしました。
>
> 　　= 약속을 잊어버렸**을까 싶어** 확인 전화를 했어요.
> 　　= 약속을 잊어버렸**을 지도 몰라서** 확인 전화를 했어요.

▶ '-을까 봐(서)'와 '-을까 보다'의 문법 비교 「-을까 봐(서)」と「-을까 보다」の文法比較

'-을까 봐(서)'는 걱정을 나타내지만 '-을까 보다'는 문장의 마지막에 오며 확실하지 않은 계획
을 나타낸다.

「-을까 봐(서)」は心配を表すが、「-을까 보다」は、文末で使われて、確実でない計画を表す。

 • 내일은 오래간만에 집에서 푹 **쉴까 봐요**.
　　　　明日は久しぶりに家でゆっくり休もうかと思います。

그리고 '-을까 보다'는 '-을까 싶다, -을까 하다, -을 지도 모르다'와 바꾸어 사용할 수 있다.

また、「-을까 보다」は「-을까 싶다, -을까 하다, -을 지도 모르다」に置き換えて使うことができる。

 • 방학에는 배낭여행을 **갈까 봐요**. 休みにはバックパック旅行をしようかと思います。
　　　= 방학에는 배낭여행을 **갈까 싶어요**.
　　　= 방학에는 배낭여행을 **갈까 해요**.
　　　= 방학에는 배낭여행을 **갈 지도 모르**겠어요.

3. 확인하기　　　確認しよう

※ 다음 밑줄 친 부분과 바꾸어 사용할 수 있는 것을 고르십시오

가: 날씨도 좋은데 산책하러 안 갈래?
나: 미안해. 중요한 손님이 <u>올 지도 몰라서</u> 못 나가겠어.

① 올까 봐
② 오는 통에
③ 오는 중이라서
④ 올 리가 없어서

해설 | 解説

「올 지도 몰라서」は先行節の内容を推測する意味である。ところが、②は先行節が後続節の否定的な原因や根拠を表し、③はあることが進行していることを表す。また、④は来る可能性がないことを表すため、合わない。したがって確実でない計画を表す①が正解である。

正解 ①

020 -는 모양이다 ★★

		-(으)ㄴ 모양이다	-는 모양이다	-(으)ㄹ 모양이다
동사 動詞	먹다	먹은 모양이다	먹는 모양이다	먹을 모양이다
	가다	간 모양이다	가는 모양이다	갈 모양이다

		-(으)ㄴ 모양이다
형용사 形容詞	많다	많은 모양이다
	피곤하다	피곤한 모양이다

		인 모양이다
명사+이다 名詞+이다	학생	학생인 모양이다
	교사	교사인 모양이다

❶ 어떤 사실이나 상황을 근거로 추측할 때 사용한다.
   ある事実や状況を根拠として推測する場合に使う。

> 例 ▶ ・밥을 안 먹는 것을 보니까 배가 아직 안 고픈 **모양이에요**.
>   ご飯を食べないのを見ると、お腹がまだすいていないようです。
>
> ・일찍부터 자는 걸 보니까 피곤한 **모양이에요**.　早くから寝るのを見ると、疲れているようです。
>
> ・매일 다른 모자를 쓰는 걸 보니까 모자가 많은 **모양이에요**.
>   毎日、違う帽子を被るのを見ると、帽子が多いようです。

▶ '-는 모양이다'는 '-나 보다'⁰¹⁶, '-는 것 같다'⁰¹⁷, '-는 듯하다'⁰²²와 바꾸어 사용할 수 있다.
   「-는 모양이다」は「-나 보다」、「-는 것 같다」、「-는 듯하다」に置き換えて使うことができる。

> 例 ▶ ・하루 종일 웃는 걸 보니까 좋은 일이 있는 **모양이에요**.
>   一日中笑っているのを見ると、良いことがあったようです。
>   = 하루 종일 웃는 걸 보니까 좋은 일이 있**나 봐요**.
>   = 하루 종일 웃는 걸 보니까 좋은 일이 있**는 것 같아요**.
>   = 하루 종일 웃는 걸 보니까 좋은 일이 있**는 듯해요**.

※ 다음 밑줄 친 부분과 의미가 비슷한 것을 고르십시오.

이런 책도 읽는 걸 보면 한국말을 아주 잘<u>하는 모양이에요</u>.

① 하려고요
② 했거든요
③ 하나 봐요
④ 할 뻔했어요

①は意図を表し、②は理由を表すため、二つとも合っていない。また、④はあることが起こる直前まで行ったことを表す
表現のため、合わない。したがって、推測を表す「-나 보다」に置き換えて使えるため、③が正解である。

正解 ③

021 -을 리(가) 없다/있다 ★★

1. 알아두기 知っておこう

		-았/었을 리(가) 없다	-(으)ㄹ 리(가) 없다
동사 動詞	먹다	먹었을 리(가) 없다	먹을 리(가) 없다
	가다	갔을 리(가) 없다	갈 리(가) 없다
형용사 形容詞	좋다	좋았을 리(가) 없다	좋을 리(가) 없다
	부족하다	부족했을 리(가) 없다	부족할 리(가) 없다

		이었/였을 리(가) 없다	일 리(가) 없다
명사+이다 名詞+이다	선생님	선생님이었을 리(가) 없다	선생님일 리(가) 없다
	친구	친구였을 리(가) 없다	친구일 리(가) 없다

❶ 어떤 사실이나 상황을 근거로 선행절의 내용이 사실이 아니라는 확신을 나타낼 때 사용한다.
　　ある事実や状況を根拠として、先行節の内容が事実ではないとう確信を表す場合に使う。

> 例　• 가: 두 사람이 사귄다는 소문이 사실일까요? 二人が付き合っているという噂は事実ですか?
> 　　나: 아닐 거예요. 두 사람은 만날 때마다 싸우는데 사귈 **리가 없**어요.
> 　　　違うと思いますよ。二人は会う度に喧嘩しているのに、付き合っているはずがありません。
> 　　• 가: 집들이 음식이 부족하지 않을까요? 引っ越し祝いのお料理、不足ではないでしょうか?
> 　　나: 이렇게 많이 준비했는데 부족할 **리 없**어요.
> 　　　こんなに多く準備したのですから、不足なはずがありません。

2. 더 알아두기 もっと知ろう

▶ '-을 리(가) 없다'는 '절대로 -지 않을 것이다', '-을 리(가) 있어요?'와 바꾸어 사용할 수 있다.
　　「-을 리(가) 없다」は、「절대로 -지 않을 것이다」、「-을 리(가) 있어요?」に置き換えて使うことができる。

> 例　• 그 사람이 갈 **리가 없**어요. その人が行くはずがありません。
> 　　= 그 사람이 **절대로 가지 않을** 거예요.
> 　　= 그 사람이 갈 **리가 있어요?**

unit 3
추측

'–을 리(가) 있어요?'는 의문문 형태로만 사용한다.
「–을 리(가) 있어요?」は疑問文の形でのみ使う。

 ・그렇게 열심히 공부한 사람이 시험에 떨어질 **리가 있어요**? (O)
　　　そんなに一生懸命勉強した人が試験に落ちるわけがありますか?

・그렇게 열심히 공부한 사람이 시험에 떨어질 **리가 있어요**. (X)

3. 확인하기　　確認しよう

※ 다음 밑줄 친 부분과 바꾸어 쓸 수 있는 것을 고르십시오.

어느 누구도 다른 사람이 자신에 대해 이러쿵저러쿵 말하는 것을 <u>좋아할 리가 없다</u>.

① 절대로 좋아하지 않는다
② 어쩌면 좋아할 수도 있다
③ 할 수 없이 좋아할 것이다
④ 도대체 좋은 줄 모르겠다

解説

自分のことを言われるのを好きな人はいないという意味の文章を探す問題である。②は可能性が少しあることを表し、③は好きになるしかないという意味で、④は話し手が主語の場合だけ使えるため、答えにならない。したがって、自分のことを言われることを好きな人はいないだろうと強い確信を表す①が正解である。

正解 ①

-는 듯하다 ★

I. 알아두기　知っておこう

		-(으)ㄴ 듯하다	-는 듯하다	-(으)ㄹ 듯하다
동사 動詞	먹다	먹은 듯하다	먹는 듯하다	먹을 듯하다
	가다	간 듯하다	가는 듯하다	갈 듯하다

		-(으)ㄴ 듯하다	-(으)ㄹ 듯하다
형용사 形容詞	좋다	좋은 듯하다	좋을 듯하다
	예쁘다	예쁜 듯하다	예쁠 듯하다

		인 듯하다	일 듯하다
명사+이다 名詞+이다	학생	학생인 듯하다	학생일 듯하다
	친구	친구인 듯하다	친구일 듯하다

❶ 어떤 사실이나 상황을 근거로 추측할 때 사용한다.
　　ある事実や状況を根拠として、推測する場合に使う。

> 例 ・가: 내일 모임에 친구들이 몇 명쯤 올까?
> 　　　明日の集まりに友達は何人くらい来るかな?
> 　　나: 우리 반 친구들이 모두 올 듯해.
> 　　　私たちのクラスの友達は全員来るらしいよ。
>
> ・가: 여자 친구 생일 선물로 뭘 사면 좋을까?
> 　　　彼女の誕生日のプレゼントに何を買えばいいかな?
> 　　나: 요즘 날씨가 추우니까 장갑이나 목도리가 좋을 듯해.
> 　　　最近寒いから、手袋やマフラーが良さそうだよ。

주의사항　注意事項

● '-는 듯이'의 형태로 사용할 수 있다. 그리고 '-는 듯이'는 '-는 것처럼'과 바꾸어 사용할 수 있다.
「-는 듯이」の形で使うことができる。また、「-는 듯이」は「-는 것 처럼」に置き換えて使うことができる。

> 例 저는 자지 않았지만, 엄마가 불렀을 때 자는 듯이 누워 있었어요.
> 　　私は寝ませんでしたが、母が呼んだ時、私は寝ているように横になっていました。
> 　　= 저는 자지 않았지만, 엄마가 불렀을 때 자는 것처럼 누워 있었어요.

▶ '-는 듯하다'는 '-나 보다'⁰¹⁶, '-는 것 같다'⁰¹⁷, '-는 모양이다'⁰²⁰와 바꾸어 사용할 수 있다.
「-는 듯하다」は「-나 보다」、「-는 것 같다」、「-는 모양이다」に置き換えることができる。

例 ▶ • 하루 종일 웃는 걸 보니까 좋은 일이 있**는 듯해**요.
一日中にこにこしているのをみたら、良いことがあったようですね。
= 하루 종일 웃는 걸 보니까 좋은 일이 있**나 봐**요.
= 하루 종일 웃는 걸 보니까 좋은 일이 있**는 것 같**아요.
= 하루 종일 웃는 걸 보니까 좋은 일이 있**는 모양이에**요.

3. 확인하기   確認しよう

※ 다음 밑줄 친 부분과 의미가 비슷한 것을 고르십시오.

가: 오늘 날씨가 어떨까요?
나: 구름이 많아지는 것을 보니 <u>비가 올 듯해요</u>.

① 비가 올 뻔했어요
② 비가 온다고 해요
③ 비가 올 것 같아요
④ 비가 올 뿐이에요

解説

雨が降るだろうと推測する状況である。①は可能性があったが雨が降らなかったという内容で、②は聞いた話を再度
伝える間接話法、④は雨が降る状況しかないという内容のため、答えにならない。したがって、推測を表す③が正解
である。

正解 ③

-을걸(요) ★

1. 알아두기　知っておこう

		-았/었을걸(요)	-(으)ㄹ걸(요)
동사 動詞	먹다	먹었을걸(요)	먹을걸(요)
	가다	갔을걸(요)	갈걸(요)
형용사 形容詞	힘들다	힘들었을걸(요)	힘들걸(요)
	바쁘다	바빴을걸(요)	바쁠걸(요)

		이었/였을걸(요)	일걸(요)
명사+이다 名詞+이다	학생	학생이었을걸(요)	학생일걸(요)
	친구	친구였을걸(요)	친구일걸(요)

❶ 어떤 사실에 대한 추측을 나타낼 때 사용한다. 　ある事実に対する推測を表す場合に使う。

> 例 ・가: 보고 싶은 영화가 있어서 극장에 가려고 하는데 사람들이 많을까요?
> 　　　見たい映画があるので映画館に行こうと思いますが、人が多いでしょうか？
> 　　나: 주말이니까 아마 사람들이 많을걸요. 　週末ですからおそらく人が多いでしょう。
>
> ・가: 주말인데 다른 친구들은 뭘 하고 있을까?
> 　　　週末ですが、他の友達は何をしているかな？
> 　　나: 글쎄. 아마 다들 쉬고 있을걸.
> 　　　そうだね。たぶん、みんな休んでいると思うよ。

2. 더 알아두기　もっと知ろう

▶ '-을걸(요)'는 추측을 나타내는 '-을 거야', '-을 거예요'와 바꾸어 사용할 수 있다.
　「-을걸(요)」は推測を表す「-을 거야」、「-을 거예요」に置き換えて使うことができる。

> 例 ・어떻게 하든지 비슷할걸. 　どうやっても似ているだろう。
> 　　= 어떻게 하든지 비슷할 거야.

※ 밑줄 친 부분과 바꾸어 사용할 수 있는 표현으로 가장 적절한 것을 고르십시오.

가: 요즘 계속 늦게 퇴근했는데 오늘은 일찍 퇴근할 수 있을까?
나: 사장님이 오늘까지 끝내야 할 일이 있다고 하셨으니까 오늘도 <u>늦을걸</u>.

① 늦을 리가 없어
② 늦지 말아
③ 늦을 것 같아
④ 늦은 모양이야

解説

退勤が遅くなることが続いている状況である。①は遅くならないだろうという意味を表し、②は遅くなってはならないという意味のため、答えにならない。④は推測を表す表現を使ったが、過去のことに対する推測のため、文法的な間違いである。したがって、今日も退勤が遅いだろうと推測した③が正解である。

正解 ③

024 -을 텐데 ★

I. 알아두기   知っておこう

		-았/었을 텐데	-(으)ㄹ 텐데
동사 動詞	먹다	먹었을 텐데	먹을 텐데
	가다	갔을 텐데	갈 텐데
형용사 形容詞	좋다	좋았을 텐데	좋을 텐데
	예쁘다	예뻤을 텐데	예쁠 텐데

		이었/였을 텐데	일 텐데
명사+이다 名詞+이다	학생	학생이었을 텐데	학생일 텐데
	친구	친구였을 텐데	친구일 텐데

❶ 선행절이 말하는 사람의 추측을 나타내며 그 내용이 후행절의 배경이 될 때 사용한다.
先行節が話し手の推測を表し、その内容が後続節の背景になる場合に使う。

例
- 가: 시험이 어려울 **텐데** 어떻게 하지요? 試験が難しいでしょうが、どうしましょう？
  나: 걱정하지 마세요. 제가 도와줄게요. 心配しないでください。私が手伝います。
- 기차가 곧 출발할 **텐데** 서두릅시다! 汽車がすぐ出発するでしょうから、急ぎましょう。

주의사항 注意事項

● 문장의 끝에서는 '-을 텐데(요)'의 형태로 사용된다.
文末で使う場合は、「-을 텐데(요)」の形で使われる。

例 내일은 비가 올 **텐데요**. 明日は雨が降るでしょう。

2. 더 알아두기   もっと知ろう

▶ '-을 텐데'와 '-을 테니까'⁰¹⁸의 문법 비교 (P. 62) 「-을 텐데」と「-을 테니까」の文法比較

unit 3
추측

※ 밑줄 친 부분에 들어갈 가장 알맞은 것을 고르십시오.

가: 우리 학교 앞에 새로 생긴 식당에서 식사를 할까요?
나: 그 식당은 ＿＿＿＿＿＿＿ 지난번에 갔던 식당에서 먹는 게 어때요?

① 비쌀까 하니까
② 비쌀 텐데
③ 비쌀 뿐 아니라
④ 비쌀 겸

解説

新しくできた食堂が高いだろうと推測する状況である。①の「-을까 하다」は未来の計画を表し、③の「-을 뿐만 아니라」は二つの情報を言う場合に使い、④の「-을 겸」はあることをする二つの目的を意味するため、答えにならない。したがって、話し手の推測を表す②が正解である。

正解 ②

연습 문제 練習問題

1 빈칸에 가장 알맞은 것을 고르십시오.

가: 혜경 씨한테 무슨 일이 있어요?
나: 얼굴색이 안 좋은 걸 보니까 _____.

❶ 몸이 아픈가 봐요   ❷ 몸이 아팠대요
❸ 이제 병원에 가면 돼요   ❹ 이제 병원에 가려고 해요   **016**

2 밑줄 친 부분과 바꾸어 사용할 수 있는 표현으로 가장 적절한 것을 고르십시오.

가: 숙제하기 어려우면 오빠한테 도와달라고 해 봐.
나: 지난번에도 도움을 받았는데 이번에도 도와달라고 하면 싫어할걸.

❶ 싫어할까 해   ❷ 싫어할 뿐이야
❸ 싫어할 리가 없어   ❹ 싫어할 것 같아   **023**

3 다음 밑줄 친 부분과 의미가 비슷한 것을 고르십시오.

가: 그 영화가 재미있어요?
나: 사람들이 많이 보는 걸 보니까 재미있나 봐요.

❶ 재미있는 것 같아요   ❷ 재미있는지 몰라요
❸ 재미있고 말고요   ❹ 재미있대요   **017**

4 밑줄 친 부분과 의미가 같은 말을 고르십시오.

명수는 자주 자전거를 타나 봐요.

❶ 타는 척 해요   ❷ 타는 편이에요
❸ 타는 모양이에요   ❹ 탈 뻔 했어요   **016**

연습 문제 練習問題

5 빈칸에 들어갈 말로 알맞은 것을 고르십시오.

제가 이 일을 (   ) 민수 씨는 서류를 정리해 주세요.

❶ 하는 바람에   ❷ 할 모양이고

❸ 하느라고   ❹ 할 테니까   **018**

6 다음 밑줄 친 부분과 바꾸어 사용할 수 있는 것을 고르십시오.

가: 할머니, 오늘은 외출하지 않고 집에 계실 거지요?
나: 응. 눈 때문에 걷다가 <u>넘어질 지도 몰라서</u> 안 나가려고.

❶ 넘어질까 봐   ❷ 넘어지는 바람에

❸ 넘어져 봤자   ❹ 넘어질 리가 없어서   **019**

7 상황에 맞는 대화가 되도록 밑줄 친 부분에 가장 알맞은 것을 고르십시오.

상황 – 여성 최초로 세계에서 가장 높은 산을 정복한 사람에 대한 기사를 보면서 이야기한다.

가: 여자의 몸으로 남자들도 오르기 힘든 산을 정복했다면서?
나: _____ 정말 대단한 사람이다.

❶ 쉬울지도 몰랐는데   ❷ 쉽지 않을 것 같은데

❸ 쉽다고 하던데   ❹ 쉬우면 안 될 것 같은데   **017**

8 다음 (   )에 알맞은 것을 고르십시오.

내 동생은 (   ) 저녁을 잘 먹지 않는다.

❶ 살이 많이 찌더라도   ❷ 살이 많이 찌기보다는

❸ 살이 많이 찌게 될 정도로   ❹ 살이 많이 찌게 될까 봐   **019**

9 다음 두 표현을 가장 알맞게 연결한 것을 고르십시오.

시험에서 떨어지다 / 얼마나 걱정했는지 모르다

❶ 시험에서 떨어질까 하면 얼마나 걱정했는지 모릅니다.
❷ 시험에서 떨어질 텐데 얼마나 걱정했는지 모릅니다.
❸ 시험에서 떨어질까 봐 얼마나 걱정했는지 모릅니다.
❹ 시험에서 떨어지더라도 얼마나 걱정했는지 모릅니다.

019

10 다음 밑줄 친 부분에 들어갈 말로 가장 알맞은 것을 고르십시오.

가: 숙제가 너무 어려워서 할 수 없어요.
나: _____ 걱정하지 마.

❶ 내가 도와줘도 　　　　　　　　 ❷ 내가 도와줬는데도
❸ 내가 도와줄 테니까 　　　　　　 ❹ 내가 도와주느라고

018

11 밑줄 친 부분과 의미가 같은 말을 고르십시오.

사람들이 모두 명철 씨를 칭찬하는 것을 보니까 명철 씨가 일을 굉장히 <u>잘하는 모양이에요</u>.

❶ 잘하는 척해요 　　　　　　　　 ❷ 잘하거든요
❸ 잘하나 봐요 　　　　　　　　　 ❹ 잘할 만해요

020

12 다음 밑줄 친 부분이 맞는 것을 고르십시오.

❶ 어제 산 옷의 가격이 더 싸면 <u>좋을 걸 그래요</u>.
❷ 친구가 힘든데 <u>안</u> 도와줄 수가 없어야지요.
❸ 하늘이 흐린 걸 보니까 비가 <u>올 것 같아요</u>.
❹ 이렇게 계속 <u>더워 대면</u> 어떻게 생활할 수 있을까요?

017

연습 문제 練習問題

13   다음 밑줄 친 부분에 들어갈 알맞은 것을 고르십시오.

가: 민호 씨가 아까부터 표정이 어둡네요.
나: 그러게 말이에요. _____.

❶ 과장님께 또 혼난 모양이에요   ❷ 과장님께 또 혼나기 마련이에요

❸ 과장님께 또 혼나는 수가 있어요   ❹ 과장님께 또 혼날 리 없어요 **020**

14   다음 밑줄 친 부분에 들어갈 말로 가장 알맞은 것을 고르십시오.

가: 여러분, 회식하러 갑시다.
나: 저는 일이 좀 남아서 늦게 _____ 먼저 가세요.

❶ 가느라고   ❷ 가는 바람에

❸ 갈 테니까   ❹ 갈까 봐 **018**

15   다음 밑줄 친 부분과 바꾸어 쓸 수 있는 것을 고르십시오.

누구나 다른 사람이 자신을 싫어하면 그것을 <u>모를 리 없다</u>.

❶ 절대로 알지 못한다   ❷ 모르지 않는다

❸ 보통은 잘 모를 것이다   ❹ 도대체 알 수 없을 거다 **021**

16   다음 중 <u>틀린 부분</u>을 찾아 바르게 고쳐 쓰십시오.

우리 아이의 이름은 ①<u>승준이라고 해요</u>. 우리 승준이는 과일을 ②<u>싫어한가 봐요</u>. 내가 사과나
딸기를 줘도 ③<u>먹는 둥 마는 둥</u> 잘 먹지 않아요. 그런데 고기는 ④<u>보자마자</u> 달라고 해요.

(→   ) **016**

17 다음 밑줄 친 부분과 바꾸어 쓸 수 있는 것을 고르십시오.

가: 회사에서 직원을 몇 명 해고한다는 소문이 있는데 사실이 아니겠지?
나: 아무 근거 없이 <u>그런 소문이 돌 리가 없잖아.</u>

① 소문이 사실이 아닐 거야.   ② 소문에 불과한 말이야.
③ 그런 소문이 돌 이유가 없잖아.   ④ 그런 소문이 돌 수 있어.

18 다음 밑줄 친 부분과 의미가 비슷한 것을 고르십시오.

가: 아버지 생신인데 무슨 선물을 하는 게 좋을까요?
나: 넥타이나 지갑이 <u>좋을 듯해요.</u>

① 좋을 뻔했어요   ② 좋다고 해요
③ 좋을 것 같아요   ④ 좋을 뿐이에요

19 밑줄 친 부분에 들어갈 가장 알맞은 것을 고르십시오.

가: 내일 우리 텔레비전을 사러 가야 하지요?
나: 당신 그동안 쉬지 않고 일해서 _____ 다음에 사러 가는 게 어때요?

① 피곤할 뻔해서   ② 피곤할 텐데
③ 피곤할 뿐 아니라   ④ 피곤할 겸

TOPIKに出題された韓国文化

韓国の出前文化

みなさん、町で食べ物を運ぶオートバイを見たことがありますか？このオートバイは、出来たての美味しい料理を配達中なんです。韓国では、わざわざレストランに出向かなくても家で気軽に出前を取って食べることができ、電話一本で中華料理からフライドチキン、ピザ、様々な韓国料理まで出前してくれるんです。さらに驚いたことに、韓国ではマクドナルドのハンバーガーも出前が可能です。このような配達サービスは、おそらく世界的に見ても珍しいでしょう。食事の支度も外食も面倒なとき、みなさんも出前を取ってみてはいかがでしょうか？

UNIT 4

순서 順序

초급 문법 확인하기! 初級の文法を確認しよう!

-고

例 나는 숙제를 끝내고 시장에 갔어요. 私は宿題を終えて、市場へ行きました。

-기 전에

例 식사하기 전에 손을 씻으세요. 食事をする前に手を洗ってください。

-아/어서

例 나는 어제 커피숍에 가서 친구를 만났어요. 私は昨日、コーヒーショップに行って友達に会いました。

-은 후에

例 밥을 먹은 후에 텔레비전을 봤어요. ご飯を食べた後にテレビを見ました。

025 −기(가) 무섭게 ★★★

unit4 순서

I. 알아두기　知っておこう

		−기(가) 무섭게
동사 動詞	받다	받기(가) 무섭게
	끝나다	끝나기(가) 무섭게

❶ 어떤 일이 끝나고 바로 다음 일을 할 때 사용한다.
　ある事が終わり、すぐ次の事をする場合に使う。

> 例 ・가: 영미는 집에 갔니? ヨンミは家に帰ったの?
> 　　　나: 네, 무슨 일이 있는지 수업이 끝나**기가 무섭게** 집에 갔어요.
> 　　　　はい。何かあるのか授業が終わったとたん家に帰りました。
>
> 　　・그 사람은 얼굴을 보**기 무섭게** 화를 냈어요.　その人は顔を見たとたんに怒りだしました。

2. 더 알아두기　もっと知ろう

▶ '−기가 무섭게'는 '−자마자'⁰²⁸와 바꾸어 사용할 수 있다.
　「−기가 무섭게」は、「−자마자」に置き換えて使うことができる。

> 例 ・눕**기가 무섭게** 잠이 들었어요.　横になたとたん眠りにつきました。
> 　　= 눕**자마자** 잠이 들었어요.

025 −기(가) 무섭게 _83

※ 밑줄 친 부분을 같은 의미로 바꿔 쓴 것을 고르십시오.

가: 형 어디 갔어요?
나: 바쁜 일이 있는지 <u>숟가락을 놓기가 무섭게 나갔어</u>.

① 밥을 먹자마자 바로 나갔어
② 밥을 먹기 위해서 빨리 나갔어
③ 밥을 먹기만 하면 바로 나가겠어
④ 밥을 먹느라고 빨리 나갈 수가 없어

解説

ご飯を食べてからすぐに出て行ったという意味である。②の「-기 위해서」は目的を表し、③の「-기만 하면」はある行動をするといつも別の行動が来る場合に使うため、答えにならない。④の「-느라고」は理由を表すため、やはり答えにならない。したがって、ある事をしてすぐ別の事が続くという意味を表す「-자마자」を使った①が正解である。

正解 ①

026 -다가 ★★★

unit 4
순서

1. 알아두기　知っておこう

		-다가
동사 動詞	먹다	먹다가
	가다	가다가

❶ 어떤 일을 하는 도중에, 그 일을 멈추고 다른 일을 할 때 사용한다.
ある事をしている途中で、その事を止めて、他の事をする場合に使う。

例 ・공부하다가 전화를 받았어요.　勉強していて電話を受けました。

・텔레비전을 보다가 잤어요.　テレビを見ていて、寝ました。

❷ 어떤 일을 계속하면서 다른 일을 할 때 사용한다.
ある事を続けてしながら別の事をする場合に使う。

例 ・버스를 타고 가다가 친구를 만났어요.　バスに乗って行っていたら友達に会いました。

주의사항　注意事項

● 선행절과 후행절의 주어가 같아야 한다.
先行節と後続節の主語が同じでなければならない。

2. 더 알아두기　もっと知ろう

 ▶ '-다가'와 '-았/었다가'034의 문법 비교　「-다가」と「-았/었다가」の文法比較

'-았/었다가'는 '-다가'의 과거형이 아니고 서로 다른 문법이다.
「-았/었다가」は「-다가」の過去形ではなく異なる文法である。

'-았/었다가'는 어떤 행동이 완전히 끝난 후 다른 일이 일어났을 때 사용한다.
「-았/었다가」はある行動が完全に終わった後、別の事が起った場合に使う。

例 ・학교에 가다가 친구를 만났어요.　学校に行く道で友達に会いました。
(아직 학교에 도착하지 않았고 길에서 친구를 만났다.)
(まだ学校に到着しておらず道で友達に会った)

・학교에 갔다가 친구를 만났어요.　学校に行って友達に会いました。
(학교에 도착한 후 학교에서 우연히 친구를 만났다.)
(学校に到着した後、学校で偶然、友達に会った)

▶ '-다가'와 '-다가는'의 문법 비교   「-다가」と「-다가는」の文法比較

'-다가는'은 선행절의 행동을 하면 후행절과 같은 나쁜 결과가 생길 거라고 예상할 때 사용한다.
「-다가는」は、先行節の行動をしたら後続節と同じ悪い結果が生じるだろうと予想する場合に使う。

> 例 ▸ ・그렇게 술을 매일 마시**다가는** 건강이 안 좋아질 거예요.
> 　　　そんなにお酒を毎日飲んでは健康が悪くなると思いますよ。

▶ '-다가'와 '-는 길에'⁰⁸⁰의 문법 비교   「-다가」と「-는 길에」の文法比較

앞에 오는 동사가 '가다', '오다'일 때 '-는 길에'를 '-다가'와 바꾸어 사용할 수 있다.
前に来る動詞が「가다」、「오다」の場合、「-는 길에」は「-다가」に置き換えて使うことができる。

> 例 ▸ ・집에 가**다가** 선생님을 만났어요. 家に帰る道で先生に会いました。
> 　　　= 집에 가**는 길에** 선생님을 만났어요.

▶ '-다가'와 '-다가 말다가 하다'의 문법 비교   「-다가」と「-다가 말다가 하다」の文法比較

'-다가'와 달리 '-다가 말다가 하다'는 어떤 행동을 하다가 안 하다가를 반복할 때 사용한다.
「-다가」とは異なり「-다가 말다가 하다」は、ある行動をしたり、しなかったりを繰り返す場合に使う。

> 例 ▸ ・그렇게 운동을 하**다가 말다가 하**면 아무 효과가 없을 거예요.
> 　　　そんな風に運動をしては止めを繰り返せば何の効果もありませんよ。

▶ '-다가'와 '-아/어다(가)'의 문법 비교   「-다가」と「-아/어다(가)」の文法比較

'-다가'와 달리 '-아/어다(가)'는 선행절에서 얻은 결과물을 가지고 후행절의 행동을 할 때 사용한다.
「-다가」とは異なり「-아/어다(가)」は先行節で得た結果物をもって後続節の行動をする場合に使う。

> 例 ▸ ・집에서 김밥을 만들**어다가** 공원에서 먹었어요. 家で海苔巻きを作って公園で食べました。
> 　　　(결과물 : 김밥 , 행동 : 공원에서 먹었다) (結果物：海苔巻き、行動：公園で食べた)

▶ 다른 문법과의 결합형   他の文法との結合形

・-다(가) 보니(까): 선행절의 행동을 계속 한 후에 후행절의 결과가 생겼을 때 사용한다.
　　「-다(가) 보니(까)」は先行節の行動を続けた後に後続節の結果が生じる場合に使う。

> 例 ▸ ・그 사람을 자주 만나**다 보니까** 사랑하게 되었어요. その人によく会ってみていたら、好きになりました。

・-다(가) 보면: 선행절의 행동을 하면 후행절과 같은 결과가 생길 거라고 예상할 때 사용한다.
　　「-다(가) 보면」は先行節の行動をすれば後続節と同じ結果が生じるだろうと予想する場合に使う。

> 例 ▸ ・매일 듣기 연습을 열심히 하**다 보면** 듣기 실력이 늘 거예요.
> 　　　毎日聞き取り練習を一生懸命すれば聞き取りの実力が上がるでしょう。

※ 다음 밑줄 친 부분이 잘못된 것을 고르십시오.

　① 눈이 <u>오다가</u> 이제는 그쳤어요.
　② 잠깐만 눈을 <u>감았다가</u> 뜨세요.
　③ <u>청소했다가</u> 친구한테서 전화를 받았어요.
　④ 집에 <u>가다가</u> 가게에 들러서 과자를 샀어요.

　　解説

「-다가」と「-았/었다가」の違いを問う問題である。③は掃除を終えられず、している途中に友達からの電話を受けたため「-다가」を使わなければいけない。

正解 ③

027 | –았/었더니 ★★★

1. 알아두기　知っておこう

		–았/었더니
동사 動詞	먹다	먹었더니
	가다	갔더니

❶ 어떤 행동을 한 후에 새롭게 알게 된 사실을 나타낼 때 사용한다.
ある行動をした後に、新しく知ることになった事実を表す場合に使う。

> 例 · 오랜만에 고향에 **갔더니** 많은 것이 변해 있었다.
> 久しぶりに故郷に帰ったら、多くのことが変わっていた。
>
> · 문을 **열었더니** 친구가 서 있어서 깜짝 놀랐어요.
> ドアを開けたら友達が立っていてびっくりしました。

❷ 어떤 일을 한 후에 나타난 결과를 말할 때 사용한다. ある事をした後に表れた結果を表現する場合に使う。

> 例 · 가: 점심 먹으러 갑시다. お昼ご飯を食べに行きましょう。
> 나: 저는 아침을 많이 **먹었더니** 아직 배가 안 고프네요. 먼저 드세요.
> 私は朝ご飯をたくさん食べたので、まだお腹がすいていません。お先にどうぞ召し上がってください。
>
> · 술을 많이 **마셨더니** 오늘 머리가 아파요. お酒をたくさん飲んだので、今日は頭が痛いです。

주의사항 注意事項

● 선행절의 주어는 보통 말하는 사람 자신이다.
先行節の主語は普通、話し手自身である。

2. 더 알아두기　もっと知ろう

▶ **'–았/었더니'와 '–더니'⁰⁹⁴의 문법 비교** 「–았/었더니」と「–더니」の文法比較

'–았/었더니'는 '–더니'의 과거형이 아니고 서로 다른 문법이다.
「–았/었더니」は「–더니」の過去形ではなく、別の表現である。

–았/었더니	–더니
동사와 연결된다. 動詞と連結する	동사, 형용사와 연결된다. 動詞、形容詞と連結する。
선행절의 주어로 보통 말하는 사람이 온다. 先行節の主語として普通、話し手が来る。	선행절의 주어로 보통 말하는 사람이 오지 않는다. 先行節の主語として普通、話し手が来ない。

・아침에 날씨가 <u>흐리</u>**더니** 오후에 비가 왔다. (O) 朝、天気が曇っていたと思ったら、午後に雨が降った。
　　　　　　형용사 (形容詞)

　　　아침에 날씨가 <u>흐렸</u>**더니** 오후에 비가 왔다. (X)
　　　　　　형용사 (形容詞)

・<u>내가</u> 공부를 열심히 하**더니** 성적이 올랐다. (X)
　주어 (主語)

・<u>내가</u> 공부를 열심히 했**더니** 성적이 올랐다. (O) 私が勉強を一生懸命したら成績が上がった。
　주어 (主語)

3. 확인하기　　確認しよう

※ (　　) 안에 알맞은 것을 고르십시오.

　십 원짜리 동전을 별로 쓸 일이 없어서 동전이 생길 때마다 저금통에 넣었다. 어느 날 저금통이 꽉 차서 동전을 꺼내 (　　) 오만 원이나 되었다. 십 원짜리라서 얼마 안 될 거라고 생각했는데 생각보다 많아서 깜짝 놀랐다.

① 셌다가
② 세어도
③ 세어 보았더니
④ 셌다고 해도

　解説

小銭を取り出した後に知った結果を表す表現を探す。①の「-았/었다가」は主に対比する動詞を使い、②の「-아/어도」と④の「-는다고 해도」は譲歩の意味を表す表現のため答えにならない。したがって、ある事をした後の結果を表す③の「-았/었더니」が正解である。

正解 ③

unit 4
순서

027 -았/었더니 _89

028 -자마자 ★★★

1. 알아두기 知っておこう

		-자마자
동사 動詞	씻다	씻**자마자**
	가다	가**자마자**

❶ 선행절의 행동을 한 다음에 바로 후행절의 행동을 할 때 사용한다.
先行節の行動をした次にすぐ後続節の行動をする場合に使う。

例 ・가: 어젯밤에 왜 전화 안 받았니? 昨夜、どうして電話受けなかったの？
　　　나: 너무 피곤해서 씻**자마자** 잤어. すごく疲れたからシャワーしてすぐ寝たんだ。

　　・가: 미국에 도착하**자마자** 전화하세요. アメリカに到着したらすぐに電話してください。
　　　나: 알았어. 너무 걱정하지마. わかった。心配し過ぎないで。

주의사항 注意事項

● 선행절에는 부정이 올 수 없다. 先行節には否定が来ることができない。
例 학교에 안 가자마자 숙제를 했어요.(X)
　　 부정 (否定)

2. 더 알아두기 もっと知ろう

▶ '-자마자'는 '-기(가) 무섭게'⁰²⁹와 바꾸어 사용할 수 있다.
「-자마자」は、「-기(가) 무섭게」に置き換えて使うことができる。

例 ・눕**자마자** 잠이 들었어요. 横になたとたんに眠りつきました。
　　= 눕**기가 무섭게** 잠이 들었어요.

 ▶ '-자마자'와 '-는 대로'¹³⁴의 문법 비교 「-자마자」と「-는 대로」の文法比較

'-자마자'는 '어떤 일을 하고 바로'라는 의미의 '-는 대로'¹³⁴와 바꾸어 사용할 수 있다.
「-자마자」は、ある事をしてすぐという意味の「-는 대로」に置き換えて使うことができる。

例 ・도착하**자마자** 연락하세요. 到着したらすぐに連絡してください。
　　= 도착하**는 대로** 연락하세요.

단, '-자마자'의 후행절에 과거가 올 때는 '-는 대로'와 바꾸어 사용할 수 없다.
ただし、「-자마자」の後続節に過去形が来る場合は「-는 대로」に置き換えて使うことができない

例 ・학교에 오**자마자** 숙제를 했어요.(O) 学校に来てすぐに宿題をしました。
　　학교에 오**는 대로** 숙제를 했어요.(X)

▶ '-자마자'와 '-자'[035]의 문법 비교 「-자마자」と「-자」の文法比較

'-자마자'는 '-자'와 바꾸어 사용할 수 있다. 「-자마자」は「-자」に置き換えて使うことができる。

例 • 6시가 되**자마자** 퇴근을 했어요. 6時になるとすぐに退勤しました。
= 6시가 되**자** 퇴근을 했어요.

'-자마자'의 후행절에 청유문과 명령문이 올 때는 '-자'와 바꾸어 사용할 수 없다.
「-자마자」の後続節に勧誘文と命令文が来る場合は「-자」に置き換えて使うことができない。

例 • 집에 가**자마자** 옷을 갈아입으세요.(O) 家に帰ったらすぐに服を着替えてください。
집에 가**자** 옷을 갈아입으세요.(X)

3. 확인하기   確認しよう

※ 다음 (   )에 들어갈 가장 알맞은 것을 고르십시오.

민수 씨는 대학교를 (   ) 회사에 취직했다.

① 졸업해도   ② 졸업한다면
③ 졸업하더라도   ④ 졸업하자마자

解説

「-는 대로」は、先行節の行動をした後にすぐ後続節の行動をする場合に使う。しかし、①の「-으니까」は理由を表し、②の「-더라도」は譲歩を表し、④の「-기 전에」もあることをする前という意味のため、答えにならない。したがって、ある事が終わってすぐ別の行動をするということを表す③の「-자마자」が正解である。

正解 ③

029 −고 나서 ★

1. 알아두기 　知っておこう

		−고 나서
동사 動詞	먹다	먹고 나서
	가다	가고 나서

① 선행절의 일을 모두 끝낸 후에 후행절의 일을 할 때 사용한다.
先行節の事柄を全て終えた後に、後続節の事柄をする場合に使う。

> 例 ・취직하고 **나서** 결혼할 생각이에요.　就職してから結婚するつもりです。
>
> ・여행지에 도착하고 **나서** 부모님께 전화 드렸어요.
> 旅行先に到着してから両親に電話しました。
>
> ・그 일에 대해 친구와 이야기하고 **나서** 마음이 가벼워졌어요.
> その事について友達と話してから気持ちが軽くなりました。

2. 더 알아두기 　もっと知ろう

▶ '−고 나서'는 '−고서'031와 바꾸어 사용할 수 있다.　「−고 나서」は、「−고서」に置き換えて使うことができる。

> 例 ・샤워를 하고 **나서** 맥주를 마셨다.　シャワーをしてからビールを飲んだ。
> = 샤워를 하고서 맥주를 마셨다.

▶ '−고 나서'와 '−고 나면'의 문법 비교　「−고 나서」と「−고 나면」の文法比較

'−고 나서'와 달리 '−고 나면'은 선행절의 일이 끝난 것이 후행절의 조건이 될 때 사용하는 문법
이다.

「−고 나서」とは異なり「−고 나면」は、先行節の事柄が終わったことが、後続節の条件になる場合に使う表現である。

> 例 ・목욕을 하고 **나면** 기분이 좋아질 거예요.　風呂に入ったら気分がよくなるでしょう。

※ 다음 밑줄 친 부분 중 틀린 것을 찾아 바르게 고쳐 쓰십시오.

얼마 전 집에서 텔레비전을 치웠다. 텔레비전을 ①치우고 나면 변화가 생겼다. 텔레비전을 ②보는 대신 가족들과 대화를 하게 되었고, 또 가족 사이에 웃음이 생겼다. 텔레비전이 없어서 ③허전하기도 했지만 이제는 텔레비전이 없는 것이 얼마나 ④좋은지 모른다.

(→   )

unit **4**
순서

| 解説 |

間違った表現を探し、正しく直す問題である。「치우고 나면」はある状況を仮定するため、後ろに通常は未来時制が来る。本文ではテレビをすでになくしたため「치우고 나서」を使わなければならない。

正解 ①치우고 나면→치우고 나서

030 −고 보니(까) ★

		−고 보니(까)
동사 動詞	먹다	먹고 보니(까)
	가다	가고 보니(까)

❶ 어떤 일을 한 후에 새로운 사실을 알게 될 때 사용한다.
　ある事をした後に新しい事実を知ることになる場合に使う。

> 例 ▸ ・가: 표정이 왜 그래요? 그런 얼굴을 해서 어떻게 된 건가요?
> 　　　　나: 물인 줄 알고 마셨는데 마시고 보니까 술이었어요.
> 　　　　　　水と思って飲んだのですが、飲んでみたらお酒でした。
> 　　・전철에서 내리고 보니 다른 역이었어요. 電車を降りてみたら違う駅でした。

 ▸ '−고 보니(까)'와 '−고 보면'의 문법 비교 「−고 보니(까)」と「−고 보면」の文法比較

'−고 보니(까)'와 달리 '−고 보면'은 어떤 일을 한다면 새로운 사실을 알 수 있을 때 사용한다.
「−고 보니(까)」とは異なり「−고 보면」は、ある事をすれば新しい事実を知ることができる場合に使う。

> 例 ▸ ・그 사람은 알고 보면 좋은 사람이에요. その人はわかってみるといい人です。

> ※ 다음 두 문장을 알맞게 연결한 것을 고르십시오.
>
> 　전화를 걸다 / 잘못 걸다
>
> ① 전화를 걸면 잘못 걸었어요. 　　② 전화를 걸고 보면 잘못 걸었어요.
>
> ③ 전화를 걸고 보니 잘못 걸었어요. 　　④ 전화를 걸더니 잘못 걸었어요.

> 解説
>
> 電話をかけた後、間違ってかけたことがわかったという文章を探す問題である。①の「−으면」と②の「−고 보면」は仮定なので後に過去形が来ることができず、④の「−더니」は対照を表すので答えにならない。したがって、新しい事実を知ることになったということを表す「−고 보니」を使った③が正解である。
>
> 正解 ③

031 -고서 ★

unit 4
순서

1. 알아두기   知っておこう

		-고서
동사	읽다	읽고서
動詞	끝내다	끝내고서

❶ 선행절의 행동이 끝나고 후행절의 행동이나 상태를 나타날 때 사용한다.
先行節の行動が終わり、後続節の行動や状態が表れる場合に使う。

例
- 청소를 끝내고서 외출을 했어요. 掃除を終わらせて外出をしました。
- 책을 읽고서 친구한테 전화를 했다. 本を読んだ後、友達に電話をしました。
- 친구는 그 말을 듣고서 너무 기뻐했습니다. 友達はその言葉を聞いてとても喜びました。

2. 더 알아두기   もっと知ろう

▶ '-고서'는 '-고 나서'⁰²⁹와 바꾸어 사용할 수 있다. 「-고서」は、「-고 나서」に置き換えて使うことができる。

例
- 샤워를 하고서 맥주를 마셨다. シャワーをしてビールを飲んだ。
  = 샤워를 하고 나서 맥주를 마셨다.

3. 확인하기   確認しよう

※ 다음 밑줄 친 부분과 바꾸어 쓸 수 있는 말을 고르십시오.

가: 결혼은 언제 할 계획이에요?
나: 취직하고 나서 결혼할까 해요.

① 취직하면서도   ② 취직하고서
③ 취직하느라고   ④ 취직하다가는

解説

就職後に結婚する計画だという意味の文章である。①の「-으면서도」は前と後に反対の内容が来る時に使う表現なので答えにならない。③の「-느라고」は理由を表すので答えにならず、④の「-다가는」は行動後の否定的な結果を表すので答えにならない。したがって、就職後を意味する②が正解である。

正解 ②

032　-고서야 ★

		-고서야
동사 動詞	먹다	먹고서야
	가다	가고서야

❶ 선행절의 일이 끝나고 나서 후행절의 일이 일어날 수 있을 때 사용한다.
先行節の事柄が終わった後、後続節の事柄が起り得る場合に使う。

　例 ・가: 어제 놀러 온 친구들이 일찍 집에 갔어요?　昨日遊びに来た友達は早く家に帰りましたか?
　　　나: 아니요, 우리 집에 있는 음식을 모두 먹고서야 집에 갔어요.
　　　　　いいえ。うちにある食べ物を全部食べてから家に帰りました。

❷ 반어적 의문문으로 선행절이 후행절의 조건이 될 때 사용한다.
反語的疑問文として、先行節が後続節の条件になる場合に使う。

　例 ・가: 이번에도 공부를 열심히 안 해서 시험을 잘 못 봤어.
　　　　　今回も勉強を一生懸命せず、試験がうまくいかなかった。
　　　나: 그렇게 공부를 안 하고서야 어떻게 좋은 대학에 갈 수 있겠니?
　　　　　そんなに勉強をしないで、どうやっていい大学に行けるの?

▶ '-고서야'와 '-아/어야'의 문법 비교　「-고서야」と「-아/어야」の文法比較

'-고서야'와 달리 '-아/어야'는 선행절이 후행절이 일어나기 위해 꼭 필요한 조건일 때 사용한다.
「-고서야」とは異なり「-아/어야」は、先行節が、後続節が起こるために必ず必要な条件の場合に使う。

　例 ・아이를 낳아야 부모님 마음을 알 수 있다.　子供を産めば親の気持ちがわかる。

또한 선행절의 행동을 해도 아무 소용이 없을 때도 사용한다.
そして、先行節の行動をしても無駄である場合に使います。

　例 ・열심히 해 봐야 그 사람을 이길 수는 없을 것이다.　一生懸命しても、その人に勝てないでしょう。

※ 밑줄 친 부분 중 틀린 것을 고르십시오.

　① 요즘은 대학교를 <u>졸업해 보고서야</u> 취직하기도 힘들다.
　② 병이 악화되어 이제는 <u>수술을 해 봤자</u> 소용이 없다고 한다.
　③ 그 사람과 <u>이야기해 봐도</u> 그 사람에 대한 오해를 풀 수 없었다.
　④ 여기저기 <u>다녀 봐야</u> 우리 고향이 살기 좋은 곳이라는 것을 알았다.

unit 4
순서

解説

①では、卒業をする事は就職が難しくなる条件ではないので「-고서야」を使うことができない。したがって「졸업하고도」に置き換えなければならない。

正解 ①

033 —아/어서야 ★

I. 알아두기 知っておこう

		—아/어서야
동사 動詞	먹다	먹**어서야**
	가다	가**서야**
형용사 形容詞	넓다	넓**어서야**
	비싸다	비싸**서야**

❶ 어떤 때가 되었을 때만 후행절의 일을 할 때 사용한다.
　ある時になった時だけ、後続節の事柄をする場合に使う。

> 例 ・요즘 너무 바빠서 새벽 2시가 넘**어서야** 잠을 잘 수 있어요.
> 　最近、忙しすぎて夜中の2時過ぎて(やっと)寝られます。
>
> ・시험 때가 **돼서야** 공부를 시작하면 시험을 잘 보기 힘들 거예요.
> 　試験期間になって勉強を始めても、試験はうまくいかないでしょう。

❷ 선행절이 조건이 되어 후행절의 일이 일어나기 힘들다는 것을 강조할 때 사용한다.
　先行節が条件になり、後続節の事柄が起こるのが難しいことを強調する場合に使う。

> 例 ・이렇게 운동은 안 하고 컴퓨터 게임만 **해서야** 어떻게 건강할 수 있겠어요?
> 　こんなに運動もせずコンピューターばかりしていて、どうやって健康になれますか?
>
> ・그렇게 화를 잘 내**서야** 어디 사람들이 좋아하겠어요?
> 　そんなによく怒って、誰が喜びますか?

주의사항 注意事項

● '—아/어서야'가 ❷의 의미로 쓰일 때는 뒤에 '—을 수 없다', '—겠어요?'가 자주 온다.
　「—아/어서야」が❷の意味で使われる場合、文末表現に「—을 수 없다」、「—겠어요?」がよく使われる。

> 例 이렇게 돈을 많이 써**서야** 부자가 될 수 있겠어요?　こんなにお金をたくさん使って、お金持ちになれますか?

※ (   ) 안에 알맞은 것을 고르십시오.

가: 요즘은 하루 동안 늘어나는 정보의 양도 엄청나대요.
나: 네, 정말 요즘 같이 쏟아지는 정보가 (   ) 어디 그걸 다 소화할 수 있겠어요?

① 많은지

② 많아서야

③ 많기 때문에

④ 많다고 해서

解説

情報が多く消化できないと言っている。①の「-은지」は主に「알다, 모르다」と一緒に使い、③の「-기 때문에」は理由を表すが反語的疑問文の形で使わないので答えにならない。④の「-는다고 해서」は一般的に予想する事とは違い、例外的な状況が表れる場合に使うので、合わない。したがって、後続節をするのに難しい条件を表す②の「-아/어서야」が正解である。

正解 ②

034 –았/었다가 ★

		–았/었다가
동사 動詞	먹다	먹었다가
	가다	갔다가

❶ 어떤 일이 완전히 끝난 후 상반되는 일이 발생했을 때 사용한다.
　ある事が完全に終わった後、相反する事が発生した場合に使う。

例 ▶ • 버스를 **탔다가** 잘못 탄 것 같아서 내렸어요.
　　　バスに乗ったが、乗り間違えたようなので降りました。

　　 • 편지를 **썼다가** 마음에 안 들어서 버렸어요.　手紙を書いたが、気に入らなかったので捨てました。

　　 • 학교에 **갔다가** 몸이 안 좋아서 집으로 돌아왔어요.　学校に行ったが、具合いがよくなく家に帰りました。

2. 더 알아두기 もっと知ろう

 ▶ '–았/었다가'와 '–다가'026의 문법 비교 (P. 85)　「–았/었다가」と「–다가」の文法比較

3. 확인하기 確認しよう

> ※ 다음 밑줄 친 부분에 들어갈 말로 알맞은 것을 고르십시오.
>
> 가: 부모님께 드릴 선물은 사 놓았어요?
> 나: 지난주에 _____ 마음에 안 들어서 환불했어요. 그래서 오늘 다시 사려고요.
>
> ① 샀다가　　　　　　　　　　② 사다가
> ③ 샀으면　　　　　　　　　　④ 사길래

　解説

先週、プレゼントを買ったが払い戻ししたという意味の文章である。②の「–다가」はある行動をする途中に他の行動をする場合に使い、③の「–으면」は買ったという状況を条件として表現する場合に使い、④の「–길래」は理由を表す表現のため答えにならない。したがって、ある行動をした後に反対の行動をする①が正解である。

正解 ①

035 -자 ★

unit 4
순서

1. 알아두기　知っておこう

		-자
동사 動詞	열다	열자
	오다	오자

❶ 선행절의 행동이 끝난 후 곧 후행절의 행동이 시작될 때 사용한다.
先行節の行動が終わった後、間もなく後続節の行動が始まる場合に使う。

例
- 창문을 열**자** 시원한 바람이 들어왔다. 窓を開けたら涼しい風が入ってきた。
- 갑자기 비가 오**자** 사람들이 모두 뛰어갔어요. 突然、雨が降り、みんな走って行きました。
- 아이는 돈을 받**자** 좋아서 웃었어요. 子供はお金をもらうと喜んで笑いました。

주의사항　注意事項

● '-자'는 이미 일어난 행동에 대해서만 사용하는 문법이기 때문에 후행절에 미래나 가능을 나타내는 표현이 올 수 없다.
「-자」は、すでに起こった行動に対してのみ使う表現のため、後続節に未来形や可能を表す表現を使うことはできない。

● 후행절에는 명령형, 청유형을 쓸 수 없다.
後続節には命令形、勧誘形は使えない。

2. 더 알아두기　もっと知ろう

▶ '-자'와 '-자마자' 026 의 문법 비교 (P. 91) 「-자」と「-자마자」の文法比較

※ 밑줄 친 부분 중 <u>틀린 것</u>을 고르십시오.

① 사람이 어찌나 <u>많던지</u> 들어가지도 못 했어요.
② 설명을 <u>들으면</u> 저절로 이해하게 될 거예요.
③ 그렇게 큰 소리로 <u>부르자</u> 들을 수 있을 거예요.
④ 한국에 <u>가거든</u> 제주도에 꼭 가 보세요.

<u>解説</u>

間違った表現を選ぶ問題である。③の「-자」は未来や可能を表す表現が来ることができない。したがって、「큰 소리로 부르자」の後ろには既に起こった行動が来なければならないことから③が正解である。

正解 ③

연습 문제 練習問題

1 밑줄 친 부분을 바르게 연결한 것을 고르십시오.

> 가: 선생님 댁에 무슨 일이 있는 것 같아요.
> 나: 맞아요. 사무실에서 <u>연락을 받았어요. 바로 나갔어요.</u>

❶ 연락을 받기가 무섭게 나갔어요   ❷ 연락을 받고도 나가지 않았어요
❸ 연락을 받았더라도 나갔어요   ❹ 연락을 받는 덕분에 나갔어요

unit 4
순서

2 다음 두 문장을 알맞게 연결한 것을 고르십시오.

> 혜경이는 집에 가고 있다 / 친구의 전화를 받고 다시 학교로 가다

❶ 혜경이는 집에 갔다가 친구의 전화를 받고 다시 학교로 갔어요.
❷ 혜경이는 집에 가려고 하는데 친구의 전화를 받고 다시 학교로 갔어요.
❸ 혜경이는 집에 가다가 친구의 전화를 받고 다시 학교로 갔어요.
❹ 혜경이는 집에 가기 싫어서 친구의 전화를 받고 다시 학교로 갔어요.

3 다음 두 문장을 바르게 연결한 것을 고르십시오.

> 친구한테 노트북을 빌려 주다 / 친구가 고장을 내다

❶ 친구한테 노트북을 빌려 주더라도 친구가 고장을 냈어요.
❷ 친구한테 노트북을 빌려 줬더니 친구가 고장을 냈어요.
❸ 친구한테 노트북을 빌려 준다기에 친구가 고장을 냈어요.
❹ 친구한테 노트북을 빌려 주다니 친구가 고장을 냈어요.

4 밑줄 친 부분과 의미가 같은 말을 고르십시오.

> 가: 집에 언제쯤 도착해요?
> 나: 잘 모르겠어요. 집에 <u>도착하자마자</u> 전화를 드릴 거니까 걱정하지 마세요.

❶ 도착하는 김에   ❷ 도착하는 통에
❸ 도착하는 대로   ❹ 도착하기는 했지만

연습 문제 練習問題

5 다음 밑줄 친 부분이 <u>잘못된 것</u>을 고르십시오.

① 친구와 <u>만나고 나서</u> 기분이 좋아졌어요.

② 엄마에게 <u>거짓말을 하고 나서</u> 미안한 마음이 들었어요.

③ 주말이라 <u>복잡하고 나서</u> 평일에는 복잡하지 않아요.

④ 운동을 <u>하고 나서</u> 꼭 샤워를 해야 해요.   **029**

6 밑줄 친 부분에 <u>들어갈 수 없는 것</u>을 고르십시오.

가: 오늘도 산책을 할 거예요?

나: 네, 밥을 _____ 강아지와 함께 산책을 하려고 해요.

① 먹고서   ② 먹은 후에

③ 먹고 나서   ④ 먹었다가   **029**

7 밑줄 친 부분에 들어갈 말로 가장 알맞은 것을 고르십시오.

가: 오늘은 회사에 안 가고 집에서 쉰 거예요?

나: 아니요, 회사에 _____ 몸이 안 좋아서 다시 집으로 왔어요.

① 가도록   ② 갔다면

③ 갔다가   ④ 가느니   **034**

8 다음 밑줄 친 부분에 들어갈 말을 고르십시오.

가: 일을 시작한 지 3달이나 되었는데 아직도 익숙해지지 않아요.

나: 3달밖에 안 됐잖아요. 계속 _____ 익숙해질 거예요.

① 하다가 보면   ② 하다가 보니까

③ 하다가   ④ 하려다가   **026**

9 다음 밑줄 친 부분이 <u>잘못된 것</u>을 고르십시오.

❶ 어제는 날씨가 <u>추웠더니</u> 오늘은 따뜻하다.   ❷ 식당에 <u>갔더니</u> 사람들이 너무 많았다.

❸ 오랜만에 <u>만났더니</u> 친구가 변해 있었어요.   ❹ 운동을 <u>했더니</u> 스트레스가 확 풀려요.

027

10 밑줄 친 부분을 같은 의미로 바꾸어 쓴 것을 고르십시오.

가: 어제 시험 준비는 많이 했어요?

나: 아니요, <u>책상에 앉자마자 잠이 들어서</u> 하나도 못했어요.

❶ 책상에 앉으려고 하는데 잠이 들어서   ❷ 책상에 앉았는데도 잠이 들어서

❸ 책상에 앉을까봐 잠이 들어서   ❹ 책상에 앉기가 무섭게 잠이 들어서   **025 028**

11 다음 밑줄 친 부분이 <u>잘못된 것</u>을 고르십시오.

❶ 사람들은 항상 몸이 <u>안 좋아지고서야</u> 건강의 소중함을 알아요.

❷ 그 학생은 틀린 문제의 답을 모두 <u>확인하고서야</u> 집에 돌아갔다.

❸ 이렇게 더운 날에는 <u>창문을 닫고서야</u> 잠을 잘 수 있어요.

❹ 내 동생은 엄마에게 <u>혼이 나고서야</u> 정신을 차릴 거예요.

032

12 다음 밑줄 친 부분이 <u>잘못된 것</u>을 고르십시오.

❶ <u>먹다가 말다가</u> 하지 말고 빨리 먹어요.

❷ 내가 <u>졸다가 말다가</u> 선생님이 화가 났어요.

❸ 술에 취한 사람이 취해서 <u>노래를 하다가 말다가</u> 해요.

❹ 한국어 공부를 <u>하다가 말다가</u> 하면 실력이 안 늘 거야.

026

13 밑줄 친 부분에 들어갈 가장 알맞은 말을 고르십시오.

가: 학생들이 이번 시험을 지난 번 시험보다 잘 본 것 같아요?

나: 맞아요. _____ 점수가 오른 것 같아요.

❶ 시험 문제를 쉽게 냈어도   ❷ 시험 문제를 쉽게 낸다면

❸ 시험 문제를 쉽게 내기 위해서   ❹ 시험 문제를 쉽게 냈더니   **027**

연습 문제 練習問題

14 다음 밑줄 친 표현이 나머지 세 개와 <u>다른 의미로 사용된 것</u>을 고르십시오.

❶ 주말에 놀다가 월요일이 <u>돼서야</u> 숙제를 하는 학생들이 있어요.

❷ 일이 너무 많아서 9시가 <u>넘어서야</u> 퇴근할 수 있다.

❸ 텔레비전이 모두 <u>끝나서야</u> 아이들이 잠을 자러 간다.

❹ 이렇게 자료가 <u>부족해서야</u> 좋은 보고서를 쓸 수 없을 겁니다.

033

15 다음 밑줄 친 부분에 들어갈 알맞은 것을 고르십시오.

혜경이는 급한 일이 있는지 수업이 _____ 교실에서 뛰어나갔다.

❶ 끝난다기보다는   ❷ 끝내도록 하고

❸ 끝나기가 무섭게   ❹ 끝나는 김에

025

16 제시된 상황과 의미가 같은 말을 고르십시오.

상황 - 회사에서 **퇴근하자마자 달려갔는데도** 약속 시간에 늦고 말았다.

❶ 퇴근을 한 후에 바로 달려가야 했는데 그렇지 않아서 늦고 말았다.

❷ 퇴근을 한 후에 바로 달려갔지만 약속 시간에 늦고 말았다.

❸ 퇴근을 하기 전에 바로 달려가려고 했지만 그럴 수 없어서 늦고 말았다.

❹ 퇴근을 하기 전에 바로 달려갔지만 약속 시간에 늦고 말았다.

028

목적 目的

초급 문법 확인하기! 初級の文法を確認しよう!

-으러 가다/오다/다니다

例 한국어를 배우러 한국에 왔어요. 韓国語を学びに韓国に来ました。

-으려고

例 나는 학교에 가려고 버스를 탔어요. 私は学校に行こうとバスに乗りました。

036 -게 ★★★

1. 알아두기 知っておこう

		-게
동사 動詞	만들다	만들**게**
	보이다	보이**게**

❶ 후행절의 행동에 대한 목적을 나타낸다.
後続節の行動に対する目的を表す。

> **例**
> • 맛있는 음식을 만들**게** 신선한 재료를 사다 주세요.
> おいしい料理を作るのに、新鮮な材料を買っておいてください。
>
> • 학생들이 교실에서 떠들지 않**게** 주의시켜 주세요.
> 学生達が教室で騒がないように注意してください。
>
> • 멀리서도 보이**게** 크게 써 주세요. 遠くからでも見えるように、大きく書いてください。

2. 더 알아두기 もっと知ろう

▶ '-게'는 '-도록'⁰³⁷과 바꾸어 사용할 수 있다. 「-게」は「-도록」に置き換えて使うことができる。

> **例**
> • 다 들을 수 있**게** 큰 소리로 말해 주세요. 全員に聞こえるように、大きな声で言ってください。
> = 다 들을 수 있**도록** 큰 소리로 말해 주세요.

3. 확인하기 確認しよう

> ※ 밑줄 친 부분과 의미가 같은 말을 고르십시오.
>
> 아기가 <u>자게</u> 조용히 좀 해 주세요.
>
> ① 자려면　　　② 자면서　　　③ 자도록　　　④ 자니까

解説

子供が寝られるように、静かな環境を作ってほしいという内容である。①の「-으려면」は意図を表わすが、先行節と後続節の主語が違う時に、この文法は命令形を使う事ができないため間違った表現になる。②の「-으면서」は同時に起きる事を表すため正しくない。また、④の「-으니까」は理由を表すため答えにならない。したがって、目的の意味を表す③が正解である。

正解 ③

037 −도록 ★★★

1. 알아두기   知っておこう

		−도록
동사 動詞	먹다	먹**도록**
	가다	가**도록**
형용사 形容詞	쉽다	쉽**도록**
	따뜻하다	따뜻하**도록**

❶ 선행절이 후행절에 대한 목적을 나타낸다.
先行節が後続節に対する目的を表す時に使う。

例 ▶ • 가: 시험을 잘 보**도록** 열심히 공부하세요. 試験がうまくいくように、一生懸命勉強してください。
　　 나: 네, 알겠습니다. はい、わかりました。

• 아이들이 먹기 쉽**도록** 작게 만들었어요. 子供達が食べやすいように、小さく作りました。

❷ 어떤 시간이 될 때까지의 의미를 나타낸다. ある程度 (時間、時期) になるまでの意味を表す。

例 ▶ • 동생은 한 달이 넘**도록** 연락이 없다. 弟(妹) は一ヶ月を超えるまで連絡がない。

• 밤새**도록** 친구와 이야기했어요. 夜が明けるまで友達と話をしました。

2. 더 알아두기   もっと知ろう

▶ '−도록'이 ❶의 의미일 때 목적의 '−게'036와 바꾸어 사용할 수 있다.
「−도록」が❶の意味の場合、目的の「−게」と置き換えて使うことができる。

例 ▶ • 다 들을 수 있**도록** 큰 소리로 말해 주세요. 全員に聞こえるように、大きな声で言ってください。
　　 = 다 들을 수 있**게** 큰 소리로 말해 주세요.

▶ '−도록'과 '−기 위해서'039의 문법 비교 「−도록」と「−기 위해서」の文法比較

목적을 나타내는 '−도록'은 '−기 위해서'와 바꾸어 사용할 수 있다.
目的を表す「−도록」は「−기 위해서」と置き換えて使うことができる。

例 ▶ • 성공하**도록** 최선을 다하고 있습니다. 成功するために、最善を尽くしています。
　　 = 성공하**기 위해서** 최선을 다하고 있습니다.

그러나 '-기 위해서'는 선행절과 후행절의 주어가 다른 경우에는 사용할 수 없다.
しかし、「-기 위해서」は先行節と後続節の主語が違う場合、使うことができない。

例 ▶ • 민호가 시험을 잘 보**도록** 제가 도와줄 거예요. (O)
　　　(주어) (主語)　　　　　　(주어) (主語)
　　　ミンホの試験がうまくいくよう私が手伝うつもりです。
　　= 민호가 시험을 잘 보**기 위해서** 제가 도와줄 거예요. (X)
　　　(주어) (主語)　　　　　　　　(주어) (主語)

3. 확인하기　確認しよう

※ 본문에서 (　　)안에 들어갈 말로 알맞은 것을 고르십시오.

　꿈이 있고 그 꿈을 이루기 위해 어떤 노력을 해야 하는지 아는 청소년이라면 시간을 낭비하거나 할 일이 없어서 방황하는 일이 적을 것이다. 따라서 청소년에게 자신이 잘하는 일이 무엇인지 알게 하고 그것에 맞는 꿈을 꾸게 하는 일은 매우 중요하다. 청소년이 자신의 (　　　　　　　　) 제일 좋은 방법은 다양한 동아리 활동에 참여해 보게 하는 것이다. 동아리 활동을 통해 청소년들은 자연스럽게 자신의 재능과 꿈에 대해 생각할 기회를 갖게 된다.

① 재능을 발견해도 꿈을 가지기만 하는
② 재능을 발견하거나 꿈을 가질 리가 없는
③ 재능을 발견하거나 꿈을 가지도록 하는
④ 재능을 발견해도 꿈을 가질 수조차 없는

解説

文全体の内容で、青少年が自分の才能を知り、志を持たせる事を目的にしている。したがって、先行節が後続節に対する目的を表す「-도록」を使った③が正解である。

正解 ③

038 -을 겸 (-을 겸) ★★★

1. 알아두기 知っておこう

		-(으)ㄹ 겸
동사 動詞	읽다	읽을 겸
	보다	볼 겸

❶ 선행절에 후행절의 행동을 하는 두 가지 이상의 목적을 나타낼 때 사용한다.
先行節に後続節の行動をする二つ以上の目的を表現する時に使う。

· 쇼핑도 할 겸 영화도 볼 **겸** 신촌에 다녀왔어요.
ショッピングのついでに、映画を観にシンチョン
に行ってきました。

· 스트레스도 풀 겸 노래방에 가자.
ストレス解消も兼ねて、カラオケに行こう。

2. 더 알아두기 もっと知ろう

 ▶ '-을 겸 (-을 겸)'과 '-는 김에'[079]의 문법 비교 「-을 겸 (-을 겸)」と「-는 김에」の文法比較
'-을 겸 (-을 겸)'이 두 가지 목적을 나타내기 위해서인 것과 달리 '-는 김에'는 선행절의 행동
을 하는 기회에 후행절의 행동을 같이 한다는 의미가 있다.
二つの目的を表すための「-을 겸 (-을 겸)」とは違い、「-는 김에」は、先行節の行動をする機会に後続節の行動を一緒にすると
いう意味がある。

例 · 숙제를 하는 **김에** 내 숙제도 해 주면 안 될까?
宿題をするついでに、私の宿題もしてくれない?

· 유럽에 출장을 간 **김에** 거기서 유학 중인 친구를 만났다.
ヨーロッパに出張に行くついでに、留学中の友達に会った。

 ▶ '-을 겸 (-을 겸)'과 '-는 길에'[080]의 문법 비교 「-을 겸 (-을 겸)」と「-는 길에」の文法比較
'-을 겸 (-을 겸)'이 두 가지 목적을 나타내기 위해서인 것과 달리 '-는 길에'는 가거나 오는 도
중이나 기회라는 의미이다. '-는 길에' 앞에는 '가는 길에', '오는 길에'의 형태로만 쓰인다.
二つの目的を表すための「-을 겸 (-을 겸)」とは違い、「-는 길에」はどこかへ行ったり来たりする途中や機会という意味である。
「-는 길에」は「가는 길에」または「오는 길에」の形でのみ使われる。

例 ・기분 전환을 할 **겸** 같이 외출할까요? (O) 気分転換をするついでに外出しましょうか?
= 기분 전환을 하는 **길에** 같이 외출할까요? (X)

例 ・집에 오는 **길에** 우유를 사 오세요. (O) 家に来るついでに牛乳を買って来てください。
= 집에 올 **겸** 우유를 사 오세요. (X)

TIP

'-을 겸 (-을 겸)'과 '-는 김에' 그리고 '-는 길에'를 왜 비교해야 할까요?
그건 이 세 문법의 기능이 비슷해서가 아니라 문법의 형태가 비슷해서
토픽 문제의 보기로 함께 나오는 경우가 많기 때문이지요. 문법의 의미는
많이 다른데 형태가 비슷해서 친구처럼 붙어 다닌대요.

「-을 겸 (-을 겸)」と「-는 김에」そして「-는 길에」をなぜ比較しなければならないでしょうか?
それはこの三つの文法の機能が似ているからではなく文法の形態が似ているため、トピック問題の例と一緒に出てくる場合が多いからです。文法の意味はかなり違いますが、形態的な特徴のせいで、友達のようにセットにされることが多いです。

3. 확인하기   確認しよう

※ 밑줄 친 것 중 틀린 것을 고르십시오.

① 볼일도 보고 <u>친구도 만난 겸</u> 시내에 갔다 왔다.
② 여행 이야기가 <u>나온 김에</u> 이번 주말에 여행을 갑시다.
③ 지갑이 집에 있었는데 <u>그런 줄도 모르고</u> 괜히 찾았다.
④ 약만 <u>먹을 게 아니라</u> 병원에 가서 검사를 받아 보세요.

解説

②、③、④ は全て正しい文章である。①の「친구도 만난 겸」が間違いである。「-을 겸」は活用する際に常に「-을 겸」の形でのみ用いられるので「친구도 만날 겸」が正解である。

正解 ①

039 -기 위해(서) ★★

I. 알아두기 知っておこう

		-기 위해(서)
동사 動詞	먹다	먹기 위해(서)
	사다	사기 위해(서)

❶ 선행절은 후행절의 목적이 된다. 先行節は後続節の目的になる。

> 例 ▶ • 한국 대학교에 들어가**기 위해서** 한국어능력시험 공부를 했어요.
>   韓国の大学に入るために、韓国語能力試験の勉強をしました。
>
> • 문제를 해결하**기 위해서** 매일 회의를 했어요.
>   問題を解決するために毎日、会議をしました。
>
> • 면접에 입고 갈 옷을 사**기 위해** 백화점에 갔어요.
>   面接に着て行く服を買うために、デパートに行きました。

2. 더 알아두기 もっと知ろう

▶ '-기 위해(서)'는 '-기 위하여'와 바꾸어 사용할 수 있다.
「-기 위해(서)」は「-기 위하여」に置き換えて使うことができる。

> 例 ▶ • 학교를 발전시키**기 위해** 노력하겠습니다. 学校の発展のために努力します。
>   = 학교를 발전시키**기 위하여** 노력하겠습니다.

▶ '-기 위해(서)'는 '-으려고', '-고자'⁰⁴⁰와 바꾸어 사용할 수 있다.
-기 위해(서)」は「-으려고」、「-고자」に置き換えて使うことができる。

> 例 ▶ • 영어를 배우**기 위해서** 미국에 갔어요.
>   英語を習うために、アメリカに行きました。
>   = 영어를 배우**려고** 미국에 갔어요.
>   = 영어를 배우**고자** 미국에 갔어요.

▶ '-기 위해(서)'와 '-도록'⁰³⁷의 문법 비교 (P. 110) 「-기 위해(서)」と「-도록」の文法比較

※ 두 문장을 바르게 연결한 것을 고르십시오.

칭찬을 받다 / 그 일을 한 것은 아니다

① 칭찬을 받은 듯이 그 일을 한 것은 아닙니다.
② 칭찬을 받기 위해서 그 일을 한 것은 아닙니다.
③ 칭찬을 받기만 해도 그 일을 한 것은 아닙니다.
④ 칭찬을 받으려고 하니까 그 일을 한 것은 아닙니다.

解説

①は先行節と後続節の内容がほとんど同じである事を表し、③は別の行動をせず、一つの行動だけをする事を表すため文の繋がりが自然でない。また、④は先行節の意図を表すため、やはり文の繋がりが自然ではない。したがって、先行節が後続節の目的になる②が正解である。

正解 ②

040 -고자 ★

I. 알아두기 知っておこう

동사 動詞		-고자	명사+이다 名詞+이다		(이)고자
	읽다	읽고자		학생	학생이고자
	만나다	만나고자		친구	친구고자

❶ 선행절의 의도나 목적을 위해 후행절의 어떤 행동을 할 때 사용한다.
先行節の意図や目的のために後続節の行動をする時に使う。

例 ・한국에 유학을 가고자 공부를 하고 있습니다. 韓国に留学しようと勉強をしています。

・훌륭한 농구 선수가 되고자 밤낮으로 열심히 연습을 했어요.
立派なバスケットボール選手になろうと日夜熱心に練習しました。

・성실한 학생이고자 최선을 다하고 있습니다.
誠実な学生であろうと最善を尽くしています。

주의사항 注意事項

● 선행절과 후행절의 주어가 같아야 한다.
先行節と後続節の主語が同じでなければならない。

例 나는 취업을 하고자 (내가) 학원에 다니고 있다. (O) 私は就職しようと学院に通っています。
(주어) (主語)   (주어) (主語)

나는 취업을 하고자 동생이 학원에 다니고 있다. (X)
(주어) (主語)   (주어) (主語)

● 후행절에 명령문과 청유문이 올 수 없다.
後続節に命令文と勧誘文は来ることができない。

● 공식적인 말이나 글에 주로 사용한다. 公式な言葉や文章に主に使用します。

例 실업자를 줄이고자 노력하고 있습니다. 失業者を減らそうと努力しています。

2. 더 알아두기 もっと知ろう

▶ '-고자'는 '-으려고', '-기 위해(서)'039와 바꾸어 사용할 수 있다.
「-고자」は「-으려고」、「-기 위해(서)」に置き換えて使うことができる。

例 ・영어를 배우고자 미국에 갔어요. 英語を習おうとアメリカに行きました。
= 영어를 배우려고 미국에 갔어요.
= 영어를 배우기 위해서 미국에 갔어요.

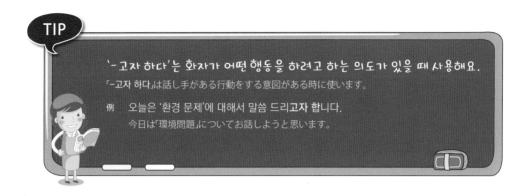

TIP

'-고자 하다'는 화자가 어떤 행동을 하려고 하는 의도가 있을 때 사용해요.
「-고자 하다」は話し手がある行動をする意図がある時に使います。

例　오늘은 '환경 문제'에 대해서 말씀 드리고자 합니다.
今日は「環境問題」についてお話しようと思います。

3. 확인하기　確認しよう

 unit 5
목적

※ 밑줄 친 부분과 의미가 같은 말을 고르십시오.

많은 고등학생들이 좋은 대학에 <u>입학하고자</u> 최선을 다해 노력하고 있습니다.

① 입학하기로
② 입학하라고
③ 입학하려고
④ 입학하면

解説

高校生達は良い大学に入学することを目的に努力しているという文章である。①の「-기로」は計画を表し、後ろに常に「하다」が来なければならず間違った文章である。②の「-으라고」は命令を表す間接話法である。また④の「-으면」は入学する状況を仮定した文法のため答えにならない。したがって、目的を表す③が正解である。

正解 ③

연습 문제 練習問題

1 다음 밑줄 친 곳에 맞는 것을 고르십시오.

외국인 친구들도 _____ 매운 음식은 시키지 맙시다.

❶ 먹게   ❷ 먹고는
❸ 먹으면서   ❹ 먹으려고   **036**

2 밑줄 친 부분과 의미가 같은 말을 고르십시오.

식사 조절만으로 체중을 <u>줄이고자</u> 하면 위험할 수도 있다.

❶ 줄이거나   ❷ 줄이려고
❸ 줄이느라고   ❹ 줄이는데도   **040**

3 밑줄 친 부분과 의미가 같은 말을 고르십시오.

학교 앞에서는 아이들이 안전하게 길을 <u>건널 수 있게</u> 천천히 운전해야 한다.

❶ 건널 수 있도록   ❷ 건널 수 있으면서
❸ 건널 수 있거나   ❹ 건널 수 있으니까   **036 037**

4 (   ) 안에 들어갈 알맞은 말을 고르십시오.

가: 휴가 때 뭐 할 계획이에요?
나: 가족과 시간도 가질 겸 (   ) 제주도에 갔다 오려고요.

❶ 스트레스 풀어 봤자   ❷ 스트레스 풀 겸해서
❸ 스트레스 풀 정도로   ❹ 스트레스 풀었을 까봐   **038**

5 다음 밑줄 친 부분이 <u>틀린 것</u>을 찾아 바르게 고쳐 쓰십시오.

저는 한국어를 배우기 ①<u>위한</u> 한국에 왔어요. 처음에는 한국 문화에 익숙하지 않아서 ②<u>힘들었는데</u> 지금은 많이 익숙해졌습니다. 아직 한국에 ③<u>온 지</u> 1년밖에 안 됐는데 한국 친구들도 많아서 ④<u>재미있게</u> 지내고 있습니다.

(→   )   **039**

6 밑줄 친 문장을 대화에 맞게 연결하십시오.

가: 고향에 갔다 왔다면서요?
나: 네, <u>부모님을 뵈러 갔어요. 친구도 만나고요.</u>

❶ 부모님을 뵙거나 친구를 만났어요.
❷ 부모님을 뵈러 갔지만 친구를 만났어요.
❸ 부모님도 뵐 겸 친구도 만날 겸 갔어요.
❹ 부모님을 뵌 덕분에 친구도 만날 수 있었어요.   **038**

7 다음 두 표현을 가장 알맞게 연결한 것을 고르십시오.

등록금을 벌다 / 아르바이트를 하다

❶ 등록금을 벌듯이 아르바이트를 해요.
❷ 등록금을 벌기 위해 아르바이트를 해요.
❸ 등록금을 벌기만 해도 아르바이트를 해요.
❹ 등록금을 벌려고 하니까 아르바이트를 해요.   **039**

8 ( ) 안에 들어갈 적당한 말을 고르십시오.

가: 집이 회사 근처라고 들었는데 왜 이렇게 자주 늦어요?
나: 죄송합니다, 내일부터는 (   ) 하겠습니다.

❶ 늦지 않고   ❷ 늦지 않도록
❸ 늦지 않으면   ❹ 늦지 않으려고   **037**

연습 문제 練習問題

9 ( ) 안에 알맞은 것을 고르십시오.

> 가: 오늘 시험 잘 봤어요?
> 나: 아니요. ( ) 공부했더니 졸려서 잘 못 봤어요.

❶ 밤새도록   ❷ 밤새우려고

❸ 밤새울수록   ❹ 밤새우니까   **037**

10 다음 중 밑줄 친 부분과 바꾸어 쓸 수 있는 말을 고르십시오.

> 가: 언제까지 이 소포가 도착해야 해요?
> 나: 가능한 한 빨리 도착할 수 있게 해 주세요.

❶ 도착할 텐데   ❷ 도착할 뻔하게

❸ 도착한다고 해도   ❹ 도착할 수 있도록   **036** **037**

11 ( ) 안에 알맞은 것을 고르십시오.

> 아침마다 다이어트도 하고 건강도 ( ) 운동을 해 볼까 해요.

❶ 챙길 뿐   ❷ 챙길 겸

❸ 챙기는 한   ❹ 챙기는 대신   **038**

12 다음 두 문장을 가장 알맞게 연결한 것을 고르십시오.

> 환경을 보호하다 / 쓰레기 분리 수거를 하다

❶ 환경을 보호하기 위해 쓰레기 분리 수거를 합니다.
❷ 환경을 보호하기는커녕 쓰레기 분리 수거를 합니다.
❸ 환경을 보호하기는 하지만 쓰레기 분리 수거를 합니다.
❹ 환경을 보호하기만 해도 쓰레기 분리 수거를 합니다.   **039**

인용 (간접화법)
引用 (間接話法)

041   간접화법

041 간접화법 ★★★

I. 알아두기

知っておこう

① 자신이 보거나 들은 것을 다른 사람에게 말할 때 사용한다.

自身が見たり聞いたことを他の人に言う場合に使う。

例 · 가: 언제까지 장학금을 신청해야 하는지 알아요?

いつまでに奨学金を申請しなければならないか知っていますか?

나: 어제 학교 홈페이지에서 봤는데 이번 주 금요일까지**라고 해**요.

昨日、学校のホームページで見ましたが、今週の金曜日までとのことです。

例 · 가: 언니, 내일 엄마 생신인데 어떤 선물을 준비해야 할까?

お姉ちゃん、明日、お母さんの誕生日だけど、どんなプレゼントを準備しなければいけないかな?

나: 엄마가 이번 생일 선물로 소설책을 갖고 싶**다고 하**셨어.

お母さんが今回の誕生日プレゼントに小説が欲しいと言ってたよ。

② 자신이 한 말을 다시 한번 말할 때 사용한다. 自分が言ったことをもう一度言う場合に使う。

例 · 가: 지금이 몇 시예요? 今、何時ですか?

나: 네? 뭐**라고 하**셨어요? え?何とおっしゃいましたか?

가: 지금이 몇 시**냐고 했**어요. 今、何時かと言いました。

가. 평서문 平叙文

		-았/었다고 하다	-(느)ㄴ다고 하다	-(으)ㄹ 거라고 하다
동사 動詞	만나다	만났다고 하다	만난다고 하다	만날 거라고 하다
	읽다	읽었다고 하다	읽는다고 하다	읽을 거라고 하다

		-았/었다고 하다	-다고 하다	-(으)ㄹ 거라고 하다
형용사 形容詞	바쁘다	바빴다고 하다	바쁘다고 하다	바쁠 거라고 하다
	작다	작았다고 하다	작다고 하다	작을 거라고 하다

		이었/였다고 하다	(이)라고 하다	일 거라고 하다
명사+이다 名詞+이다	친구	친구였다고 하다	친구라고 하다	친구일거라고 하다
	학생	학생이었다고 하다	학생이라고 하다	학생일거라고 하다

unit 6
인용

例
- 도나: "저는 지난주에 정말 바빴어요."→ 도나가 지난주에 정말 바빴다고 했어요.
  ドナ:「私は先週本当に忙しかったです」→ドナが先週本当に忙しかったと言いました。
- 도나: "저는 오늘 친구를 만날 거예요."→ 도나가 오늘 친구를 만날 거라고 했어요.
  ドナ:「私は今日友達に会います」→ドナが今日友達に会うと言いました。
- 도나: "저는 학생이에요."→ 도나가 학생이라고 했어요.
  ドナ:「私は学生です」→ドナが学生だと言いました。.

나. 의문문 疑問文

		-았/었느냐고 하다	-느냐고 하다	-(으)ㄹ 거냐고 하다
동사 動詞	만나다	만났느냐고 하다	만나느냐고 하다	만날 거냐고 하다
	읽다	읽었느냐고 하다	읽느냐고 하다	읽을 거냐고 하다

		-았/었느냐고 하다	-(으)냐고 하다
형용사 形容詞	바쁘다	바빴느냐고 하다	바쁘냐고 하다
	작다	작았느냐고 하다	작으냐고 하다

		이었/였느냐고 하다	(이)냐고 하다
명사+이다 名詞+이다	친구	친구였느냐고 하다	친구냐고 하다
	학생	학생이었느냐고 하다	학생이냐고 하다

例 ▶
- 도나: "윌슨 씨, 지난주에 바빴어요?"→ 도나가 윌슨 씨에게 지난주에 **바빴느냐고 했**어요.
  ドナ:「ウィルスンさん、先週忙しかったですか?」→ドナがウィルスンさんに先週忙しかったかと言いました。

- 도나: "윌슨 씨, 누구를 만날 거예요?"→ 도나가 윌슨 씨에게 누구를 만날 **거냐고 했**어요.
  ドナ:「ウィルスンさん、誰に会うんですか?」→ドナがウィルスンさんに誰と会うのかと言いました。

- 도나: "윌슨 씨, 학생이에요?"→ 도나가 윌슨 씨에게 학생**이냐고 했**어요.
  ドナ:「ウィルスンさん、学生ですか?」→ドナがウィルスンさんに学生かと言いました。

다. 명령문 命令文

		-(으)라고 하다	-지 말라고 하다
동사 動詞	만나다	만나라고 하다	만나지 말라고 하다
	읽다	읽으라고 하다	읽지 말라고 하다

例 ▶
- 도나: "윌슨 씨, 선생님을 만나세요." → 도나가 윌슨 씨에게 선생님을 만나**라고 했**어요.
  ドナ:「ウィルスンさん、先生にお会いなさい。」→ドナがウィルスンさんに先生に会うように言いました。

- 도나: "윌슨 씨, 그 책을 읽지 마세요." → 도나가 윌슨 씨에게 그 책을 읽**지 말라고 했**어요.
  ドナ:「ウィルスンさん、その本を読まないでください。」→ドナがウィルスンさんにその本を読まないように言いました。

라. 청유문 勧誘文

		-자고 하다	-지 말자고 하다
동사 動詞	만나다	만나자고 하다	만나지 말자고 하다
	읽다	읽자고 하다	읽지 말자고 하다

例 ▶
- 도나: "윌슨 씨, 우리 명동에서 만날까요?" → 도나가 윌슨 씨에게 명동에서 만나**자고 했**어요.
  ドナ:「ウィルスンさん、私たち、ミョンドンで会いましょうか。」→ドナがウィルスンさんにミョンドンで会おうと言いました。

- 도나: "윌슨 씨, 시간이 없으니까 만나지 맙시다." → 도나가 윌슨 씨에게 시간이 없으니까 만나**지 말자고 했**어요.
  ドナ:「ウィルスンさん、時間がないから会わないことにしましょう。」→ドナがウィルスンさんに時間がないから会わないことにしようと言いました。

2. 더 알아두기　もっと知ろう

▶ '-는대요, -느냬요, -래요, -재요'는 짧은 형태의 간접화법이다.
「-는대요, -느 요, -래요, -재요」は縮約形の間接話法である。

例 ▶
- 도나가 지난주에 정말 바**빴다고 했**어요.　ドナが先週本当に忙しかったと言いました。
  = 도나가 지난주에 정말 바**빴대요**.

- 도나가 윌슨 씨에게 누구를 만날 **거냐고 했**어요.　ドナがウィルスンさんに誰に会うのかと言いました。
  = 도나가 윌슨 씨에게 누구를 만날 **거냬요**.

- 도나가 윌슨 씨에게 선생님을 만나**라고 했**어요.　ドナがウィルスンさんに先生に会うように言いました。
  = 도나가 윌슨 씨에게 선생님을 만나**래요**.

- 도나가 윌슨 씨에게 명동에서 만나**자고 했**어요.　ドナがウィルスンさんにミョンドンで会おうと言いました。
  = 도나가 윌슨 씨에게 명동에서 만나**재요**.

TIP

'주세요'를 간접화법으로 바꿀 때는 '주라고 하다'와 '달라고 하다' 두 가지로 구별하여 사용해요.

「주세요」を間接話法に置き換える場合は、「주라고 하다」と「달라고 하다」の二つに区別して使います。

例　도나: "저 사람에게 책을 주세요."→ 도나가 저 사람에게 책을 주라고 했어요.
「あの人に本をあげてください。」→ドナがあの人に本をあげるように言いました。

도나: "(저에게) 책을 주세요."→ 도나가 (도나에게) 책을 달라고 했어요.
「(私)に本をください。」→ドナが(ドナに)本をくれと言いました。

이때 책을 받는 사람이 말하는 사람일 경우에는 '달라고 하다'를 사용하고 책을 받는 사람이 말하는 사람도, 듣는 사람도 아닌 다른 사람일 때는 '주라고 하다'를 사용해요.

この時、本をもらう人が話し手である場合には「달라고 하다」を使い、本をもらう人が話し手でも聞き手でもない別の人の場合は「주라고 하다」を使う。

unit 6
인용

---

3. 확인하기
確認しよう

※ 다음 밑줄 친 부분 중 잘못 된 것을 고르십시오.

① 이 가수는 인기가 <u>많다고 한다</u>.
② 철수는 오늘이 <u>무슨 요일이냐고</u> 물었다.
③ 민정은 다음 주에 영화관에 같이 <u>가자고 했다</u>.
④ 올 겨울은 작년에 비해 눈이 많이 <u>올 거다고 한다</u>.

解説

今年の冬、雪がたくさん降るだろうと、聞いた話しを別の人に話す状況である。したがって、「올 거다고 한다.」ではなく、間接話法平叙文の未来形である「올 거라고 한다.」に置き換えて使わなくてはならない。したがって、④が正解である。

正解 ④

1 다음 밑줄 친 부분 중에서 <u>틀린 것</u>을 찾아 바르게 고쳐 쓰십시오.

> 어제 학교에서 수업 시간에 몸이 아파서 힘들어하고 ㉠<u>있었더니</u> 선생님께서 어디가 ㉡<u>아프냐고</u> 물어 보셨다. 그리고 아프면 쉬는 것이 ㉢<u>좋겠다고</u> 하면서 일찍 집으로 ㉣<u>돌아가자</u>고 했다.

(→   )   **041**

2 다음 밑줄 친 부분 중 맞는 것을 고르십시오.

❶ 내 동생은 벌써 1시간 전에 숙제를 다 <u>한다고</u> 합니다.
❷ 내년에 미영 씨는 미국으로 유학을 <u>갈 거라고</u> 합니다.
❸ 친구가 나에게 내일 자기랑 같이 영화를 <u>봤느냐고</u> 합니다.
❹ 어머니가 나에게 청소하는 형을 <u>도와 달라고</u> 합니다.   **041**

3 빈칸에 가장 알맞은 것을 고르십시오.

가: 이 MP3를 샀어요?
나: 아니요, 이건 우리 형 MP3인데 우리 형한테 잠깐 (   ) 하고 가져왔어요.

❶ 빌려 준다고   ❷ 빌려 달라고
❸ 빌려 주라고   ❹ 빌려 온다고   **041**

4 다음 밑줄 친 부분 중 <u>잘못된 것</u>을 고르십시오.

❶ 민호는 친구들 사이에서 인기가 <u>많다고 한다</u>.
❷ 철수는 갑자기 내 생일이 <u>언제냐고 물었다</u>.
❸ 여자 친구가 다음 주에 미술관에 같이 <u>가자고 했다</u>.
❹ 이번 여름에는 작년에 비해 비가 많이 <u>올 거다고 한다</u>.   **041**

5 다음 밑줄 친 부분 중 <u>틀린 것</u>을 고르십시오.

❶ 친구가 내일 같이 영화를 보러 <u>가재요</u>.

❷ 엄마가 고기만 먹지 말고 채소도 <u>먹으래요</u>.

❸ 내 친구가 요즘 일본어를 <u>배운대요</u>.

❹ 형이 나한테 같이 게임을 <u>한대요</u>.

041

6 다음 밑줄 친 부분 중 <u>잘못된 것</u>을 고르십시오.

❶ 한 달 후면 친구는 결혼을 <u>할 거라고 해요</u>.

❷ 김 과장님이 지난주에 다른 회사에 <u>갔다고 해요</u>.

❸ 어머니께서 계속 저에게 <u>공부하라고 해요</u>.

❹ 친구가 날씨가 좋으니까 같이 놀러 <u>간다고 해요</u>.

041

TOPIKに出題された韓国文化

韓国の「生活韓服」

　みなさんよくご存知のように「韓服」は韓国の伝統衣装です。「韓服」はそのデザインや色彩の美しさから多くの韓国人に愛されています。最近でも結婚式や改まった席では「韓服」を着ます。しかし「韓服」は美しさの反面、普段着としては少し不便な点もあります。しわになりやすく手入れが大変なのです。また、着ると動きにくいのも難点です。そのため、最近では、このような欠点を補い、「韓服」本来の美しさを生かしながらも普段、気軽に着られるようにアレンジした「生活韓服」が登場しました。「生活韓服」は、動きやすそうでしょう？

UNIT 7

당연 当然

042 -기 마련이다 ★★★

		-기 마련이다
동사 動詞	먹다	먹**기 마련이다**
	가다	가**기 마련이다**
형용사 形容詞	좋다	좋**기 마련이다**
	예쁘다	예쁘**기 마련이다**

❶ 어떤 사실이나 상황이 자연스럽고 당연하다는 것을 나타낸다.
   ある事実や状況が自然で当然だということを表す。

> 例 · 사랑하는 사람이 제일 멋있어 보이**기 마련이에요**.
>   愛する人が一番格好良く見えるに決まっています。
>
> · 아플 때 고향 생각이 많이 나**기 마련이에요**.
>   具合いが悪い時、故郷をよく思い出すはずです。
>
> · 처음에는 누구나 실수하**기 마련이에요**.
>   初めは誰でも失敗するのが当然です。

주의사항 注意事項

● '-게 마련이다'는 '-기 마련이다'와 같은 표현이다. 「-게 마련이다」は「-기 마련이다」と同じ表現である。

> 例 많이 먹으면 살이 찌기 **마련이에요**. たくさん食べれば太るに決まっています。
> = 많이 먹으면 살이 찌게 **마련이에요**.

▶ '-기 마련이다'는 '-는 게 당연하다', '-는 법이다'❹❸와 바꾸어 사용할 수 있다.
   「-기 마련이다」は「-는 게 당연하다」、「-는 법이다」に置き換えて使うことができる。

> 例 · 많이 먹으면 살이 찌기 **마련이에요**. たくさん食べれば太るに決まっています。
>   = 많이 먹으면 살이 찌는 **게 당연해요**.
>   = 많이 먹으면 살이 찌는 **법이에요**.

※ 밑줄 친 부분을 같은 의미로 바꾸어 쓴 것을 고르십시오.

가: 선배들은 모두 잘하는데 저만 자꾸 실수를 해서 고민이에요.
나: 처음에는 <u>실수하는 게 당연하죠</u>. 너무 고민하지 마세요.

① 실수할 정도예요
② 실수하기를 바라요
③ 실수한다는 말이에요
④ 실수하기 마련이에요

解説

初めは失敗するのが当然だという事実を話している。①の「-을 정도이다」は前の状況と後ろの状況が似ていることを表し、②の「-기를 바라다」は希望、③の「-는다는 말이다」は前の言葉を強調する時に使うため答えにならない。したがって、自然で当然な事実を意味する「-기 마련이다」を使った④が正解である。

正解 ④

043 –는 법이다 ★★★

동사 動詞		–는 법이다	형용사 形容詞		–(으)ㄴ 법이다
	만나다	만나는 **법이다**		좋다	좋은 **법이다**
	받다	받는 **법이다**		크다	큰 **법이다**

❶ 일반적으로 그렇게 되는 것이 당연하다는 것을 나타낸다.
　一般的にそのようになることが当然だということを表す。

> 例 ▸ ・사람은 누구나 살면서 힘든 일도 생기는 **법이다**.
> 　　　人は誰でも生きていれば、大変な事も起こるものだ。
>
> ・다른 사람에게 한 만큼 받는 **법이에요**.
> 　　　他人にした分、受けるものです。
>
> ・기대가 클수록 실망도 큰 **법이지요**.
> 　　　期待が大きければ、失望も大きいものです。

2. 더 알아두기 もっと知ろう

▶ '–는 법이다'는 '–기 마련이다'⁰⁴²와 바꾸어 사용할 수 있다.
　「–는 법이다」は「–기 마련이다」に置き換えて使うことができる。

> 例 ▸ ・많이 먹으면 살이 찌는 **법이에요**. たくさん食べれば太るに決まっています。
> 　　　= 많이 먹으면 살이 찌기 **마련이에요**.

3. 확인하기 確認しよう

※ 밑줄 친 부분과 바꿔 쓸 수 있는 것을 고르십시오.

가: 그 청소기를 사지 않은 사람이 없어요.
나: 싸고 성능이 좋은 물건은 잘 팔리기 마련이지요.

① 팔리는 법이지요　　　　　　　② 팔리는 게 뭐예요

③ 팔리긴 다 틀렸어요　　　　　　④ 팔리면 문제 없어요

> 解説
>
> 良い物がよく売れるという意味の文章を探す問題である。②はよく売れないことを強調する意味で、③はよく売れないという意味のため答えにならない。また、④は売れることを仮定する意味で、やはり答えにならない。したがって、掃除機が安く、性能が良いためよく売れるのが当然だという意味を表す①が正解である。

正解 ①

1   밑줄 친 부분에 들어갈 가장 알맞은 것을 고르십시오.

가: 회사에서 처음 맡게 된 일인데 실수가 많아서 큰일이에요.
나: _____. 너무 걱정하지 마세요.

❶ 익숙하지 않으면 누구도 실수하지 마세요
❷ 익숙하지 않아도 누구도 실수하면 안돼요
❸ 익숙하지 않아도 누구나 실수하는 셈이다
❹ 익숙하지 않으면 누구나 실수하기 마련이죠

unit 7
당연

2   밑줄 친 부분과 바꿔 쓸 수 있는 것을 고르십시오.

가: 한국 음식을 할 줄 몰랐는데 매일 하다 보니까 이제 잘하게 됐어요.
나: 그럼요. 무엇이든 매일 조금씩이라도 노력하면 잘하게 되는 법이에요.

❶ 잘하는 척해요   ❷ 잘하는 모양이에요
❸ 잘하기 마련이에요   ❹ 잘하기 때문이에요

3   밑줄 친 부분과 바꿔 쓸 수 있는 것을 고르십시오.

가: 우리 반 친구들은 모두 상희 씨를 좋아하는 것 같아요.
나: 상희 씨처럼 똑똑한데다가 예쁘기까지 하면 인기가 많기 마련이죠.

❶ 인기가 많은 셈이죠   ❷ 인기가 많은 법이죠
❸ 인기가 많긴 많아요   ❹ 인기가 많긴 다 틀렸죠

4   밑줄 친 부분을 같은 의미로 바꾸어 쓴 것을 고르십시오.

가: 처음으로 수영을 배워 봤는데 너무 힘들었어요.
나: 처음에는 힘든 게 당연하죠. 조금씩 나아질 거예요.

❶ 힘들기만 해요   ❷ 힘들기를 바라요
❸ 힘들기 마련이에요   ❹ 힘들기 때문이에요

TOPIKに出題された韓国文化

漢江市民公園プール

　暑い夏は、青い海が恋しいですね。海で思いっきり泳いだらどんなに爽快でしょう。でも、海まで行くには時間もお金もかかるのが問題ですよね。そんな人に嬉しいお知らせがあります。それは、漢江の野外プールです。地下鉄の駅のすぐそばにあるので行きやすく、入場料もかなりお手ごろなので気軽に行って楽しめますよ。みなさんもソウルの暑さに参ったら、漢江市民公園プールへ行ってみませんか？

UNIT **8**

한정 限定

-기만 하다 ★★★

		-기만 하다
동사 動詞	웃다	웃기만 하다
	자다	자기만 하다
형용사 形容詞	무섭다	무섭기만 하다
	크다	크기만 하다

❶ 어떤 행동이나 상태 한 가지만 지속되는 것을 나타낸다.
ある行動や状態一つだけ続くことを表す。

例▶ • 가: 시험이 끝난 어제는 계속 자기만 **했어요**. 試験が終わった昨日は、ずっと寝てばかりいました。
　　나: 그동안 공부하느라 피곤했을 텐데 잠이 보약이지요.
　　　　この間、勉強するのに疲れたでしょうから、寝ることが強壮剤でしょう。

• 가: 유학 생활이 어때요? 留学生活はどうですか?
　나: 아직은 친구가 없어서 심심하**기만 해요**. まだ友達がいなくて退屈なだけです。

※ 빈칸에 가장 알맞은 것을 고르십시오.

가: 어제 공연이 어땠어요?
나: 재미가 없어서 저는 _____.

① 졸기는요　　　　　　　　　　② 졸기로 했어요
③ 졸기만 했어요　　　　　　　　④ 졸기는 했겠어요

解説

おもしろくなさ過ぎて居眠りだけしたと返事をする状況である。①は居眠りしなかったことを、②は居眠りしようと計画したということを、また④は過去に居眠りしただろうと推測することを表すので答えとして意味が合わない。したがって、居眠りだけしたということを表す③が正解である。

正解 ③

		-았/었을 뿐이다	-(으)ㄹ 뿐이다
동사 動詞	가다	갔을 뿐이다	갈 뿐이다
	먹다	먹었을 뿐이다	먹을 뿐이다
형용사 形容詞	바쁘다	바빴을 뿐이다	바쁠 뿐이다
	많다	많았을 뿐이다	많을 뿐이다

		이었을/였을뿐이다	일 뿐이다
명사+이다 名詞+이다	친구	친구였을 뿐이다	친구일 뿐이다
	학생	학생이었을 뿐이다	학생일 뿐이다

❶ 선행절의 사실 이외에 다른 것은 없다는 것을 나타낸다

先行節の事実以外に別のことはないということを表す。

例 ・가: 이렇게 훌륭한 축구 선수가 된 방법을 좀 말씀해 주세요.
　　 このような立派なサッカー選手になる方法をお話しください。
　　나: 매일 꾸준히 연습**했을 뿐이에요**. 毎日根気強く練習するだけです。

・가: 남자 친구예요? 彼氏ですか?
　　나: 아니요, 그냥 친한 친구**일 뿐이에요**. いいえ、ただの親しい友達なだけです。

unit 8
한정

　주의사항 注意事項

● '-을 뿐이다'는 선행절과 후행절을 연결할 때 '-을 뿐'의 형태로 사용할 수 있다.

　「-을 뿐이다」は先行節と後続節をつなげる場合、「-을 뿐」の形で使うことができる。

例 가: 기분이 안 좋아 보여요. 気分が良くなさそうですね。
　　나: 쉬고 싶을 뿐 기분이 안 좋은 것은 아니에요.
　　　　 休みたいだけで、気分が良くないのではありません。

※ 다음 밑줄 친 부분과 의미가 비슷한 것을 고르십시오.

두 사람은 오랫동안 알고 지냈지만 직장 동료 <u>사이일 뿐이다</u>.

① 사이에 불과하다
② 사이라면 좋겠다
③ 사이일지도 모른다
④ 사이라고 볼 수 없다

怪我をせず、少し驚いただけだということを言わなければならない。ところが、①の「-으면 하다」は願い、②の「-을 텐데요」は推測を表すため、答えにならない。また、④の「-을 것까지 없다」はそのようにする必要まではないという意味のため、やはり答えにならない。したがって、先行節の事実以外に他のことはないという意味の③が正解である。

正解 ③

연습 문제 練習問題

1 　다음 밑줄 친 부분에 들어갈 알맞은 말을 고르십시오.

　　가: 파티가 지루할까 봐 걱정했습니다.
　　나: 지루하기는커녕 ＿＿＿＿＿＿＿＿＿＿＿.

　　① 재미있는 체합니다　　　　　② 재미있기만 합니다
　　③ 재미있는 법입니다　　　　　④ 재미있기 마련입니다　　　

2 　다음 밑줄 친 부분에 가장 알맞은 것을 고르십시오.

　　가: 왜 거기에 놓으세요? 이쪽에 갖다 놓으라고 했잖아요.
　　나: 전 그냥 사모님이 ＿＿＿＿＿＿＿＿＿＿＿.

　　① 시키는 대로 할 뻔했어요　　　② 시키는 대로 했을 뿐이에요
　　③ 시키는 대로 하는 법이에요　　　④ 시키는 대로 하려던 참이에요　

3 　밑줄 친 부분을 같은 의미로 바꿔 쓴 것을 고르십시오.

　　가: 요즘 통 얼굴이 안 보이던데 무슨 일 있었어요?
　　나: <u>그냥 좀 바빴을 뿐이에요.</u>

　　① 바쁜 것치고는 괜찮은 편이었어요
　　② 바빴더라면 좋았을 걸 그랬어요
　　③ 바쁜건 안 바쁜건 중요하지 않아요
　　④ 바쁜 것 이외에 특별한 일은 없었어요

4 다음 밑줄 친 부분에 들어갈 알맞은 것을 고르십시오.

> 가: 특별한 사이 같은데 누구예요?
> 나: 그냥 _____.

❶ 같은 반 친구밖에 몰라요 ❷ 같은 반 친구일 뿐이에요

❸ 같은 반 친구만큼 알아요 ❹ 같은 반 친구가 아니에요 **045**

5 다음 밑줄 친 부분 중 맞는 것을 고르십시오.

❶ 동생이 먹지는 않고 <u>잤기만 해요</u>.

❷ 친구가 말은 안하고 <u>울만 해요</u>.

❸ 학생들이 질문은 하지 않고 <u>듣기만 해요</u>.

❹ 사람들이 사고가 났는데도 <u>보다시피 해요</u>. **044**

UNIT 9

나열 羅列

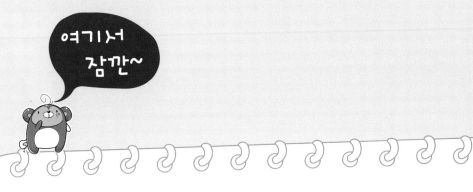

여기서
잠깐~

초급 문법 확인하기! 初級の文法を確認しよう!

-으며

例 우리 언니는 키가 크며 날씬합니다. 私の姉は背が高くて細いです。

-으면서

例 내 동생은 예쁘면서 똑똑해요. 私の弟(妹)はかわいくて利口です。

046 -을 뿐만 아니라 ★★★

1. 알아두기

知っておこう

		-았/었을 뿐만 아니라	-(으)ㄹ 뿐만 아니라
동사 動詞	먹다	먹었을 뿐만 아니라	먹을 뿐만 아니라
	가다	갔을 뿐만 아니라	갈 뿐만 아니라
형용사 形容詞	좋다	좋았을 뿐만 아니라	좋을 뿐만 아니라
	예쁘다	예뻤을 뿐만 아니라	예쁠 뿐만 아니라

		이었/였을 뿐만 아니라	일 뿐만 아니라
명사+이다 名詞+이다	학생	학생이었을 뿐만 아니라	학생일 뿐만 아니라
	친구	친구였을 뿐만 아니라	친구일 뿐만 아니라

❶ 선행절의 정보에 후행절의 정보를 추가할 때 사용한다.
先行節の情報に後続節の情報を追加する時に使う。

 • 가: 그 사람이 어때요? その人はどうですか?
  나: 재미있는 말을 잘 할 **뿐만 아니라** 노래도 잘 해요. おもしろいことをよく言うだけじゃなく歌も上手です。

 • 가: 지금 사는 기숙사가 어때요? 今住んでいる寮はどうですか?
  나: 학교에서 가까울 **뿐만 아니라** 방도 깨끗해요. 学校から近いだけではなく部屋もきれいです。

주의사항 注意事項

● 선행절에 긍정적인 정보가 오면 후행절도 긍정적인 정보가 와야 하고, 선행절에 부정적인
정보가 오면 후행절도 부정적인 정보가 와야 한다.
先行節に肯定的な情報が来れば、後続節にも肯定的な情報が来なければならず、先行節に否定的な情報が来れば、後
続節にも否定的な情報が来なければならない。

例 그 사람은 멋있을 **뿐만 아니라** 성격이 안 좋아요. (×)
   (긍정) (肯定)   (부정) (否定)

unit 9
나열

▶ '-을 뿐만 아니라'는 '-는 데다가'[047]와 바꾸어 사용할 수 있다.
「-을 뿐만 아니라」は「-는 데다가」に置き換えて使うことができる。

例 • 그 식당은 맛있을 **뿐만 아니라** 값도 싸요. その食堂はおいしいだけでなく安い。
= 그 식당은 맛있**는 데다가** 값도 싸요.

 ▶ **'N일 뿐만 아니라'와 'N뿐만 아니라'의 문법 비교** 「N일 뿐만 아니라」と「N뿐만 아니라」の文法比較

'N일 뿐만 아니라'는 'N이다'가 서술어로 올 경우 사용한다.
「N일 뿐만 아니라」は叙述語で「N이다」が来る場合に使う。

例 • 그 사람은 좋은 <u>친구예요</u>. + 그 사람은 좋은 선생님**이에요**. その人はいい友達です。＋その人はいい先生です。
<u>(N이다)</u>
→ 그 사람은 좋은 친구**일 뿐만 아니라** 좋은 선생님**이에요**.
その人はいい友達であるだけでなく、いい先生です。

'N뿐만 아니라'는 'N이다'를 제외한 서술어(동사, 형용사)가 올 경우 사용한다.
「N뿐만 아니라」は「N이다」を除いた叙述語(動詞、形容詞)が来る場合に使う。

例 • 제 친구는 공부도 <u>잘해요</u>. + 제 친구는 운동도 **잘해요**. 私の友達は勉強もよくできる。＋私の友達は運動
<u>(동사)</u> (動詞) もよくできる。
→ 제 친구는 공부뿐만 아니라 운동도 **잘해요**.
私の友達は勉強だけではなく、運動もよくできる。

TIP

'N일 뿐만 아니라'와 'N뿐만 아니라'는 형태는 비슷하지만 다른 문법이에요.
두 문법을 혼동하는 경우가 많은데 주의해야 하지요.

「N일 뿐만 아니라」と「N뿐만 아니라」は、形は似ているが異なる文法です。二つの文法を混同することが多いので注意してください。

그 연예인은 얼굴뿐만 **아니라** 마음도 예뻐요.
その芸能人は顔だけでなく心も美しい。

그 연예인은 가수**일 뿐만 아니라** 배우예요.
その芸能人は歌手であるだけでなく
俳優でもある。

※ 다음 두 표현을 가장 알맞게 연결한 것을 고르십시오.

　　민수는 사교성이 있다 / 민수는 공부를 잘한다

　　① 민수는 사교성이 있다고 해도 공부는 잘합니다.
　　② 민수는 사교성도 있어야 하고 공부도 잘합니다.
　　③ 민수는 사교성이 있는 척하면 공부는 잘합니다.
　　④ 민수는 사교성이 있을 뿐만 아니라 공부도 잘합니다.

解説

ミンスについての二つの情報を述べている文章を探す問題である。①は譲歩を表し、②は、社交性がなければならないことと勉強がよくできることの連結が自然ではないため、答えにならない。③はミンスは社交性がないが社交性があるように行動するという表現のため、答えにならない。したがって、二つの情報を表す④が正解である。

正解 ④

–는 데다가 ★★

1. 알아두기 知っておこう

		–(으)ㄴ 데다가	–는 데다가
동사 動詞	읽다	읽은 데다가	읽는 데다가
	가다	간 데다가	가는 데다가

		–(으)ㄴ 데다가			인 데다가
형용사 形容詞	많다	많은 데다가	명사+이다 名詞+이다	학생	학생인 데다가
	싸다	싼 데다가		친구	친구인 데다가

❶ 선행절의 정보에 후행절의 정보를 추가할 때 사용한다.
先行節の情報に後続節の情報を追加する時に使う。

例 ▶ ・가: 요즘 얼굴 보기가 힘든 것 같아요. 最近、なかなか会えませんね。
나: 네, 일도 많은 **데다가** 새로 공부를 시작한 게 있어서 좀 바빴어요.
はい。仕事も多い上に、新しく勉強を始めたこともあって少し忙しかったです。

・언어교환을 하면 한국어도 배울 수 있는 **데다가** 한국 친구도 사귈 수 있어요.
ランゲージエクスチェンジをすれば韓国語も学べる上に、韓国人の友達とも付き合えます。

・영미 씨는 같은 과 친구인 **데다가** 고등학교 동창이기도 해요.
ヨンミさんは同じ科の友達て、その上、高校の同窓生でもあります。

주의사항 注意事項

● 선행절과 후행절의 주어가 같아야 한다.
先行節と後続節の主語は同じでなければならない。

例 동생은 매일 게임을 하는 데다가 (동생은) 밤까지 새니까 아침에 못 일어난다. (O)
(주어) (主語)　　　　　　　　　　(주어) (主語)
弟(妹)は毎日ゲームをする上に、夜更かしまでするので朝起きられません。

언니는 예쁜 데다가 오빠는 날씬하기까지 하다. (X)
(주어) (主語)　　　　(주어) (主語)

▶ '-는 데다가'는 '-을 뿐만 아니라'⁰⁴⁶와 바꾸어 사용할 수 있다.
「-는 데다가」は「-을 뿐만 아니라」に置き換えて使うことができる。

例 ▸ • 그 식당은 맛있는 데다가 값도 싸요.
その食堂は美味しい上に、値段も安い。
= 그 식당은 맛있을 뿐만 아니라 값도 싸요.

3. 확인하기　　確認しよう

※ 다음 밑줄 친 부분과 의미가 비슷한 것을 고르십시오.

그 하숙집은 교통이 <u>편리한 데다가</u> 시설도 좋아서 하숙생들에게 아주 인기가 많다.

① 편리할 겸
② 편리한 만큼
③ 편리하기는 하지만
④ 편리할 뿐만 아니라

解説

その下宿屋は交通の便が良く、施設も良いという意味になる表現をさがす問題である。①の「-을 겸」は便利なことと施設が良いことが後続節の目的になり、②の「-는 만큼」は交通の便が良いことと施設が良いことの程度が同じという意味になる。また、③の「-기는 하지만」は反対の意味を表す文法のため、答えにならない。したがって、追加の意味を表す④が正解である。

正解 ④

048 –기도 하다 ★

		–기도 하다
동사 動詞	읽다	읽**기도 하다**
	사다	사**기도 하다**

❶ 가끔 그러한 경우도 있다고 말할 때 사용한다.　たまにそのようなこともあるという意味を表す時に使う。

例▶ ・가: 부모님께는 자주 연락을 드려요?　ご両親にはよく連絡なさいますか？
　　　나: 네, 보통 전화를 하지만 가끔 편지를 하**기도 해요**.
　　　　　はい。いつも電話をしますが、たまに手紙を書くこともあります。

　　・가: 보통 어디에서 공부해요?　普段、どこで勉強しますか？
　　　나: 보통은 기숙사에서 공부하지만 주말에는 도서관에 가**기도 해요**.
　　　　　普段は寮で勉強しますが、週末は図書館に行ったりもします。

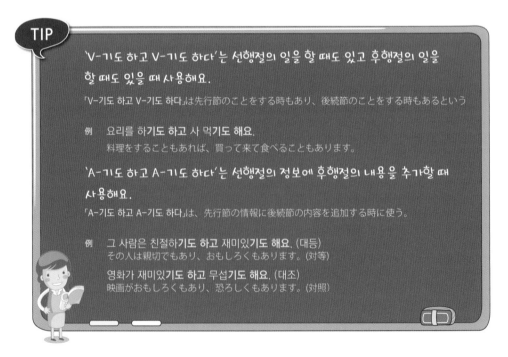

TIP

'V-기도 하고 V-기도 하다'는 선행절의 일을 할 때도 있고 후행절의 일을 할 때도 있을 때 사용해요.

「V-기도 하고 V-기도 하다」は先行節のことをする時もあり、後続節のことをする時もあるという

例　요리를 하**기도 하고** 사 먹**기도 해요**.
　　料理をすることもあれば、買って来て食べることもあります。

'A-기도 하고 A-기도 하다'는 선행절의 정보에 후행절의 내용을 추가할 때 사용해요.

「A-기도 하고 A-기도 하다」は、先行節の情報に後続節の内容を追加する時に使う。

例　그 사람은 친절하**기도 하고** 재미있**기도 해요**. (대등)
　　その人は親切でもあり、おもしろくもあります。(対等)

　　영화가 재미있**기도 하고** 무섭**기도 해요**. (대조)
　　映画がおもしろくもあり、恐ろしくもあります。(対照)

※ 다음 밑줄 친 부분과 바꾸어 쓸 수 있는 것을 고르십시오.

　　가: 한국 대학생들은 보통 방학에 무엇을 해요?
　　나: <u>보통 공부를 하지만 아르바이트를 하기도 해요</u>.

　　① 보통 공부만 하고 아르바이트는 안 해요
　　② 가끔 아르바이트를 하는 경우도 있어요
　　③ 보통 공부는 안 하고 아르바이트밖에 안 해요
　　④ 공부는커녕 아르바이트를 하는 경우도 없어요

解説

「-기도 하다」は、たまにそのような場合もあるということを表す時に使う。①はアルバイトはしないという意味で、③は勉強をしないという意味である。また、④は勉強とアルバイト両方をしないという意味のため、答えにならない。したがって、アルバイトをする時もあるという意味の②が正解である。

正解 ②

연습 문제 練習問題

1 밑줄 친 부분과 바꿔 쓸 수 있는 것을 고르십시오.

이 집은 지하철 역에서 <u>가까운 데다가</u> 깨끗한 편이네요.

① 가까운 탓에　　　　　　　　　② 가까운 만큼

③ 가까울 정도로　　　　　　　　④ 가까울 뿐만 아니라　　　　**046 047**

2 다음 두 표현을 가장 알맞게 연결한 것을 고르십시오.

이 식당 음식이 맛있다 / 값도 싸다

① 이 식당 음식이 맛있으면 값도 싸요.

② 이 식당 음식이 맛있을 뿐만 아니라 값도 싸요.

③ 이 식당 음식이 맛있기만 하면 값도 싸요.

④ 이 식당 음식이 맛있기에 값도 싸요.　　　　　　　　**046**

3 다음 밑줄 친 부분과 의미가 비슷한 것을 고르십시오.

가: 저 가게에는 항상 손님이 많은 것 같아요.

나: 직원이 <u>친절한 것은 물론이고</u> 물건의 품질도 좋아서 그래요.

① 친절한 만큼　　　　　　　　　② 친절함에 따라

③ 친절한 데다가　　　　　　　　④ 친절함에 비해　　　　　**047**

4 밑줄 친 부분과 바꿔 쓸 수 있는 것을 고르십시오.

가: 새로 산 핸드폰이에요? 좋아 보이는데요.

나: 아니에요. <u>비쌀 뿐만 아니라</u> 자주 고장이 나서 불편해요.

① 비싸거든　　　　　　　　　　② 비싼 데다가

③ 비싸다가는　　　　　　　　　④ 비쌀 정도로　　　　　　**047**

5   다음 밑줄 친 부분과 의미가 비슷한 것을 고르십시오.

가: 제주도는 어땠어요?
나: 경치도 <u>아름다운 데다가</u> 음식도 맛있었어요.

❶ 아름답고는   ❷ 아름답거든
❸ 아름다운 체하고   ❹ 아름다울 뿐만 아니라   046 047

TOPIKに出題された韓国文化

マンションの景観

　韓国にはたくさんのマンションがありますが、近頃このマンション文化が変わってきています。以前は、近くに良い学校があるか、交通の便が良いかということが重要視され、マンション自体は単に食べて寝るだけの住居空間としか考えられていませんでした。しかし、最近はマンションの景観、つまりマンション敷地内の環境が良いところを選ぶという新たな選択基準ができました。そのため、最近新しくできたマンションでは、花や木がたくさん植えられ庭園のようになっていたり、公園のようになっていて、人々が休憩できるように造られています。今やマンションは単なる住居空間だけではなく、人が快適に暮らす空間としても見直されてきています。みなさんも韓国のマンションを一度散策してみませんか？

상태·지속
状態·持続

초급 문법 확인하기! 初級の文法を確認しよう!

-고 있다

例 학생들이 교실에서 공부하고 있어요. 学生たちが教室で勉強しています。

-는 중이다

例 지금 오빠는 식사하는 중이에요. 今、兄は食事中です。

049 -아/어 놓다 ★★★

1. 알아두기　知っておこう

		-아/어 놓다
동사 動詞	만들다	만들**어 놓다**
	보내다	보내 **놓다**

❶ 어떤 행동을 미리 한 상태가 지속되는 것을 나타낸다.
ある行動を終わらせた状態が持続することを表す。

例
- 가: 주말에 우리 영화를 보러 갈까요? 週末、私達、映画を見に行きましょうか？
  나: 좋은 생각이에요. 주말이니까 미리 표를 예매**해 놓**는 것이 좋겠어요.
  いい考えですね。週末だから前もってチケットを予約しておくのがいいですよ。

- 가: 왜 현관문을 열**어 놓**았어요? どうして玄関を開けておいたんですか？
  나: 집에 음식 냄새가 많이 나서 열**어 놓**았어요. 家に食べ物の臭いがすごくして開けておいたんです。

주의사항 注意事項

● '-아/어 놓아(서)'는 '-아/어 놔(서)'로 간단하게 표현할 수 있다.
「-아/어 놓아(서)」は、縮約形「-아/어 놔(서)」に置き換えて使うことができる。

例 요리를 미리 해 놓아서 걱정이 없어요. 料理を予めしておいたので心配ありません。
= 요리를 미리 해 놔서 걱정이 없어요.

unit 10
**상태
지속**

2. 더 알아두기　もっと知ろう

▶ '-아/어 놓다'는 '-아/어 두다'052와 바꾸어 사용할 수 있다.
「-아/어 놓다」は「-아/어 두다」に置き換えて使うことができる。

例
- 방 문을 잠가 **놓았어요**. 部屋のドアに鍵をかけておきました。
  = 방 문을 잠가 **두었어요**.

※ 빈칸에 들어갈 알맞은 말을 고르십시오.

가: 이번 휴가 때 특별한 계획이 있어요?
나: 여행을 가려고요. 벌써 비행기 표도 _____.

① 샀으면 해요

② 주었나 봐요

③ 예약해 놓았어요

④ 도착하기로 해요

旅行に行く計画があり、既に飛行機のチケットを買ったという意味の文を作る問題である。①は飛行機のチケットを過去に買えばよかったという気持ちがあったという意味を表し、②は飛行機のチケットを他の人にあげたと推測する内容のため答えにならない。また、④は飛行機のチケットが到着する予定だという意味のため間違いである。したがって、飛行機のチケットを前もって予約したことを表す③が正解である。

正解 ③

050 –은 채(로) ★★★

		–(으)ㄴ 채(로)
동사 動詞	입다	입은 채(로)
	뜨다	뜬 채(로)

❶ 어떤 행동을 한 상태가 지속되는 동안 다른 행동이 이루어질 때 사용한다.
　ある行動をした状態が持続する間に、もう一つ別の行動が行われる時に使う。

> 例 ・가: 얼굴이 왜 그래요? 다쳤어요? 顔、どうしたんですか?怪我したんですか?
> 　　나: 아니요. 어제 문을 열어 놓은 채 잠을 자서 모기에게 물렸어요.
> 　　　　いいえ。昨日、ドアを開けておいたまま寝て、蚊に刺されました。
>
> 　・한국에서는 신발을 신은 채로 방에 들어가면 안 돼요.
> 　　韓国では靴を履いたまま部屋に入ってはいけません。

unit 10
**상태
지속**

주의사항　注意事項

● '-은 채(로)'는 '-아/어 놓다'⁰⁴⁹, '-아/어 두다'⁰⁵²와 결합하여 '-아/어 놓은 채', '-아/어 둔 채'로 자주 사용한다.
　「-은 채로」は「-아/어 놓다」、「-아/어 두다」と結合し、「-아/어 놓은 채」、「-아/어 둔 채」の形でよく使われる。

> 例 문을 열어 놓은 채 잠이 들었다. ドアを開けたまま眠りについた。
> 　　텔레비전을 켜 둔 채 잠이 들었다. テレビをつけたまま眠りについた。

※ 다음 밑줄 친 부분과 바꾸어 쓸 수 있는 것을 고르십시오.

가: 팔이 왜 그래요? 모기한테 물렸어요?
나: 네, 어제 문을 <u>열어 놓고</u> 잠을 잤거든요.

① 열어 놓은 채
② 열어 놓은 척
③ 열어 놓으면서
④ 열어 놓은 사이

ドアを開けておいた状態を維持する意味になる文を探す問題である。②は開けておかなかったが、開けておいたように行動するという意味で、③は開ける行動とは別の行動を一緒にするという意味で答えにならない。また、④もドアを開けておいた短い時間の間、寝たという意味のため答えにならない。したがって、ドアを開けておいた状態で寝たという意味の①が正解である。

正解 ①

051 | -아/어 가다/오다 ★★

I. 알아두기　知っておこう

		-아/어 가다/오다
동사 動詞	만들다	만들**어 가다/오다**
	발전하다	발전**해 가다/오다**

❶ -아/어 가다: 현재의 상태가 미래에서도 계속 유지될 때 사용한다.
-아/어 가다: 現在の状態が未来でも継続して維持される時に使う。

例 ・우리나라는 앞으로 더욱 발전**해 갈** 것입니다. 私達の国は今後、より発展していくことでしょう。

・앞으로 두 사람이 예쁜 사랑을 만들**어 가**시길 바랍니다.
これから二人が美しい愛を育んで行かれることを願います。

❷ -아/어 오다: 과거 상태가 현재까지 오랜 시간동안 계속 유지되고 있을 때 사용한다.
-아/어 오다: 過去の状態が現在まで長い時間の間、継続して維持されている時に使う。

例 ・이 제품을 10년 동안 사용**해 왔**어요. この製品を10年間使ってきました。

・5년 전부터 사귀**어 온** 남자 친구와 헤어졌어요.
5年前から付き合ってきた彼氏と別れました。

-아/어 가다: (현재) ──────→ (미래)
-아/어 오다: (과거) ──────→ (현재)

주의사항　注意事項

● 상태를 유지하는 시간이 비교적 길 때만 사용할 수 있다.
状態を維持する時間が比較的長い場合に使うことができる。

例 저는 <u>10분 전부터</u> 밥을 먹어 왔어요. (X)
(짧은시간) (短い時間)

unit 10
**상태
지속**

051 -아/어 가다/오다 _159

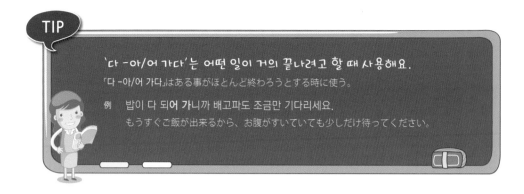

TIP

'다 -아/어 가다'는 어떤 일이 거의 끝나려고 할 때 사용해요.
「다 -아/어 가다」はある事がほとんど終わろうとする時に使う。

例　밥이 다 되어 가니까 배고파도 조금만 기다리세요.
　　もうすぐご飯が出来るから、お腹がすいていても少しだけ待ってください。

2. 확인하기　確認しよう

※ 빈칸에 들어갈 알맞은 말을 고르십시오.

　우리 경제는 앞으로 더 발전해 _____.

　① 갔습니다
　② 갈 겁니다
　③ 왔습니다
　④ 올 겁니다

解説

経済が今後ずっと発展するだろうという意味の表現を探す問題である。①は過去の状態を表し、③は過去の状態が現在まで維持されているという意味で、④は「-아/어 오다」の間違った表現である。したがって、現在の状態が未来で続くことを表す②が正解である。

正解 ②

052 -아/어 두다 ★

1. 알아두기　知っておこう

		-아/어 두다
동사 動詞	만들다	만들어 두다
	사다	사 두다

❶ 어떤 행동을 미리 한 상태가 지속되는 것을 나타낸다.
ある行動を前もってした状態が持続することを表す。

> 例 ・가: 집들이 준비는 끝났어요? 引っ越し祝いの準備は出来ましたか?
> 　　 나: 네, 음식을 미리 만들어 두었으니까 차리기만 하면 돼요.
> 　　　　 はい、料理は予め作っておいたから整えるだけでいいです。
>
> 　　・가: 설날에 고향에 가는 표를 미리 사야겠지요?
> 　　　　 正月に田舎に行くチケットを前もって買わないといけませんね?
> 　　 나: 안 그래도 미리 사 뒀어요. そうでなくても前もって買っておきました。

2. 더 알아두기　もっと知ろう

▶ '-아/어 두다'는 '-아/어 놓다'⁰⁴⁹와 바꾸어 사용할 수 있다.
「-아/어 두다」は「-아/어 놓다」に置き換えて使うことができる。

> 例 ・방 문을 잠가 두었어요. 部屋のドアに鍵をかけておきました。
> 　　 = 방 문을 잠가 놓았어요.

3. 확인하기　確認しよう

※ 다음 밑줄 친 부분과 바꾸어 쓸 수 있는 것을 고르십시오.

가: 내일 수업에 필요한 책은 다 샀니?
나: 네, 아까 집에 돌아오는 길에 미리 <u>사 두었어요</u>.

① 사 봤어요　　　　　　　　② 사 댔어요
③ 사 주었어요　　　　　　　④ 사 놓았어요

解説

必要な物を前もって買ったという意味の表現を探す問題である。①はある事をした経験、②はある動作の反復、③はある物を買った後に人にあげたという意味を表すため答えにならない。したがって、前もって準備しておいた状態が持続することを表す④が正解である。

正解 ④

053 –아/어 있다 ★

		–아/어 있다
동사 動詞	앉다	앉**아 있다**
	서다	서 **있다**

❶ 어떤 일이나 변화가 끝난 후에도 그 상태가 계속 유지되거나 결과가 지속되는 것을 나타낸다.
ある行為を終えた後にもその状態がずっと維持されたり、その結果が持続することを表す。

例 ▶
- 학생들이 교실에 앉**아 있어요.** 学生達が教室に座っています。
- 창문이 열려 **있는**데 좀 닫아 주시겠어요? 窓が開いていますが、閉めていただけますか?
- 하루 종일 서 **있었더니** 다리가 아파 죽겠어요. 一日中立っていたので足が痛くてたまりません。

주의사항 注意事項

● '앉다, 서다, 눕다'처럼 목적어가 필요없는 동사나 '걸리다, 열리다, 닫히다' 등의 피동사와 같이 쓰인다.
「앉다, 서다, 눕다」のように目的語が必要ない動詞や「걸리다, 열리다, 닫히다」のような被動詞と共に使われる。

 ▶ '–아/어 있다'와 '–고 있다'의 문법 비교 「–아/어 있다」と「–고 있다」の文法比較

'–아/어 있다'는 어떤 일이 끝난 후에 그 상태가 계속 유지될 때 사용하지만 '–고 있다'는 어떤 일이 끝나지 않고 계속 진행될 때 사용한다.

「–아/어 있다」は、ある行為を終えた後にその状態がそのまま維持されることを表す場合に使うが、「–고 있다」は、ある事が終わらず続けて進行することを表す場合に使う。

- 창문을 열고 **있어요.**
窓を開けています。

- 창문이 열려 **있어요.**
窓が開いています。

※ 다음 밑줄 친 부분이 <u>틀린 것</u>을 고르십시오.

① 자동차 창문이 <u>열려 있어요</u>.
② 책상 위에 <u>놓여 있는</u> 책을 읽었어요.
③ 지금 열심히 숙제를 <u>해 있어요</u>.
④ 벽에 가족사진이 <u>걸려 있네요</u>.

unit 10
상태
지속

解説

「-아/어 있다」の正しい使い方を問う問題である。③は今、宿題中という意味のため状態の維持を表す「해 있다」ではなく、行為の維持を表す「하고 있다」を使わなければならない。したがって、③が正解である。

正解 ③

연습 문제 練習問題

1 밑줄 친 부분에 들어갈 말로 알맞은 것을 고르십시오.

> 가: 날이 왜 이렇게 덥지? 창문을 좀 열어 봐.
> 나: 창문은 이미 _____ 바람이 안 불어서 더운 것 같아. 창문을 닫고 에어컨을 틀자.

❶ 열어 가는데   ❷ 열려 두는데
❸ 열려 있는데   ❹ 열어 놓은데   **053**

2 다음 밑줄 친 부분과 바꾸어 쓸 수 있는 것을 고르십시오.

> 가: 하숙집 아주머니가 왜 이렇게 화가 나셨어?
> 나: 내가 부엌의 <u>가스를 켜 놓은 상태로</u> 나가 버렸거든.

❶ 가스를 끄고   ❷ 가스가 꺼지는데
❸ 가스가 켜 있고   ❹ 가스를 켜 놓고   **049**

3 상황에 맞는 대화가 되도록 밑줄 친 부분에 가장 알맞은 것을 고르십시오.

> 상황 – 마이클 씨는 처음에 한국에 왔을 때 한국 친구의 집에 신발을 신고 들어가는 실수를
> 한 적이 있다.
>
> 가: 마이클 씨는 한국에 와서 당황했던 적이 없어요?
> 나: 있어요. 친구 집에 놀러갔을 때 _____ 집 안으로 들어간 적이 있어요.

❶ 신발을 벗고   ❷ 신발을 신은 채로
❸ 신발을 신으려는 채로   ❹ 신발을 벗으려고 하는데   **050**

4 빈칸에 들어갈 알맞은 말을 고르십시오.

> 가: 요즘 거리에 버려진 담배가 없는 것 같아요.
> 나: 거리에 담배를 버리는 쓰레기통을 따로 _____.
> 그랬더니 사람들이 거기에 담배를 버리는 것 같아요.

❶ 만들어 놓았거든요   ❷ 만들까 하거든요
❸ 만들 줄 알았거든요   ❹ 만들어 줄 거거든요   **049**

5   빈칸에 들어갈 알맞은 말을 고르십시오.

가: 얼굴에 뭐가 났네요. 피곤한가 봐요.
나: 그게 아니라 오랫동안 _____ 화장품을 다른 것으로 바꿨더니 그래요.

❶ 사용해 가던   ❷ 사용해 오던
❸ 사용한다던   ❹ 사용하면   **051**

6   밑줄 친 부분에 들어갈 가장 알맞은 말을 고르십시오.

가: 왜 집에 안 들어가고 집 앞에 서 있어요?
나: _____.

❶ 열쇠를 집안에 둔 채 문을 잠가버렸거든요
❷ 집을 잃어버려서 친구를 기다리는 중이에요
❸ 열쇠가 있어서 집에 들어가기는 다 틀렸어요
❹ 창문을 열기만 해도 들어가는 수가 있어요   **050**

7   다음 밑줄 친 부분이 <u>틀린 것</u>을 고르십시오.

unit 10
**상태
지속**

❶ 그 나라는 앞으로 더욱 <u>발전해 올 거야</u>.
❷ 그 사람에 대해 앞으로 천천히 <u>알아 가려고 해요</u>.
❸ 오랫동안 <u>만나 오던</u> 사람들과 헤어지는 것은 힘들어요.
❹ 유학 생활하는 동안 멋진 추억을 <u>만들어 가길</u> 바란다.   **051**

8   밑줄 친 부분에 들어갈 가장 알맞은 말을 고르십시오.

가: 민정 씨는 어디 갔어요?
나: 화가 나서 _____ 나가버렸어요.

❶ 인사도 하거나   ❷ 인사도 안 한 채
❸ 인사를 할락 말락   ❹ 인사를 안 할 게 아니라   **050**

연습 문제 練習問題

9 다음 밑줄 친 부분을 알맞게 고친 것을 고르십시오.

> 오늘 청소를 할 때 창문을 <u>열다</u> 그냥 나온 것 같은데, 갑자기 비가 오자 집에 물이 들어갈까봐 걱정이 되었다.

❶ 열면 ❷ 열려서

❸ 열어 있고 ❹ 열어 놓고   049

10 다음 밑줄 친 부분이 알맞은 것을 고르십시오.

❶ 도서관에 <u>갈 길에</u> 책을 빌려 올게요.
❷ 유학 <u>갈 셈 치고</u> 살면 되지요.
❸ 옷을 <u>입은 채로</u> 자면 안 돼요.
❹ 잠깐 쉬고 커피도 <u>마시는 겸</u> 들어오세요.   050

11 다음 두 문장을 알맞게 연결한 것을 고르십시오.

> 명절에는 기차표를 미리 예매해야 하다 / 그렇지 않으면 표를 구할 수 없다

❶ 명절에는 기차표를 미리 예매하려고 해도 표를 구할 수 없다.
❷ 명절에는 기차표를 미리 예매하는 덕분에 표를 구할 수 없다.
❸ 명절에는 기차표를 미리 예매해 놓지 않으면 표를 구할 수 없다.
❹ 명절에는 기차표를 미리 예매하더라도 표를 구할 수 없다.   049

12 밑줄 친 말과 바꾸어 쓸 수 있는 말을 고르십시오.

> 가: 내일 부모님을 모시고 명동에 가려고 해요. 좋은 식당을 알아요?
> 나: 글쎄요. 저도 잘 모르겠어요. 부모님을 모시고 갈 거니까 미리 갈 만한 식당을 <u>알아 놓는</u>
> 것이 좋을 것 같아요.

❶ 알아 가는 것 ❷ 알아 두는 것

❸ 알려 두는 것 ❹ 알려 있는 것   052

UNIT 11

조건 / 가정
条件/仮定

여기서 잠깐~

초급 문법 확인하기! 初級の文法を確認しよう!

-으려면

例 시험에 합격하려면 공부를 열심히 해야 돼요.

試験に合格しようと思ったら勉強を一生懸命しなければなりません。

-으면

例 저는 시간이 있으면 영화를 봐요. 私は時間があれば、映画を見ます。

-기만 하면 ★★★

			-기만 하면
동사 動詞	먹다		먹기만 하면
	가다		가기만 하면
형용사 形容詞	귀엽다		귀엽기만 하면
	예쁘다		예쁘기만 하면

		(이)기만 하면
명사+이다 名詞+이다	학생	학생이기만 하면
	교사	교사기만 하면

❶ 선행절의 행동이나 상황이 생기면 반드시 후행절의 내용이 나타날 때 사용한다.
　先行節の行動や状況が生じると、必ず後続節の内容が表れる場合に使う。

　例　・가: 왜 우유를 안 드세요?　どうして牛乳を召し上がらないのですか?
　　　나: 저는 우유를 마시기만 하면 배탈이 나서 안 마셔요.
　　　　　私は牛乳を飲めばお腹をこわすので飲みません

　　　・저 두 사람은 만나기만 하면 싸워요.　あの二人は会えば必ずけんかをします。

 ▶ '-기만 하면'과 '-기만 하면 되다'의 문법 비교　「-기만 하면」と「-기만 하면 되다」の文法比較

'-기만 하면'과 달리 '-기만 하면 되다'는 원하는 결과를 얻기 위해서 선행절의 행동만 하면 된다는 것을 나타낸다.
「-기만 하면」とは異なり「-기만 하면 되다」は求めている結果を得るために先行節の行動だけすればいいということを表す。

　例　・그대로 데우기만 하면 됩니다.　そのまま温めさえすれば、いいです。

※ 다음 두 문장을 연결한 것으로 알맞은 것을 고르십시오.

　시험을 치다 / 일등을 하다

　① 시험을 치려고 일등을 합니다.
　② 시험을 치기만 하면 일등을 합니다.
　③ 시험을 치느라고 일등을 합니다.
　④ 시험을 치기는 치지만 일등을 합니다.

解説

試験を受ける度にいつも一等になるという文を探す問題である。①の「-으려고」は目的、③の「-느라고」は理由、④の「-기는 하지만」は譲歩を表すため、答えにならない。したがって、先行節の行動や状況が生じるといつも後続節の内容が表れる「-기만 하면」を使った②が正解である。

正解 ②

055 –다 보면 ★★★

1. 알아두기　知っておこう

		–다 보면
동사 動詞	놀다	놀다 보면
	공부하다	공부하다 보면

❶ 선행절의 행동이 지속되거나 반복되면 후행절의 상황이 나타날 수 있을 때 사용한다.
先行節の行動が続いたり、繰り返されたりすれば、後続節の状況が現れ得る場合に使う。

例 • 가: 미국에 유학 온 지 6개월이나 지났는데 아직도 영어를 잘 못해요.
　　アメリカに留学に来てから6ヶ月も過ぎたのに、まだ英語がうまくできません。
　　나: 계속 공부하다 보면 잘하게 될 거예요. ずっと勉強していれば、うまくなるでしょう。

• 가: 얘들이 오늘 또 싸웠다면서? 子供達、今日もまた喧嘩したって？
　나: 놀다 보면 싸울 수도 있지요. 遊んでいたら、喧嘩もするでしょう。

주의사항 注意事項

● '–다 보면'은 후행절에 '–을 수 있다', '–게 될 거예요', '–겠–' 등이 주로 온다.
「–다 보면」は、後続節に「–을 수 있다」、「–게 될 거예요」、「–겠–」等が主にくる。

例 싫어하는 음식도 자주 먹다 보면 좋아하게 될 거예요. 嫌いな食べ物も、よく食べていたら、好きになるでしょう。

2. 더 알아두기　もっと知ろう

▶ '–다 보면'과 '–다 보니까'의 문법 비교 「–다 보면」と「–다 보니까」の文法比較

'–다 보면'과 달리 '–다 보니(까)'는 선행절의 행동이 지속되거나 반복된 결과 후행절의 상황이
나타났을 때 사용한다.
「–다 보면」とは異なり「–다 보니(까)」は、先行節の行動が続いたり、繰り返されたりした結果、後続節の状況が表れる場合に使う。

例 • 강아지를 오래 키우다 보니까 이제는 가족 같아요.
　　小犬を長い間育てていると、今は家族のようです。

※ 밑줄 친 부분 중에 틀린 것을 찾아 고치십시오.

　　우리는 보통 사람의 첫인상을 보고 그 사람을 ①<u>판단하기 쉽다</u>. 하지만 아무리 좋은 인상을 가진 사람이라도 ②<u>자꾸 만나다 보고</u> 실망할 때가 있다. ③<u>그런가 하면</u> 인상은 좋지 않지만 ④<u>사귀면 사귈수록</u> 좋아지는 사람도 있다.

(　　　　　　　　　　→　　　　　　　　　　)

---

056 –았/었더라면 ★★★

		–았/었더라면
동사 動詞	먹다	먹었더라면
	가다	갔더라면
형용사 形容詞	작다	작았더라면
	크다	컸더라면

		이었/였더라면
명사+이다 名詞+이다	학생	학생이었더라면
	교사	교사였더라면

❶ 어떤 일을 반대로 가정하여 생각할 때 사용한다.
ある事がらを反対に仮定し考える場合に使う。

> 例 • 가: 3시에 출발하는 비행기를 탈 수 있을까요?
> 　　　3時に出発する飛行機に乗れるでしょうか？
> 　　나: 못 탈 것 같아요. 1시간만 일찍 출발**했더라면** 탈 수 있었을 거예요.
> 　　　乗れないでしょう。1時間でも早く出発していたら乗れたでしょう。
>
> • 학교 다닐 때 공부를 열심히 **했더라면** 원하는 회사에 취직을 할 수 있었을 거예요.
> 　学校に通っていた頃、勉強を一生懸命していたら、志望する会社に就職できたことでしょう。

주의사항　注意事項

● 과거의 일을 하지 않아서 다행인 경우에는 후행절에 '-을 뻔하다'¹³⁹가 자주 쓰인다.
過去の事柄をせずに幸いである場合には、後続節に「-을 뻔하다」がよく使われる。

> 例 그 차를 탔더라면 죽을 뻔했어.　その車に乗っていたら死んでいるところだったよ。

unit 11
조건
가정

▶ '-았/었더라면'은 '-으면', '-아/어야 했는데'¹¹¹와 바꾸어 사용할 수 있다.
「-았/었더라면」は「-으면」、「-아/어야 했는데」に置き換えて使うことができる。

> 例 • 일찍 나왔더라면 좋았을걸.　早く出てきたらよかったのに。
> 　　= 일찍 나왔으면 좋았을걸.
> 　　= 일찍 나왔어야 했는데요…….

▶ '-았/었더라면'과 '-았/었다면'의 문법 비교 「-았/었더라면」と「-았/었다면」の文法比較

'-았/었다면'은 과거에 실제로 있던 일과 과거에 있지 않은 상황 모두 가정할 수 있다.
「-았/었다면」は、過去に実際にあった事柄と過去になかった状況の、両方を仮定することができる。

例 ・영이가 아빠 약을 먹**었다면** 큰일인데. (O)
　　ヨンイちゃんがお父さんの薬を飲んだら大変だ。

　　영이가 아빠 약을 먹**었더라면** 큰일인데. (X)
　　　　　　　　<u>과거에 있지 않은 상황</u> (過去になかった状況)

3. 확인하기 　確認しよう

※ 빈칸에 들어갈 말로 알맞은 것을 고르십시오.

가: 요즘 취직하기 힘들다고 야단들이더라.
나: 그래. 나도 지난번에 회사에 사표를 (　　　　) 지금쯤 일자리 구하느라 바쁘게 돌아다니고 있을 거야.

① 냈다고 해도
② 냈더니
③ 냈더라면
④ 내는 바람에

解説

辞表を出していない状況で、辞表を出したらと仮定している。①の「-는다고 해도」は譲歩を表し、②の「-았/었더니」は順序を表し、④の「-는 바람에」は理由を表すため、答えにならない。したがって、仮定を表す「-았/었더라면」を使った③が正解である。

正解 ③

057 | -거든 ★★

		-았/었거든	-거든	-(으)ㄹ 거거든
동사 動詞	먹다	먹었거든	먹거든	먹을 거거든
	가다	갔거든	가거든	갈 거거든

		-거든			(이)거든
형용사 形容詞	작다	작거든	명사+이다 名詞+이다	학생	학생이거든
	아프다	아프거든		친구	친구거든

❶ 조건을 나타내거나 일어나지 않은 일을 가정할 때 사용한다.
条件を表したり、起こらない事を仮定する場合に使う。

> 例 • 가: 선생님, 추운데 창문을 왜 열어 놓으셨어요? 先生、寒いのに窓をどうして開けておいたのですか?
> 나: 조금 답답해서 열었어요. 춥거든 창문을 닫으세요.
> 　少し息苦しくて開けました。寒かったら窓を閉めてください。
>
> • 많이 아프거든 병원에 가세요. とても痛かったら病院に行ってください。
>
> • 유럽에 가거든 내 선물을 꼭 사 와야 돼. 알았지?
> 　ヨーロッパに行ったら、私のプレゼントを必ず買ってこなければいけないよ。わかった?

주의사항 注意事項

● 후행절에는 청유문과 명령문이 주로 사용된다.
　後続節には、勧誘文と命令文が主に使われる。

unit 11
조건
가정

> **TIP**
> 이 책에 있는 '조건 / 가정' 표현은 대부분 후행절에 명령형과 청유형이 올
> 수 없어요. 하지만 '-거든'의 경우에는 후행절에 명령형과 청유형이 올 수
> 있어요. '-거든'이 다른 '조건 / 가정' 표현과 다른 점이니까 기억해 두세요.
>
> 「条件/仮定」表現は大部分、後続節に命令形と勧誘形が来ることができません。しかし、
> 「-거든」の場合には、後続節に命令形と勧誘形が来ます。「-거든」が別の「条件/仮定」
> 表現と違う点ですから覚えておいてください。

TIP

'-거든'과 달리 '-거든(요)'는 이유를 나타내며 문장의 제일 끝에 와요.

「-거든」とは異なり「-거든(요)」は理由を表し、文章の一番最後に来ます。

例　가: 왜 이렇게 늦게 왔어? 약속 시간보다 20분이나 늦었어.

　　どうしてこんなに遅くに来たの？約束の時間より20分も遅れたよ。

　　나: 미안해. 길이 많이 막**혔거든**. ごめん。道がとても込んでいたんだ。

2. 확인하기

確認しよう

※ 다음 두 문장을 알맞게 연결하십시오.

그 사람의 전화 번호를 알고 있다 / 나에게 알려 주다

① 그 사람의 전화 번호를 알고 있거든 나에게 알려 주세요.
② 그 사람의 전화 번호를 알고 있도록 나에게 알려 주세요.
③ 그 사람의 전화 번호를 알고 있어서 나에게 알려 주세요.
④ 그 사람의 전화 번호를 알고 있을수록 나에게 알려 주세요.

解説

電話番号を知っていれば教えて欲しいという文である。②の「-도록」は目的、③の「-아/어서」は理由のため、答えにならない。④の「알고 있을수록」は「알면 알수록」の使い方を間違えた文で答えにならない。したがって、仮定の意味を表す「-거든」を使った①が正解である。

正解 ①

		-았/었다면	-(느)ㄴ다면	-(으)ㄹ 거라면
동사 動詞	먹다	먹었다면	먹는다면	먹을 거라면
	가다	갔다면	간다면	갈 거라면

		-았/었다면	-다면
형용사 形容詞	작다	작았다면	작다면
	크다	컸다면	크다면

		이었/였다면	(이)라면
명사+이다 名詞+이다	사진	사진이었다면	사진이라면
	친구	친구였다면	친구라면

❶ 조건을 나타내거나 일어나지 않은 일을 가정할 때 사용한다.
  条件を表したり、起らない事を仮定する場合に使う。

 ・지금부터라도 공부를 열심히 한다면 대학입학은 문제없을 거예요.
  今からでも勉強を一生懸命すれば、大学入学は問題ないでしょう。

・내가 너처럼 키가 크다면 높은 굽의 신발을 신지 않을 거야.
  私があなたみたいに背が高ければ、高いヒールの靴をはかないだろう。

・좋은 친구라면 그렇게 행동하지 않았을 거예요.
  いい友達なら、そのように行動しないでしょう。

unit 11
조건
가정

※ 다음 (　　)에 알맞은 것을 고르십시오.

만약 지금처럼 기온이 계속 (　　　　　　　) 앞으로 지구는 사람이 살기 어려운 곳이 될지도 모른다.

① 올라가려면
② 올라간다면
③ 올라가는데도
④ 올라갔더라면

059 -다가는 ★★

I. 알아두기　知っておこう

		-았/었다가는	-다가는
동사 動詞	먹다	먹었다가는	먹다가는
	가다	갔다가는	가다가는

❶ 선행절의 행동을 하면 후행절에 안 좋은 결과가 올 때 사용한다.
先行節の行動をすると、後続節に良くない結果が来る場合に使う。

例 ▶ ・컴퓨터로 일을 많이 하**다가는** 눈이 나빠질 거야.
コンピューターで仕事をたくさんすれば、目が悪くなるよ。

・시험 공부를 미루**다가는** 시험을 망치게 될 거야. 試験勉強を後回しにしては、試験をだめにするよ。

・그 비밀을 다른 사람에게 말**했다가는** 큰일이 날걸요.
その秘密を他の人に言ったら、大変なことになります。

2. 확인하기　確認しよう

※ 다음 (　　　)에 알맞은 말을 고르십시오.

　　약을 함부로 먹는 사람들이 있는데 그렇게 생각 없이 약을 (　　　　　　) 문제가 생길 수도 있으니까 주의해야 한다.

① 먹다가는
② 먹기에는
③ 먹는다기에
④ 먹었는데도

解説

見境なしに薬を飲んだら問題が生じることもあるという意味の文章である。②の「-기에는」はある事をすることに対する状態や考えを表現する場合に使い、③の「-는다기에」は他の人に言うことが理由になる場合に使うため、答えにならない。また、④の「-는데도」は前の事柄をしたが、予想していた結果が出ない場合に使う。したがって、行動が続けば後続節の事柄が起こるだろうという「-다가는」を使った①が正解である。

正解 ①

unit 11
조건
가정

060 –아/어야(지) ★★

		–았/었어야(지)	–아/어야(지)
동사 動詞	읽다	읽었어야(지)	읽어야(지)
	보다	봤어야(지)	봐야(지)

		–아/어야(지)			이어/여야(지)
형용사 形容詞	많다	많아야(지)	**명사+이다** 名詞+이다	학생	학생이어야(지)
	예쁘다	예뻐야(지)		친구	친구여야(지)

❶ 선행절은 후행절이 이루어지는 데에 꼭 필요한 조건임을 나타낸다.
先行節は、後続節が成されるために必ず必要な条件であることを表す。

例
- 한국어를 잘**해야지** 대학교에 입학할 수 있어요.
韓国語がよくできれば大学に入学することができます。

- 요즘엔 얼굴이 **예뻐야** 가수가 될 수 있다.
最近は顔がかわいければ歌手になれます。

- 학생**이어야지** 교통비 할인을 받을 수 있지요.
学生なら交通費の割引を受けることができます。

주의사항 注意事項

● '–아/어야지'는 후행절에 '–을 수 있다', '–을 것 같다', '–지요' 등이 주로 온다.
「–아/어야지」は、後続節に「–을 수 있다」「–을 것 같다」「–지요」等が主にくる。

例 민호 씨가 해야지 그 일이 성공할 것 같아요. ミンホさんがすれば、その仕事が成功すると思います。

 ▶ '–아/어야(지)'와 '–아/어야지(요)'의 문법 비교　「–아/어야(지)」と「–아/어야지(요)」の文法比較

'–아/어야(지)'와 달리 '–아/어야지(요)'는 문장 끝에 오며 말하는 사람이 어떤 일을 할 거라는 의지를 나타내거나 다른 사람이 어떻게 해야 한다는 것을 나타낼 때 사용한다.
「–아/어야(지)」とは異なり「–아/어야지(요)」は、文の終わりにきて、話し手がある事をするだろうという意志を表したり、他の人がどのようにしなければならないかということを表す場合に使う。

例
- 올해는 술을 끊**어야지요**. 今年は酒を止めなければ。
(말하는 사람 자신이 술을 끊겠다는 뜻이다.) (話し手自身が酒を止めるという意味である)

- 민호야, 이제부터는 좀 열심히 공부**해야지**. ミンホさん、これからは少し一生懸命勉強しなきゃ。
(듣는 사람에게 열심히 공부하라는 뜻이다.) (聞き手に一生懸命勉強しろという意味である)

※ 두 문장을 바르게 연결한 것을 고르십시오.

　가: 어떻게 해야 회사에 취직할 수 있을까요?
　나: 영어를 잘해야 돼요. 취직할 수 있어요.

　① 영어를 잘할 겸 취직할 수 있어요
　② 영어를 잘해야지 취직할 수 있어요
　③ 영어를 잘한다고 해도 취직할 수 있어요
　④ 영어를 잘했는데 취직할 수 있어요

解説

二つの文をつなぐと会社に就職するために必要な条件が、英語がよくできることである。①の「-을 겸」は一つ以上の目的を表すため、後続節に別の目的が来なければならず、③の「-는다고 해도」は譲歩のため、後続節に就職することができないという内容が来なければならず、答えにならない。また、④の「-았/었는데」は後続節に本来の計画と違う結果が来なければならないため間違った文である。したがって、先行節が後続節の事をするのに必ず必要だという意味を表す「-아/어야지」を使った②が正解である。

正解 ②

061 −는 한 ★

		−는 한
동사 動詞	찾다	찾**는 한**
	가다	가**는 한**

❶ 선행절이 조건이 되면 후행절의 상황이 될 것이라는 것을 나타낼 때 사용한다.
先行節の条件が満たされれば、後続節の状況になるだろうということを表す場合に使う。

> **例** ・저렇게 훌륭한 학생들이 있**는 한** 미래는 밝을 거예요.
> あのような立派な学生たちがいる限り、未来は明るいでしょう。
>
> ・보고서를 이번 주까지 내지 않**는 한** 점수를 줄 수 없어요.
> 報告書を今週までに出さない限り、点数をあげられません。
>
> ・운동을 하지 않**는 한** 다이어트에 성공할 수 없어.
> 運動をしない限り、ダイエットは成功できない。

주의사항　注意事項

● 선행절에 '있다', '없다'도 사용할 수 있다.　先行節に「있다」、「없다」を使うこともできる。

> **例** 내가 힘이 있**는 한** 너를 지켜줄게.　私が力がある限り、おまえを守ってやる。

> ※ 다음 (　　) 에 알맞은 말을 고르십시오.
>
> 가: 65세의 나이로 봉사활동을 하시고 계신데 힘들지는 않으세요?
> 나: 별로 안 힘들어요. 내 건강이 (　　　　　) 계속 하고 싶어요.
>
> ① 허락하더라도　　　　　　　　② 허락할 정도로
> ③ 허락하길래　　　　　　　　　④ 허락하는 한

解説

健康であれば、ボランティア活動をし続けたいという意味の表現を探す問題である。①の「-더라도」は譲歩、②の「-을 정도로」は後に来る状況が、前に来る状況と似ていることを表すため、答えにならない。また、③の「-길래」は理由を表すため、答えにならない。したがって、条件を表す「-는 한」を使った④が正解である。

正解 ④

062 -아/어서는 ★

I. 알아두기 知っておこう

		-아/어서는
동사 動詞	먹다	먹어서는
	가다	가서는
형용사 形容詞	좁다	좁아서는
	크다	커서는

❶ 선행절이 조건이 되어 어떤 일을 할 수 없을 때 사용한다.
先行節が条件になり、ある事ができない場合に使う。

例 ▶ • 이렇게 눈이 많이 **와서는** 산에 갈 수 없을 것 같아요.
こんなに雪がたくさん降っては、山に行けそうにありません。

• 저렇게 말을 못 **해서는** 선생님이 될 수 없을 것이다.
あんなにしゃべれなくては、先生になれそうにない。

• 그렇게 게을러**서는** 잘 살기 힘들다.
こんなに怠けていては豊かに暮らすのは難しい。

주의사항 注意事項

● 후행절에는 할 수 없거나 하기 힘들다는 부정적인 의미의 문장이 주로 온다.
後続節には、できなかったり、するのが難しいという否定的な意味の文が主にくる。

例 이렇게 공부해서는 <u>대학에 갈 수 있어요.</u> (X)
　　　　　　　　　　(긍정) (肯定)

unit 11
조건
가정

2. 확인하기 確認しよう

※ 다음 중 밑줄 친 부분이 맞는 것을 고르십시오.

① 날이 <u>어두워질수록</u> 아무 연락도 없다.
② 길이 <u>막히느라고</u> 약속 시간에 늦었다.
③ 이렇게 <u>해서는</u> 일이 오늘도 안 끝날 것 같다.
④ 요즘 매일 <u>바쁘더라도</u> 운동할 시간이 없었다.

解説

①は「날이 어두워졌는데 아무 연락도 없다」のように譲歩を表す表現がこなければならない。②は、「-느라고」が先行節と後続節の主語が同じ場合に使う表現のため間違った文で、「길이 막혀서 약속 시간에 늦었다」に直せば正しい。④は、「-더라도」が譲歩を表す表現のため理由を表す「요즘 매일 바빠서 운동할 시간이 없었다」に置き換えて使わなければならない。③は仕事をこのようにすれば今日終わらないという文のため、条件の意味を表す「-아/어서는」を使うことができる。したがって、③が正解である。

正解 ③

184_ 062 -아/어서는

연습 문제 練習問題

1 상황에 맞는 대화가 되도록 밑줄 친 부분에 가장 알맞은 것을 고르십시오.

상황 – 내일 수업 시간에 같은 조끼리 발표를 해야 하는데 주제도 못 정하고 있다.

가: 아직 주제도 못 정해서 큰일이다. 우리 내일 발표할 수 있을까?
나: 너무 조급하게 생각하지 말자. _____.

❶ 여간 좋은 아이디어가 떠오른 것이 아니야
❷ 어차피 좋은 아이디어는 안 떠오르니까 그냥 발표하자
❸ 조금만 더 생각하면 좋은 아이디어가 안 떠오를 게 뻔해
❹ 머리를 맞대고 생각하다 보면 좋은 아이디어가 떠오르겠지　

2 빈칸에 알맞은 것을 고르십시오.

가: 요즘 왜 이렇게 얼굴 보기가 힘들어요?
나: 올림픽을 보느라고 집에 _____.

❶ 있기는요　　　　　　　　　　❷ 있었거든요
❸ 있는 모양이에요　　　　　　　❹ 있는 수가 있어요　

3 빈칸에 들어갈 말로 알맞은 것을 고르십시오.

가: 얼굴이 안 좋아 보여요. 괜찮아요?
나: 아직도 무대에 _____ 가슴이 떨려서 그래요.

❶ 서는 한　　　　　　　　　　❷ 서다가는
❸ 서기만 하면　　　　　　　　❹ 서고 보니까　

unit 11
조건
가정

4 다음 글을 읽고 빈칸에 알맞은 것을 고르십시오.

엄마는 네가 항상 꿈을 가졌으면 좋겠다. 꿈이 없는 사람은 미래가 없는 것과 마찬가지다.
꿈을 가지고 열심히 (　　　　　　　　) 네가 원하는 삶을 살 수 있을 것이다.

❶ 노력한다면　　　　　　　　❷ 노력하도록
❸ 노력하려다가　　　　　　　❹ 노력하다가는

5   다음 밑줄 친 부분에 들어갈 말로 가장 알맞은 것을 고르십시오.

> 가: 그 선수가 실수를 안 했더라면 이번 올림픽에서 금메달을 땄을 텐데요.
> 나: 그러게요. _____.

① 그때 실수를 안 했으면 좋았을 텐데요
② 그래도 미리 실수를 했으니까 다행이에요
③ 그때 실수를 안 했으면 큰일 날 뻔했어요
④ 그렇지만 지금이라도 실수를 하면 좋을 텐데요

055

6   상황에 맞는 대화가 되도록 밑줄 친 부분에 가장 알맞은 것을 고르십시오.

> 상황 – 요즘 젊은 부부들이 아이를 많이 낳고 싶어 하지 않는다는 뉴스를 듣고 걱정이 되었다.
>
> 가: 요즘 초등학교가 텅 비었대. 부부들이 아이를 안 낳아서 그런가 봐.
> 나: 맞아. _____.

① 이렇게 되면 학교가 더 생길지도 몰라
② 이렇게 가면 학교가 더 좋아질지도 모르겠어
③ 이렇게 가다가는 학교가 없어질지도 모르겠어
④ 이렇게 가다가는 학교에 학생이 더 많아질지도 몰라

059

7   밑줄 친 부분에 들어갈 알맞은 것을 고르십시오.

> 가: 요즘 학생들은 자신의 적성과 상관없이 점수에 맞춰서 대학에 지원하는 것 같아요.
> 나: 그러게요. 대학에 지원할 때 _____.

① 학생들이 점수를 알 때까지 기다려야죠
② 학생들이 점수에 맞게 선택하도록 해야죠
③ 부모가 적성의 중요성에 대해서 말해줘야죠
④ 부모가 적성과 점수를 정하도록 도와줘야죠

060

8   (   ) 안에 알맞은 것을 고르십시오.

가: 인터넷에서 전자 사전을 사려고 하는데 어디가 싼지 아세요?
나: 사이트를 (   ) 가격을 비교할 수 있을 거예요.

❶ 돌아다니다 보면   ❷ 돌아다니고 보면
❸ 돌아다니고 나면   ❹ 돌아다니다 나면   **055**

9   (   ) 안에 들어갈 말로 가장 알맞은 것을 고르십시오.

가: 서울 팀이 이겼어요?
나: 아니요, 졌어요. 실수만 (   ) 서울 팀이 우승을 했을 텐데…….

❶ 안 했다니   ❷ 안 했거든
❸ 안 했다시피   ❹ 안 했더라면   **055**

10   다음 두 문장을 알맞게 연결하십시오.

외국 생활이 외롭다 / 친구를 많이 사귀다

❶ 외국 생활이 외롭길래 친구를 많이 사귀세요.
❷ 외국 생활이 외롭도록 친구를 많이 사귀세요.
❸ 외국 생활이 외롭거든 친구를 많이 사귀세요.
❹ 외국 생활이 외롭더니 친구를 많이 사귀세요.   **057**

11   다음 밑줄 친 부분과 바꾸어 쓸 수 있는 것을 고르십시오.

가: 친구들하고 놀이공원에 가려고 하는 데 용돈 좀 주세요.
나: 그렇게 놀기만 하면 좋은 대학에 갈 수 없어.

❶ 놀 정도로   ❷ 노는 동안
❸ 노느라고   ❹ 놀다가는   **054**

unit 11
조건
가정

연습 문제 練習問題

12 ( ) 안에 알맞은 것을 고르십시오.

가: 요즘 룸메이트와 사이가 안 좋아요. 서로 오해가 생긴 것 같아요.
나: 솔직하게 서로의 마음을 ( ) 오해가 풀릴 거예요.

❶ 표현하려면   ❷ 표현하고자
❸ 표현한다면   ❹ 표현하고도   058

13 밑줄 친 부분에 어울리는 대화를 고르십시오.

가: 오늘 구경 많이 했지? 그런데 좀 피곤해 보인다.
나: 응. _____.
가: 그래. 오늘은 이만 푹 쉬자.

❶ 그렇다고 더 구경할 수는 없을 것 같아
❷ 이렇게 고생하다 보면 좋은 결과가 있을 거야
❸ 지금처럼 계속 걷다가는 내일은 구경을 못 할 것 같아
❹ 더 피곤하게 되더라도 구경을 더 하는 편이 나을 것 같아   059

14 밑줄 친 부분에 들어갈 알맞은 것을 고르십시오.

가: 전 꼭 결혼해야 할 필요는 없다고 생각해요.
나: 그래도 _____. 가족이 있는 게 얼마나 든든한데요.

❶ 결혼하기만 해요   ❷ 결혼해야지요
❸ 결혼할 줄 몰랐어요   ❹ 결혼하는 걸요   060

15 밑줄 친 부분에 알맞은 것을 고르십시오.

가: 죄송합니다. 제가 거기까지 생각을 못 했습니다. 다시 하겠습니다.
나: 아닙니다. _____ 그럴 수도 있습니다.

❶ 일을 하느라고   ❷ 일을 하다 보면
❸ 일을 하는 끝에   ❹ 일을 하다가는   055

16   밑줄 친 것과 의미가 비슷한 것을 고르십시오.

형제들이 <u>만나기만 하면</u> 싸워서 보는 사람들을 안타깝게 한다.

❶ 만나자마자   ❷ 만날만 하면

❸ 만날 때마다   ❹ 만나는 길에

17   다음 밑줄 친 두 문장을 대화에 맞게 연결한 것을 고르십시오.

가: 올해는 그 전공이 경쟁률이 아주 높았대요.
나: 다른 곳에 지원하길 잘 한 것 같아요. 그 전공에 <u>지원했어요. 후회했어요</u>.

❶ 지원했더니 후회할 뻔했어요

❷ 지원했더라면 후회할 뻔했어요

❸ 지원하다 보니까 후회할 뻔했어요

❹ 지원했어야 했는데 후회할 뻔했어요

unit 11
조건
가정

TOPIKに出題された韓国文化

餅ケーキ

　最近韓国では、「ウェルビーイング」旋風が巻き起こっています。ただ前だけ向いて懸命に生きるのではなく、健康に気を配り、生き方の質を高めようと努力する人が増えているのです。様々な健康法の中で代表的なものに体に良い物をを選んで食べるという方法がありますが、今、注目を集めているウェルビーイング食のひとつに韓国の伝統食である餅で作った「餅ケーキ」があります。餅は昔から、お祝い事や家族・親戚が集まって名節を過ごす時に欠かすことのできない食べ物でしたが、多様な外国の食べ物が入ってくるにつれ、いつの頃からか、人々が集まる時、餅よりケーキやお菓子が好まれるようになりました。こうして人々に忘れ去られていた餅でしたが、最近、「餅ケーキ」としてまた注目を集めています。「餅ケーキ」は、色々な種類の餅で作るため多様な味を楽しめ、脂肪の摂取も抑えられるとのことです。まさに健康に気を使う最近の若い人たちの趣向に合った食べ物だと言えるでしょう。みなさんも韓国の「餅ケーキ」で誕生日パーティをしてみませんか？

UNIT 12

이유 理由

여기서
잠깐~

초급 문법 확인하기 初級の文法を確認しよう!

-거든요

例 가: 왜 안 먹어요? どうして食べないんですか?

나: 고기를 별로 안 좋아하거든요. 肉があまりすきじゃないんですよ。

-이라서

例 방학이라서 학교에 사람이 별로 없어요. 休みなので学校に人があまりいません。

-아/어서

例 감기에 걸려서 병원에 갔어요. 風邪を引いて病院に行きました。

-으니까

例 추우니까 문을 닫아 주세요. 寒いので戸を閉めてください。

063 −느라고 ★★★

I. 알아두기 知っておこう

		−느라고
동사 動詞	먹다	먹느라고
	보다	보느라고

❶ 선행절 때문에 후행절을 할 수 없을 때 사용한다.
先行節のせいで後続節ができない場合に使う。

> **例** ・가: 피곤해 보여요. 疲れて見えます。
> 나: 시험 공부하**느라고** 어제 잠을 못 잤어요. 試験勉強のせいで、昨日寝られませんでした。

❷ 선행절 때문에 후행절과 같은 상황이 될 때 사용한다.
先行節のために後続節のような状況になる場合に使う。

> **例** ・가: 지난주에 바빴어요? 先週、忙しかったですか？
> 나: 네, 발표 준비를 하**느라고** 정신이 없었어요.
> はい、発表の準備をするために無我夢中でした。

주의사항 注意事項

> ● 선행절과 후행절은 주어가 같아야 한다.
> 先行節と後続節の主語は同じでなければならない。
>
> **例** <u>동생이</u> 어제 컴퓨터를 쓰느라고 <u>내가</u> 숙제를 못 했어요. (X)
> (주어) (主語) (주어) (主語)
>
> ● 명령문이나 청유문과 같이 사용하지 않는다. 命令文や勧誘文と共に使わない。

2. 더 알아두기 もっと知ろう

▶ ‘−는 바람에’⁰⁶⁴, ‘−는 통에’⁰⁷¹, ‘−는 탓에’⁰⁷⁰는 선행절과 후행절의 주어가 같을 때에만 ‘−느라고’
와 바꾸어 사용할 수 있다.
「−는 바람에」、「−는 통에」、「−는 탓에」は先行節と後続節の主語が同じ場合にだけ「−느라고」に置き換えて使うことができる。

> **例** ・어젯밤에 게임하**느라고** 숙제를 못 했어요. 昨晩、ゲームをしたせいで宿題ができませんでした。
> = 어젯밤에 게임을 하**는 바람에** 숙제를 못 했어요.
> = 어젯밤에 게임하**는 통에** 숙제를 못 했어요.
> = 어젯밤에 게임을 한 **탓에** 숙제를 못 했어요.

※ 다음 (　　)에 들어갈 가장 알맞은 것을 고르십시오.

이사 갈 집을 (　　　　) 방학 때 좀 바빴다.

① 찾더니
② 찾으려면
③ 구하도록
④ 구하느라고

「-느라고」は先行節のせいで後続節ができない場合に使う。①の「-길래」は先行節と後続節の主語が同じ場合は使えないため、答えにならない。②は仮定や譲歩の意味を表し、④はある状況が更に付け加わる場合に使われる。したがって、否定的な理由を表す「-는 탓에」に置き換えて使うことができる③が正解である。

正解 ③

-는 바람에 ★★★

1. 알아두기 知っておこう

		-는 바람에
동사 動詞	먹다	먹**는 바람에**
	오다	오**는 바람에**

❶ 선행절이 후행절에 부정적인 영향을 끼친 이유를 나타낼 때 사용한다.
先行節が後続節に否定的な影響を及ぼす理由を表す場合に使う。

例 ・가: 왜 이렇게 늦었어요? どうしてこんなに遅くなったんですか?
　　나: 미안해요. 이 근처에서 교통사고가 나**는 바람에** 길이 막혀서 그랬어요.
　　　ごめんなさい。この近くで交通事故があったせいで、道が込んでいたんです。

・컴퓨터로 일을 많이 하**는 바람에** 눈이 나빠졌어요.
　パソコンでの仕事が多いので、目が悪くなりました。

주의사항 注意事項

● 명령문이나 청유문과 같이 사용하지 않는다. 命令文や勧誘文と共に使わない。

2. 더 알아두기 もっと知ろう

▶ '-는 바람에'는 '-는 탓에'[070], '-는 통에'[071]와 바꾸어 사용할 수 있다.
「-는 바람에」は、「-는 탓에」、「-는 통에」に置き換えて使うことができる。

例 ・늦잠을 자**는 바람에** 학교에 늦었어요. 寝坊したせいで学校に遅れました。
　　= 늦잠을 잔 **탓에** 학교에 늦었어요.
　　= 늦잠을 자**는 통에** 학교에 늦었어요.

unit 12
이유

▶ '–는 바람에'와 '–는 덕분에'⁰⁶⁹의 문법 비교 「–는 바람에」と「–는 덕분에」の文法比較

'–는 바람에'는 부정적인 결과가 올 때 사용하지만 '–는 덕분에'는 긍정적인 결과가 올 때 사용한다.

「–는 바람에」は、否定的な結果が現れる場合に使うが、「–는 덕분에」は肯定的な結果が現れる場合に使う。

例 ・널 만나는 **바람에** 내 인생이 망가졌어. (O) おまえに出会ったせいで、俺の人生は台無しになった。
　　　　　　　(부정적인 결과) (否定的な結果)

　　널 만나는 **바람에** 내 인생이 행복해졌어. (X)
　　　　　　　(긍정적인 결과) (肯定的な結果)

　　널 만나는 **덕분에** 내 인생이 행복해졌어. (O) 君に出会ったおかげで、僕の人生は幸せになった。
　　　　　　　(긍정적인 결과) (肯定的な結果)

　　널 만나는 **덕분에** 내 인생이 망가졌어. (X)
　　　　　　　(부정적인 결과) (否定的な結果)

3. 확인하기 確認しよう

※ 다음 밑줄 친 부분과 바꾸어 사용할 수 있는 말을 고르십시오.

가: 회사에 왜 늦게 도착했습니까?
나: 차가 고장이 나서 회사에 지각을 하고 말았어요.

① 차가 고장이 나는 바람에 회사에 지각을 했어요
② 차를 수리했기 때문에 회사에 지각하게 되었어요
③ 차를 수리했지만 회사에 늦게 오고 말았어요
④ 차가 고장이 났지만 회사에 지각하지는 않았어요

解説

車が故障したせいで会社に遅刻した、ということを表す文である。②は会社に遅刻した理由が車を修理したため、③は車を修理したにも関わらず遅刻したという意味で、④は車が故障したのに遅刻しなかったという意味のため、答えにならない。したがって、否定的な結果の原因を表す①が正解である。

正解 ①

-기 때문에 ★★

		-았/었기 때문에	-기 때문에
동사 動詞	먹다	먹었기 때문에	먹기 때문에
	가다	갔기 때문에	가기 때문에
형용사 形容詞	작다	작았기 때문에	작기 때문에
	크다	컸기 때문에	크기 때문에

		이었/였기 때문에	(이)기 때문에
명사+이다 名詞+이다	학생	학생이었기 때문에	학생이기 때문에
	친구	친구였기 때문에	친구기 때문에

❶ 후행절의 어떤 행동에 대한 이유를 나타낸다.
後続節のある行動について理由を表す。

> 例 • 아르바이트를 하기 **때문에** 여행 갈 시간이 없어요.
> アルバイトをしているので旅行に行く時間がありません。
>
> • 키가 크기 **때문에** 뒤에 앉았다.　背が高いので後ろに座った。
>
> • 초등학교 때 친구였기 **때문에** 집안 사정까지 잘 알고 있어요.
> 小学校の時、友達だったので家の事情までよく知っています。

unit **12**
이유

주의사항　注意事項

● '-기 때문이다'의 형태로 쓰이기도 한다. 「-기 때문이다」の形でも使われる。

> 例 성적이 안 좋은 건 아르바이트를 하기 **때문이다.**　成績が良くなかったのはアルバイトをしたせいだ。

● 명령문이나 청유문과 같이 사용하지 않는다.　命令文や勧誘文と共に使わない。

▶ '-기 때문에'는 '-아/어서', '-으니까'와 바꾸어 사용할 수 있다.
「-기 때문에」は「-아/어서」、「-으니까」に置き換えて使うことができる。

> 例 ▶ ・오빠가 공부하**기 때문에** 조용히 해야 해요.　兄が勉強をしているので静かにしなければならない。
> = 오빠가 공부**해서** 조용히 해야 해요.
> = 오빠가 공부하**니까** 조용히 해야 해요.

▶ '-기 때문에'는 후행절에 부정적인 뜻이 올 때는 '-는 탓에'070와 바꾸어 사용할 수 있다.
「-기 때문에」は後続節に否定的な意味が来る場合は「-는 탓에」に置き換えて使うことができる。

> 例 ▶ ・요즘 운동을 안 **했기 때문에** 살이 쪘다.　最近、運動をしなかったので太りました。
> = 요즘 운동을 안 한 **탓에** 살이 쪘다.

▶ '-기 때문에'는 후행절에 긍정적인 뜻이 올 때는 '-는 덕분에'069와 바꾸어 사용할 수 있다.
「-기 때문에」は後続節に肯定的な意味が来る場合は「-는 덕분에」に置き換えて使うことができる。

> 例 ▶ ・운전을 배웠**기 때문에** 편해졌어요.　運転を習ったので楽になりました。
> = 운전을 배운 **덕분에** 편해졌어요.

> ※ 다음 밑줄 친 부분과 의미가 비슷한 것을 고르십시오.
>
> 이번 사고는 제가 <u>조심하지 않은 탓이에요</u>.
>
> ① 조심한 적이 없어요　　　　　② 조심하지 않은 셈이에요
> ③ 조심하지 않았을 뿐이에요　　④ 조심하지 않았기 때문이에요

解説

事故が起こった原因は、話し手が注意しなかったからである。①の「-은 적이 없다」は経験を表し、②の「-은 셈이다」は先行節と似た程度を表す。また、③の「-을 뿐이다」はある事柄に限定して表す表現のため、答えにならない。したがって、理由を表す「-기 때문이다」を使った④が正解である。

正解 ④

066 −기에 ★★

I. 알아두기　知っておこう

		−았/었기에	−기에
동사 動詞	먹다	먹었기에	먹기에
	가다	갔기에	가기에

		−기에				(이)기에
형용사 形容詞	좋다	좋기에	명사+이다 名詞+이다	학생		학생이기에
	예쁘다	예쁘기에		친구		친구기에

❶ 선행절이 후행절의 근거나 이유가 될 때 사용한다.
先行節が後続節の根拠や理由になる場合に使う。

> 例 ・가: 아까 왜 약을 먹었어요?　さっき、どうして薬を飲んだのですか?
> 　　나: 아침에 일어났더니 열이 나기에 먹었어요.　朝、起きたら、熱があったので飲みました。
>
> 　　・가: 오늘이 제 생일도 아닌데 웬 꽃이에요?
> 　　　　今日は私の誕生日でもないのに、どうして花ですか?
> 　　나: 오다가 예쁘기에 샀어요.
> 　　　　来る途中にきれいだったので買いました。

주의사항　注意事項

● 선행절과 후행절의 주어가 다르며 선행절의 주어는 말하는 사람이 될 수 없다.
先行節と後続節の主語が異なり、話し手が先行節の主語になることができない。

> 例 내가 바쁘기에 여행을 갈 수 없다. (X)
> 　　(주어) (主語) − (말하는 사람) (話し手)

● 명령문이나 청유문과 같이 사용하지 않는다.　命令文や勧誘文と共に使わない。

unit 12
이유

066 −기에 _199

▶ '-기에'는 '-길래'[067]와 바꾸어 사용할 수 있다. '-기에'는 문어체에, '-길래'는 구어체에 주로 사용된다.

「-기에」は、「-길래」に置き換えて使うことができる。「-기에」は文語体で、「-길래」は口語体で主に使われる。

> **例**　・비가 많이 오**기에** 우산을 갖고 왔어요. 雨がたくさん降っているので、傘を持って来ました。
> 　　　= 비가 많이 오**길래** 우산을 갖고 왔어요.

▶ **다른 문법과의 결합형**　他の文法との結合形

-는다기에: 간접화법 '-는다고 하다'[041]와 '-기에'가 결합한 형태이다.

「-는다기에」は間接話法「-는다고 하다」と「-기에」が結合した形である。

> **例**　・친구가 부산에 간**다기에** 나도 같이 가기로 했어요.
> 　　　友達がブサンに行くので私も一緒に行くことにしました。
> 　　　= 친구가 부산에 간**다고 하기에** 나도 같이 가기로 했어요.

> ※ 다음 밑줄 친 부분에 알맞은 것을 고르십시오.
>
> 가: 지영 씨는 어디 갔어요? 아까부터 안 보이네요.
> 나: _____ 좀 쉬라고 했어요.
>
> ① 감기가 심하느라고
> ② 감기가 심하기에
> ③ 감기가 심하도록
> ④ 감기가 심하지만

解説

休めと言った理由を探す問題である。①の「-느라고」は理由を表すが、先行節と後続節の主語が同じ場合のみ使えることができ、③の「-도록」は目的、④の「-지만」は対照を表すため、答えにならない。したがって、理由を表す「-기에」を使った②が正解である。

正解 ②

067 –길래 ★★

		–았/었길래	–길래
동사 動詞	먹다	먹었길래	먹길래
	가다	갔길래	가길래

		–길래				(이)길래
형용사 形容詞	좋다	좋길래	명사+이다 名詞+이다	학생		학생이길래
	예쁘다	예쁘길래		친구		친구길래

❶ 선행절이 후행절의 근거나 이유가 될 때 사용한다.
先行節が後続節の根拠や理由になる場合に使う。

例 • 친구가 제가 만든 음식을 맛있게 먹**길래** 오늘도 만들어 줬어요.
友達が、私が作った料理をおいしそうに食べたので、今日も作ってあげました。

• 오빠가 시장에 가**길래** 과일 좀 사다 달라고 부탁했어요.
兄が市場に行くので、果物を買って来るようお願いしました。

• 어제는 날씨가 좋**길래** 가까운 곳으로 소풍을 갔다 왔어요.
昨日は天気が良かったので、近くにピクニックに行って来ました。

주의사항 注意事項

● 선행절과 후행절의 주어가 다르며 선행절의 주어는 말하는 사람이 될 수 없다.
先行節と後続節の主語が異なり、先行節の主語は話し手がなることができない。

例 내가 바쁘길래 내가 여행을 갈 수 없어요. (X)
(주어)(主語)   (주어)(主語)

● 명령문이나 청유문과 같이 사용하지 않는다. 命令文や勧誘文と共に使わない。

▶ '-길래'는 '-기에'⁰⁶⁶와 바꾸어 사용할 수 있다. '-길래'는 구어체에 '-기에'는 문어체에 주로 사용된다.

「-길래」は、「-기에」に置き換えて使うことができる。「-길래」は口語体に、「-기에」は文語体に主に使われる。

　例 ▶ ・비가 많이 오**길래** 우산을 갖고 왔어요. 雨がたくさん降っているので傘を持って来ました。
　　　　 = 비가 많이 오**기에** 우산을 갖고 왔어요.

※ 밑줄 친 두 문장을 대화에 맞게 연결한 것을 고르십시오.

가: 점심은 드셨어요?
나: 네, 마침 <u>친구가 왔어요. 같이 가서 먹었어요.</u>

① 친구가 왔길래 같이 가서 먹었어요
② 친구가 온다고 했으니 같이 가서 먹었어요
③ 친구가 온다면 같이 가서 먹었어요
④ 친구가 왔으면 같이 가서 먹었어요

解説

偶然、友達が来て一緒に昼ご飯を食べたという意味の文を探す問題である。②は友達が来ると前もって言ったという意味で、③は友達が来ることを仮定した意味、④は友達が来ることを仮定する意味のため、答えにならない。したがって、理由を表す①が正解である。

正解 ①

068 -는 덕분에 ★★

1. 알아두기　知っておこう

		-(으)ㄴ 덕분에	-는 덕분에
동사 動詞	먹다	먹은 덕분에	먹는 덕분에
	주다	준 덕분에	주는 덕분에

		인 덕분에
명사+이다 名詞+이다	선생님	선생님인 덕분에
	선배	선배인 덕분에

❶ 선행절 때문에 후행절에 좋은 결과가 올 때 사용한다.
先行節のおかげで後続節に良い結果が現れる場合に使う。

例 ▶ ・가: 이사는 잘 했니?　引っ越しはどうだった?
　　　나: 응. 친구들이 도와 준 덕분에 잘 했어.
　　　　　うん。友達が手伝ってくれたおかげでちゃんと済んだ。

　　・가: 빨리 도착하셨네요. 막히지 않았어요?　早く到着しましたね。込みませんでしたか?
　　　나: 네, 걱정해 주신 덕분에 잘 도착했어요.　はい、心配してくださったおかげで無事に到着しました。

주의사항　注意事項

● '-는 덕분이다'의 형태로도 사용할 수 있다.
　「-는 덕분이다」の形でも使うことができる。

　例 네가 도와 준 덕분에 이번 시험에 합격했어.　あなたが手伝ってくれたおかげで今回の試験に合格した。
　　 = 이번 시험에 합격한 것은 네가 도와 준 덕분이야.

● 명령문이나 청유문과 같이 사용하지 않는다.　命令文や勧誘文と共に使わない。

unit 12
이유

2. 더 알아두기　もっと知ろう

 ▶ '-는 덕분에'와 '-는 바람에'⁰⁶⁴의 문법 비교　(P. 196)「-는 덕분에」と「-는 바람에」の文法比較

▶ 'N인 덕분에'와 'N 덕분에'의 문법 비교 「N인 덕분에」と「N 덕분에」の文法比較

 ▶ • 내가 한국어 선생님**인 덕분에** 많은 외국 학생들을 만날 수 있어요.
　　　　　私が韓国語の先生であるおかげで、多くの外国の学生達と出会うことができます。

　　　　(많은 외국 학생들을 만날 수 있는 이유는 나의 직업이 한국어 선생님이기 때문이다.)
　　　　(多くの外国の学生達に出会うことができる理由は私の職業が韓国の先生だからです)

　　　• 내가 한국어 선생님 **덕분에** 한국어를 잘 할 수 있게 되었어요.
　　　　　私は韓国語の先生のおかげで、韓国語がうまくできるようになりました。

　　　　(한국어를 잘 할 수 있게 된 이유는 한국어 선생님이 잘 가르쳐주셨기 때문이다.)
　　　　(韓国語をうまくできるようになった理由は、韓国語の先生が上手に教えてくれたからです)

3. 확인하기　　確認しよう

※ 빈칸에 들어갈 말로 알맞은 것을 고르십시오.

가: 민수 씨 출장은 잘 다녀오셨어요?
나: 네, ＿＿＿＿＿＿＿＿＿＿.

① 걱정하는 탓에 힘들었습니다
② 걱정해 주는 대신에 잘 다녀왔습니다
③ 걱정해 주신 덕분에 잘 다녀왔습니다
④ 걱정하느라고 잘 다녀올 수 없었습니다

解説

出張によく行くか、という質問に対しての肯定的な返答を探す問題である。①と④は否定的な内容のため、「네」という返事と合わない。②の「-는 대신에」は先行節の事柄を後続節の事柄に置き換える場合に使うため、これも合わない。したがって、先行節のおかげで後続節に良い結果が現れることを表す「-는 덕분에」を使った③が正解である。

正解 ③

069 -는데 ★★

		-았/었는데	-는데	-(으)ㄹ 건데
동사 動詞	먹다	먹었는데	먹는데	먹을 건데
	가다	갔는데	가는데	갈 건데

		-았/었는데	-(으)ㄴ데	-(으)ㄹ 건데
형용사 形容詞	작다	작았는데	작은데	작을 건데
	예쁘다	예뻤는데	예쁜데	예쁠 건데

		이었/였는데	인데	일 건데
명사+이다 名詞+이다	학생	학생이었는데	학생인데	학생일 건데
	친구	친구였는데	친구인데	친구일 건데

❶ 선행절이 후행절의 이유가 될 때 사용한다.
先行節が後続節の理由になる場合に使う。

　例　•오늘은 몸도 아픈데 집에 가서 쉬세요.　今日は体も痛いので、家に帰って休んでください。

❷ 후행절의 내용이 선행절의 내용과 반대될 때 사용한다.
後続節の内容が先行節の内容と反対になる場合に使う。

　例　•열심히 공부했는데 시험을 못 봤어요.　一生懸命勉強したのに、試験がうまくいきませんでした。

❸ 선행절을 배경으로 후행절의 일을 할 때 사용한다.
先行節を背景に後続節の事がらをする場合に使う。

　例　•오늘 명동에 가는데 같이 갈래요?　今日、ミョンドンに行くのですが一緒に行きますか?

※ 다음 (　　　)에 들어갈 가장 알맞은 것을 고르십시오.

　　친구와 내가 운동장에서 축구를 (　　　　　) 선생님이 나를 부르셨다.

　① 하거나
　② 하는데
　③ 하면서
　④ 하든지

一生懸命したが、思い通りにうまくいかないという意味になる文章を探す問題である。①と②は一生懸命したため、思い通りに結果がよくないという意味で答えにならない。③はもし一生懸命していたら、思い通りいかないという、条件を表すため答えにならない。したがって、一生懸命しているにも関わらず思い通りうまくいかないという意味の④が正解である。

正解 ④

070 -는 탓에 ★★

1. 알아두기 　知っておこう

		-(으)ㄴ 탓에	-는 탓에
동사 動詞	먹다	먹은 탓에	먹는 탓에
	가다	간 탓에	가는 탓에

		-(으)ㄴ 탓에			인 탓에
형용사 形容詞	작다	작은 탓에	명사+이다 名詞+이다	학생	학생인 탓에
	크다	큰 탓에		교사	교사인 탓에

❶ 선행절 때문에 후행절에 안 좋은 결과가 올 때 사용한다.
先行節のせいで後続節に良くない結果が来る場合に使う。

> 例
> • 가: 왜 비행기가 아직 출발을 못 하지요?　どうして飛行機がまだ出発できないのですか?
> 　나: 눈이 많이 온 **탓에** 출발을 못 하고 있대요.
> 　　　雪がたくさん降ったため、出発できないそうです。
>
> • 회사 일이 바쁜 **탓에** 아이들과 놀아주지 못하는 아버지들이 많아요.
> 　会社の仕事が忙しいため、子供達と遊んであげられないお父さん達が多いです。

주의사항　注意事項

● '-는 탓이다'의 형태로 사용할 수 있다.
「-는 탓이다」の形で使うことができる。

> 例　공부하지 않은 탓에 시험에서 떨어졌어요.　勉強しなかったので、試験に落ちました。
> 　　= 시험에서 떨어진 것은 공부하지 않은 **탓이다**.

● 명령문이나 청유문과 같이 사용하지 않는다.　命令文や勧誘文と共に使わない。

unit 12
이유

2. 더 알아두기 　もっと知ろう

▶ '-는 탓에'는 '-는 바람에'⁰⁶⁴, '-는 통에'⁰⁷¹와 바꾸어 사용할 수 있다.
「-는 탓에」は「-는 바람에」、「-는 통에」に置き換えて使うことができる。

> 例
> • 늦잠을 잔 **탓에** 학교에 늦었어요.　寝坊したので学校に遅れました。
> 　= 늦잠을 자는 **바람에** 학교에 늦었어요.
> 　= 늦잠을 자는 **통에** 학교에 늦었어요.

070 -는 탓에 _207

3. 확인하기

※ 다음 밑줄 친 말과 바꾸어 쓸 수 있는 말을 고르십시오.

엄마가 화가 난 것은 제가 <u>시험을 못 봤기 때문이에요</u>.

① 시험을 못 본 적이 없어요
② 시험을 못 본 셈이에요
③ 시험을 못 봤을 뿐이에요
④ 시험을 못 본 탓이에요

解説

母親が怒った原因は、私のテストの結果が悪かったからである。①の「-은 적이 없다」は経験の有無を表し、②の「-는셈이다」は先行節と後続節の事がらが同じという意味の場合に使い、③の「-을 뿐이다」はある事がらを強調する場合に使うため、答えにならない。したがって、理由を表す「-는 탓이다」を使った④が正解である。

正解 ④

071 −는 통에 ★★

		−는 통에
동사 動詞	먹다	먹**는 통에**
	자다	자**는 통에**

❶ 선행절 때문에 후행절에 안 좋은 결과가 올 때 사용한다.
先行節のせいで後続節に良くない結果が来る場合に使う。

例 ▶ ・도서관에서 옆 사람이 계속 왔다 갔다 하**는 통에** 집중을 할 수가 없었어요.
図書館で隣の人がずっと行ったり来たりするせいで、集中出来ませんでした。

・룸메이트가 계속 떠드**는 통에** 잠을 잘 수가 없었다.
ルームメートがずっと騒いでいたせいで、眠れなかった。

・갑자기 비가 오**는 통에** 옷이 모두 젖었네요. 突然、雨が降ったせいで、服が全部濡れました。

주의사항 注意事項

● 명령문이나 청유문과 같이 사용하지 않는다. 命令文や勧誘文と共に使わない。

▶ '−는 통에'는 '−는 바람에'⁰⁶⁴, '−는 탓에'⁰⁷⁰와 바꾸어 사용할 수 있다.
「−는 통에」は「−는 바람에」、「−는 탓에」に置き換えて使うことができる。

例 ▶ ・늦잠을 자**는 통에** 학교에 늦었어요. 寝坊したので学校に遅れました。
= 늦잠을 자**는 바람에** 학교에 늦었어요.
= 늦잠을 잔 **탓에** 학교에 늦었어요.

unit 12
이유

※ 밑줄 친 부분과 바꾸어 쓸 수 있는 것을 고르십시오.

가: 어제 내가 부탁한 책 가지고 왔어요?
나: 미안해요. 아침에는 생각이 났는데, 애들이 하도 <u>시끄럽게 하는 바람에</u> 깜빡 잊어 버렸어요.

① 시끄럽게 하는 중에　　　　　② 시끄럽게 하는 통에

③ 시끄럽게 하는 데에　　　　　④ 시끄럽게 하는 김에

解説

子供達がうるさくしたため忘れたという内容の文章を探す問題である。①の「-는 중에」はある事をしている時を意味し、③の「-는 데에」は先行節の事柄をする場合、後続節が必要だということを意味するため、答えにならない。また、④の「-는 김에」はある事をする機会にという意味のため、答えにならない。したがって、否定的な理由を表す「-는 통에」を使った②が正解である。

正解 ②

072 –아/어서 그런지 ★★

		–아/어서 그런지
동사 動詞	받다	받아서 그런지
	싸우다	싸워서 그런지
형용사 形容詞	적다	적어서 그런지
	비싸다	비싸서 그런지

		(이)라서 그런지
명사+이다 名詞+이다	동생	동생이라서 그런지
	막내	막내라서 그런지

❶ 선행절이 후행절의 이유일 거라고 추측할 때 사용한다.
先行節が後続節の理由だろうと推測する場合に使う。

例 • 아이가 스트레스를 받**아서 그런지** 힘들어 보여요.
　　子供がストレスを受けたからか、大変そうに見えます。

• 날씨가 너무 추워**서 그런지** 길에 사람이 없어요.
　とても寒いからか、道に人がいません。

• 그 사람은 막내**라서 그런지** 정말 귀여워요.
　その人は末っ子だからか、本当にかわいいです。

주의사항 注意事項

● 문장의 끝에서는 '–아/어서 그럴 거예요'의 형태로 사용한다.
文末では「아/어서 그럴 거예요」の形で使う。

例 비가 많이 와서 **그런지** 백화점에 사람이 별로 없네요.
　雨がたくさん降ったからか、デパートに人があまりいませんね。

= 백화점에 사람이 별로 없는데 비가 많이 와서 **그럴 거예요**.

● 명령문이나 청유문과 같이 사용하지 않는다. 命令文や勧誘文と共に使わない。

※ 밑줄 친 부분에 들어갈 말로 알맞은 것을 고르십시오.

_____ 바람이 서늘해서 참 좋아요.

① 깊은 산 속 같지만 　　　　　② 깊은 산 속일 수가 있어야

③ 깊은 산 속이라서 그런지 　　④ 깊은 산 속이든지

解説

先行節には風が冷たい理由が来なければならない。①の「-지만」は対照、②の「-아/어야」は条件、④の「-든지」は選択を表すため、答えにならない。したがって、理由を表す「-아/어서 그런지」を使った ③ が正解である。

正解 ③

073 으로 인해(서) ★★

		(으)로 인해(서)
명사 名詞	환경오염	환경오염**으로 인해(서)**
	스트레스	스트레스**로 인해(서)**

❶ 선행절 때문에 후행절의 결과가 나올 때 사용한다.
先行節により後続節の結果が出る場合に使う。

例
- 환경오염**으로 인해서** 여러 가지 문제가 생기고 있다.
  環境汚染によって、いろいろな問題が生じている。

- 많은 초등학생이 스트레스**로 인해서** 고통을 받는다고 한다.
  多くの小学生達がストレスにより苦痛を受けるという。

- 어제 내린 비**로 인해** 교통사고가 난 지역이 많다.
  昨日降った雨によって交通事故が起こった地域が多い。

주의사항 注意事項

● 명령문이나 청유문과 같이 사용하지 않는다. 命令文や勧誘文と共に使わない。

※ 빈칸에 들어갈 말로 알맞은 것을 고르십시오.

가: 농촌에 있는 초등학교들이 문을 닫는 경우가 많아졌대요.
나: 네, 농촌의 인구 감소(　　　　　　　) 학교 다닐 아이들이 많이 줄었거든요.

① 로 인해서　　　　　　　　　　② 를 비롯해서
③ 를 위해서　　　　　　　　　　④ 에도 불구하고

解説

小学校が閉校する理由を説明する状況である。②の「-을 비롯해서」は羅列を表し、③の「-을 위해서」は目的を表し、④の「-아/어도 불구하고」は譲歩を表すため、答えにならない。したがって、理由を表す「-으로 인해서」を使った①が正解である。

正解 ①

unit 12
이유

074   -아/어 가지고 ★

I. 알아두기   知っておこう

		-아/어 가지고
동사 動詞	먹다	먹어 가지고
	자다	자 가지고
형용사 形容詞	작다	작아 가지고
	크다	커 가지고

		이어/여 가지고
명사+이다 名詞+이다	학생	학생이어 가지고
	교사	교사여 가지고

❶ 선행절이 후행절의 이유가 될 때 사용한다.
先行節が後続節の理由になる場合に使う。

例 ▶ ・동생이 화가 **나 가지고** 문을 세게 닫고 밖으로 나가 버렸어요.
　　　 弟(妹)が怒り、ドアを強く閉め外に出て行ってしまいました。

　　 ・새로 산 옷이 작**아 가지고** 바꾸러 가려고요.
　　　 新しく買った洋服が小さかったので、交換しに行こうと思います。

　　 ・제가 아직 고등학생**이어 가지고** 그 영화는 볼 수 없어요.
　　　 私がまだ高校生なので、その映画は見れません。

주의사항 注意事項

● '-아/어 갖고'의 형태로 사용할 수 있다. 「-아/어 갖고」の形で使うことができる。

　　例 우유가 상해 가지고 버렸어요. 牛乳が腐ったので捨てました。
　　　 = 우유가 상해 갖고 버렸어요.

● 명령문이나 청유문과 같이 사용하지 않는다. 命令文や勧誘文と共に使わない。

※ 다음 글의 밑줄 친 부분과 바꿔 쓸 수 있는 말을 고르십시오.

> 가: 황사가 <u>심해 가지고</u> 외출하기가 힘들어요.
> 나: 맞아요. 갈수록 황사가 심해져서 큰일이에요.

① 심하기 때문에

② 심한 덕분에

③ 심하기 위해서

④ 심하느라고

unit 12
이유

解説

先行節が後續節の理由になる表現を探す問題である。②の「-는 덕분에」は肯定的な理由で、③の「-기 위해서」は目的、④の「-느라고」は理由を表すが形容詞の場合は使えないため、不適切である。したがって、理由を表す「-기 때문에」を使った①が正解である。

正解 ①

075 하도 -아/어서 ★

1. 알아두기 知っておこう

		하도 -아/어서
동사 動詞	먹다	**하도 먹어서**
	자다	**하도 자서**
형용사 形容詞	많다	**하도 많아서**
	적다	**하도 적어서**

❶ 어떤 행동이나 상태의 정도가 아주 심한 것이 후행절의 이유가 될 때 사용한다.
ある行動や状態の程度がとてもひどいことが後続節の理由になる場合に使う。

例 ・가: 더 드세요. もっと召し上がってください。
　　나: 아니에요. **하도** 많이 먹**어서** 더 이상 못 먹겠어요.
　　　いいえ。あまりにもたくさん食べたので、これ以上食べられません。

　　・가: 과일을 많이 샀어요? 果物をたくさん買いましたか?
　　나: 아니요, 과일 값이 **하도** 비싸**서** 안 샀어요.
　　　いいえ、果物の値段があまりにも高いので買いませんでした。

주의사항 注意事項

● 명령문이나 청유문과 같이 사용하지 않는다. 命令文や勧誘文と共に使わない。

2. 확인하기 確認しよう

※ 다음 밑줄 친 부분과 의미가 비슷한 것을 고르십시오.

가: 왜 이렇게 늦게 왔어요?
나: 죄송해요. 차가 <u>하도 막혀서</u> 늦었어요.

① 많이 막혀도　　　　　　　　② 많이 막힌 덕분에
③ 많이 막힌다면　　　　　　　④ 많이 막히는 바람에

解説

車が込んでいたため遅れた状況である。①の「-아/어도」は譲歩、②の「-는 덕분에」は肯定的な理由、③の「-는다면」は条件のため、答えにならない。したがって、否定的な理由を表す「-는 바람에」を使った④が正解である。

正解 ④

216_ 075 하도 -아/어서

연습 문제 練習問題

1   다음 중 밑줄 친 부분에 가장 알맞은 것을 고르십시오.

가: 요즘 왜 이렇게 바빠요?
나: _____.

❶ 바쁠락 말락해서 그래요   ❷ 시험 공부를 하느라고 바빠요
❸ 여행을 갔더라면 좋았을 걸 그랬어요   ❹ 바쁜 일이 모두 끝났거든요   **063**

2   다음 밑줄 친 부분에 알맞은 말을 고르십시오.

가: 머리가 왜 이렇게 엉망이에요?
나: _____.

❶ 바람이 많이 불 테니까 조심하세요   ❷ 이렇게 눈이 오다가는 집에 갈 수 없겠어요
❸ 갑자기 바람이 부는 바람에 이렇게 되었어요   ❹ 막 비가 오려던 참이에요   **064**

3   다음 빈칸에 알맞은 말을 고르십시오.

상황 – 친구가 아파서 병문안을 다녀왔다.

가: 오늘 병원에 왜 다녀왔어요?
나: (   ) 병문안을 갔다 왔어요.

❶ 친구가 아프더라도   ❷ 친구가 아프고도
❸ 친구가 아프기에   ❹ 친구가 아프거든   **066**

unit **12**
이유

4   밑줄 친 부분 중 틀린 것을 골라 바르게 고치십시오.

오늘 같은 반 친구가 ①결석해서 오늘 숙제를 친구에게 ②전해줘야 했지만 우리 집과 친구 집은 너무 멀었다. 마침 다른 친구가 그 친구 집에 간다고 ③했길래 그 친구에게 대신 ④전해 달라고 부탁했다.

(→   )   **067**

연습 문제 練習問題

5 빈칸에 들어갈 말로 알맞은 것을 고르십시오.

> 가: 이번 발표를 성공적으로 마치셨다면서요?
> 나: _____.

① 발표 주제가 하도 어려워서요　　　　② 친구가 도와 준 반면에 저는 열심히 준비했어요
③ 열심히 하다 보면 잘 했어요　　　　④ 친구가 도와 준 덕분에 잘 할 수 있었어요

068

6 다음 밑줄 친 말과 바꾸어 쓸 수 있는 말을 고르십시오.

> 가: 왜 이렇게 시험을 못 봤어?
> 나: 그동안 아르바이트를 <u>하느라고</u> 공부할 시간이 없었어.

① 하길래　　　　　　　　　　② 한 탓에
③ 한 데다가　　　　　　　　　④ 한 덕분에

070

7 밑줄 친 곳에 들어갈 표현으로 알맞은 것을 고르십시오.

> 가: 오늘 굉장히 피곤해 보이네요. 어제 별로 못 주무셨어요?
> 나: 네, _____.

① 불면증이 심한 반면에 못 잤어요　　　　② 아기가 우느니 차라리 잠을 자요
③ 정말 잠을 잘 못 자는군요　　　　　　④ 옆집 개가 짖는 통에 잠을 못 잤어요

071

8 밑줄 친 곳에 들어갈 표현으로 알맞은 것을 고르십시오.

> 가: 요즘에 아버지나 어머니가 없는 아이들이 많다고 들었어요.
> 나: 네, 부모의 이혼_____ 한 부모 가정이 많이 늘었거든요.

① 으로 인해서　　　　　　　　② 에도 불구하고
③ 에 비해서　　　　　　　　　④ 을 비롯해서

073

9 밑줄 친 부분이 맞는 것을 고르십시오.

    ❶ 기분이 <u>안 좋아 가지고</u> 집에 갑시다.

    ❷ 친구가 <u>많다고 해도</u> 기분이 좋아요.

    ❸ 요즘 운동을 <u>많이 해서 그런지</u> 건강해졌어요.

    ❹ 작년에는 과일값이 <u>쌌더니</u> 올해는 비싸군요.   **074**

10 두 문장을 바르게 연결한 것을 고르십시오.

    직장을 옮겼다 / 전에 비해 일이 많다

    ❶ 직장을 옮긴다는 것이 전에 비해 일이 많다.

    ❷ 직장을 옮기는 김에 전에 비해 일이 많다.

    ❸ 직장을 옮겼는데 전에 비해 일이 많다.

    ❹ 직장을 옮기고서야 전에 비해 일이 많다.   **069**

11 밑줄 친 부분을 같은 의미로 바꾸어 쓴 것을 고르십시오.

    가: 아직도 집에 못 가고 일 하고 있어요?

    나: 그러게요. <u>내일 있을 회의 준비하느라고</u> 집에 갈 수가 없네요.

    ❶ 내일 회의가 어려운 감이 있어서

    ❷ 내일 회의를 준비할 정도로

    ❸ 내일 회의 준비 때문에

    ❹ 내일 회의 준비하더라도   **063**

12 밑줄 친 두 문장을 대화에 맞게 연결한 것을 고르십시오.

unit 12
이유

    가: 왜 어제 일을 다 못 끝냈어요?

    나: <u>친구가 놀러 왔다. 일을 할 시간이 없었다.</u>

    ❶ 친구가 놀러 오는 만큼 일을 할 시간이 없었어요

    ❷ 친구가 놀러 온 김에 일을 할 시간이 없었어요

    ❸ 친구가 놀러 오는 바람에 일을 할 시간이 없었어요

    ❹ 친구가 놀러 온 반면 일을 할 시간이 없었어요   **064**

13   다음 빈칸에 알맞은 말을 고르십시오.

출퇴근 시간이라 (   ) 버스 대신 지하철을 타고 집에 왔다.

❶ 길이 막히고서   ❷ 길이 막히기로

❸ 길이 막히다가는   ❹ 길이 막히기에   **066**

14   두 문장을 바르게 연결한 것을 고르십시오.

얼마나 피곤해요? / 점심때가 되도록 못 일어나요?

❶ 얼마나 피곤했으니까 점심때가 되도록 못 일어나요?

❷ 얼마나 피곤하다던데 점심때가 되도록 못 일어나요?

❸ 얼마나 피곤하냐면 점심때가 되도록 못 일어나요?

❹ 얼마나 피곤하길래 점심때가 되도록 못 일어나요?   **067**

15   두 문장을 바르게 연결한 것을 고르십시오.

좋은 음식을 먹다 / 건강해지다

❶ 좋은 음식을 먹는 대로 건강해졌다

❷ 좋은 음식을 먹은 덕분에 건강해졌다

❸ 좋은 음식을 먹은 척해서 건강해졌다

❹ 좋은 음식을 먹는 탓에 건강해졌다   **068**

16   다음 밑줄 친 표현 중 올바르게 사용된 것을 고르십시오.

❶ 그 사람이 나를 믿지 못하는 것은 <u>거짓말을 많이 했기 탓</u>이다.

❷ 열심히 <u>돈을 모은 탓</u>에 여행을 갈 수 있었다.

❸ <u>설날 탓</u>에 맛있는 음식을 많이 먹었다.

❹ 이번 시험에서 떨어진 것은 준비가 <u>부족했던 탓이다</u>.   **070**

17 밑줄 친 말과 바꾸어 사용할 수 있는 말을 고르십시오.

가: 제가 지난주에 빌려 준 책 가지고 왔어요?
나: 미안해요. 생각은 했는데 아침에 지각하지 않으려고 <u>서두르는 바람에</u> 깜빡했어요.

❶ 서두르는 덕분에   ❷ 서두르는 통에
❸ 서두르는 김에   ❹ 서두르는 반면에   **064 071**

18 빈칸에 들어갈 말로 알맞은 것을 고르십시오.

올해는 강풍과 폭우(   ) 농사를 짓는 분들의 피해가 심각하다.

❶ 야말로   ❷ 에 비해
❸ 로서   ❹ 로 인해   **073**

19 밑줄 친 부분에 들어갈 말을 고르십시오.

가: 영수 씨는 _____ 마음에 드는 사람이 별로 없어요.
나: 맞아요. 정말 이상형의 조건이 까다로운 것 같아요.

❶ 눈이 높아서 그런지   ❷ 눈이 높기만 하면
❸ 눈이 높아야지   ❹ 눈이 높은 셈치고   **072**

unit **12**
이유

20 다음 밑줄 친 말과 바꾸어 쓸 수 있는 말을 고르십시오.

가: 왜 언니랑 싸웠니?
나: 언니가 <u>하도 잔소리를 해서</u> 결국 싸우고 말았어.

❶ 잔소리를 한다는 것이   ❷ 계속 잔소리를 해 대서
❸ 잔소리를 많이 하다 보면   ❹ 잔소리를 하게 하니까   **075**

연습 문제 練習問題

21 다음 두 표현을 가장 알맞게 연결한 것을 고르십시오.

야구 경기를 보다 / 시간이 가는 줄 몰랐다

❶ 야구 경기를 볼수록 시간이 가는 줄 몰랐다.
❷ 야구 경기를 봤는데도 시간이 가는 줄 몰랐다.
❸ 야구 경기를 보자마자 시간이 가는 줄 몰랐다.
❹ 야구 경기를 보느라고 시간이 가는 줄 몰랐다. **063**

22 밑줄 친 문장과 같은 의미의 문장을 고르십시오.

가: 왜 비행기를 놓쳤어요?
나: <u>시간을 잘못 봐서 늦었어요.</u> 정말 속상해요.

❶ 시간을 잘못 보는 바람에 늦었어요
❷ 시간을 잘못 보는 반면에 늦었어요 **064**
❸ 시간을 잘못 보는 대로 늦었어요
❹ 시간을 잘못 보는 덕분에 늦었어요

UNIT 13

사동 使役

–이/히/리/기/우 ★★★

1. 알아두기 　知っておこう

① 어떤 사람이 다른 대상에게 무엇을 해 주거나 하게 하는 경우에 사용한다.
ある人が別の対象に何かをしてあげたり、させる場合に使う。

 例 ▶

· 엄마가 아기에게 밥을 먹**여** 주셨어요.
母が子供にご飯を食べさせてあげました。

· 팔을 다친 친구의 머리를 감**겨** 주었어요.
腕を怪我した友達の頭を洗ってあげました。

· 사동형은 '–이/히/리/기/우'를 사용하여 만든다.
使役形は「–이/히/리/기/우」を使って作る。

기본형 基本形	사동형 使役形	기본형 基本形	사동형 使役形	기본형 基本形	사동형 使役形	기본형 基本形	사동형 使役形	기본형 基本形	사동형 使役形
–다	–이다	–다	–히다	–다	–리다	–다	–기다	–다	–우다
끓다	끓이다	넓다	넓히다	날다	날리다	감다	감기다	깨다	깨우다
높다	높이다	눕다	눕히다	돌다	돌리다	남다	남기다	비다	비우다
먹다	먹이다	맞다	맞히다	살다	살리다	맡다	맡기다	서다	세우다
보다	보이다	앉다	앉히다	알다	알리다	벗다	벗기다	쓰다	씌우다
붙다	붙이다	읽다	읽히다	울다	울리다	숨다	숨기다	자다	재우다
속다	속이다	입다	입히다			신다	신기다	타다	태우다
죽다	죽이다					씻다	씻기다		
줄다	줄이다					웃다	웃기다		
끝나다	끝내다								

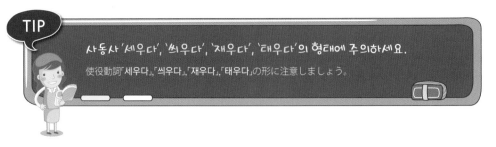

TIP

사동사 '세우다', '씌우다', '재우다', '태우다'의 형태에 주의하세요.
使役動詞「세우다」、「씌우다」、「재우다」、「태우다」の形に注意しましょう。

주의사항 注意事項

● '읽히다, 보이다, 날리다' 등은 사동과 피동[102]의 형태가 같다.
「읽히다, 보이다, 날리다」は使役と受け身の形が同じである。

- 선생님께서 학생에게 책을 읽혔어요. (사동)
  先生が学生に本を読ませました。(使役)

- 이 책은 인기가 많아서 사람들에게 많이 읽혀요. (피동)
  この本は人気があり多くの人に読まれます。(受け身)

 ▶ 사동형 '-이/히/리/기/우'와 '-게 하다'⁰⁷⁷의 문법 비교

使役「-이/히/리/기/우」と「-게 하다」の文法比較

'-이/히/리/기/우'는 시키는 사람이 직접 행동을 하는 경우에 많이 사용하고 '-게 하다'는 시키는 사람이 직접 행동을 하지 않고 다른 대상에게 시키는 경우에 많이 쓰인다.

「-이/히/리/기/우」はさせる人が直接、行動する場合に多く使い、「-게 하다」はさせる人が実際行動せず、他の対象にさせる場合に多く使われる。

- 엄마가 아파서 혼자 밥을 못 먹는 동생에게 밥을 먹이고 계세요.
  母が具合いが悪いため、一人でご飯を食べられない弟(妹)にご飯を食べさせています。

- 엄마가 밥을 안 먹고 텔레비전을 보고 있는 동생에게 밥을 먹게 하셨어요.
  母がご飯を食べずに、テレビを見ている弟(妹)にご飯を食べさせました。

※ 다음 밑줄 친 부분이 잘못된 것을 고르십시오.

① 엄마가 아기한테 밥을 <u>먹이고</u> 있어요.
② 바지가 너무 길어서 길이를 좀 <u>줄이고</u> 싶어요.
③ 거짓말로 친구를 <u>속이는</u> 것은 나쁜 행동이에요.
④ 도로가 좁아서 길을 <u>넓이는</u> 공사를 하고 있어요.

unit 13
사동

解説

使役の正しい形を知る事が重要な問題である。④の「넓이는」は間違った使役表現で、「넓히는」にかえなければならない。したがって④が正解である。

正解 ④

077 -게 하다 ★★

		-게 하다
동사 動詞	먹다	먹게 하다
	가다	가게 하다

❶ 어떤 사람이 다른 대상에게 어떤 일을 하게 할 때 사용한다.
ある人が他の対象に何らかの事をするようにさせる時に使う。

例 ・선생님이 학생들에게 책을 큰 소리로 읽게 했어요.
先生が私を笑わせました。

・화가 많이 나신 할아버지는 우리를 방에 들어오지 못하게 하셨어요.
怒り心頭の祖父は、私達を部屋に入れないようにしました。

2. 더 알아두기　もっと知ろう

▶ '-게 하다'는 사동의 '-도록 하다'⁰⁷⁸와 바꾸어 사용할 수 있다.
「-게 하다」は使役の「-도록 하다」に置き換えて使うことができる。

例 ・의사는 환자에게 짠 음식을 먹지 않게 했다.　医者は患者に塩気の強い食べ物を食べないようにさせた。
= 의사는 환자에게 짠 음식을 먹지 않도록 했다.

 ▶ '-게 하다'와 사동형 '-이/히/리/기/우'⁰⁷⁶의 문법 비교 (P. 225)
「-게 하다」と使役形「-이/히/리/기/우」との文法比較

3. 확인하기　確認しよう

※ 밑줄 친 부분과 바꾸어 쓸 수 있는 것을 고르십시오.

실험용 흰쥐에게 소금을 많이 먹게 했더니 이들의 수명이 다른 쥐들에 비해 짧아졌다고 한다.

① 먹도록 했더니　　　　　　② 먹게 시켰더니
③ 먹게 되었더니　　　　　　④ 먹도록 시켰더니

解説

「-게 하다」にかえて使える使役表現を探す問題である。③は変化の意味を表しており、②と④は人が鼠に何かを「させる」
という意味上、不可能なため答えにならない。鼠が望んで塩を食べるのではなく、人に食べさせられたという意味の文
を探さなければならないため①が正解である。

正解 ①

078 -도록 하다 ★

1. 알아두기 知っておこう

		-도록 하다
동사 動詞	읽다	읽**도록** 하다
	가다	가**도록** 하다

❶ 어떤 사람이 다른 대상에게 어떤 일을 하게 할 때 사용한다.
ある人が他の対象に何らかの事をするようにさせる時に使う。

> 例 ・선생님께서 학생들에게 청소를 하**도록** 했어요. 先生が学生達に掃除をさせました。
>
> ・아버지는 제가 잠들기 전에 꼭 음악을 듣**도록** 하셨어요.
>　父は私に眠る前に必ず音楽を聞くようにさせました。
>
> ・어머니는 제가 일찍 집에 들어오**도록** 하셨어요. 母は私に早く家に帰ってくるようにしました。

2. 더 알아두기 もっと知ろう

▶ '-도록 하다'는 사동의 '-게 하다'⁰⁷⁷와 바꾸어 사용할 수 있다.
「-도록 하다」は使役の「-게 하다」に置き換えて使うことができる。

> 例 ・의사는 환자에게 짠 음식을 먹지 않**도록** 했다. 医者は患者に塩気の強い物を食べないようにさせた。
> = 의사는 환자에게 짠 음식을 먹지 않**게** 했다.

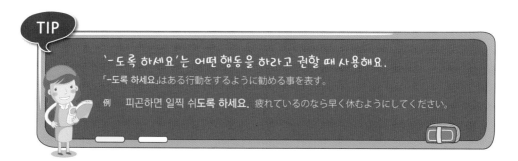

TIP

'-도록 하세요'는 어떤 행동을 하라고 권할 때 사용해요.
「-도록 하세요」はある行動をするように勧める事を表す。

例 피곤하면 일찍 쉬**도록** 하세요. 疲れているのなら早く休むようにしてください。

unit 13
사동

※ (　　)에 들어갈 적당한 말을 고르십시오.

　가: 내일부터는 정식으로 일이 시작된대요.
　나: 그럼, 내일부터는 (　　　　　　　　) 해야 하겠네요.

　① 늦지 않는다면　　　　　　② 늦지 않도록
　③ 늦지 않는 데다가　　　　　④ 늦지 않으니까

1   다음 밑줄 친 부분에 가장 알맞은 것을 고르십시오.

   가: 이 식당은 2만 원만 내면 자기가 먹고 싶은 대로 다 먹을 수 있으니까 좋아요.
   나: 맞아요. 하지만 만약 음식을 _____ 벌금을 내야 하니까 먹을 만큼만 가져 오세요.

   ❶ 남으면   ❷ 담으면
   ❸ 남기면   ❹ 담기면   076

2   다음 밑줄 친 부분과 바꾸어 쓸 수 있는 것을 고르십시오.

   가: 아이가 많이 아픈데 학교에 보내야 할까요?
   나: 아이가 아프면 집에서 쉬도록 하고 좋아지면 다시 보내세요.

   ❶ 쉬게 하고   ❷ 쉬면 안 되고
   ❸ 쉬게 되고   ❹ 쉰다기보다는   077 078

3   다음 대화를 읽고 밑줄 친 곳을 알맞게 고쳐 쓰십시오.

   가: 어제 넘어져서 팔을 다쳤다면서요? 좀 어때요?
   나: 팔을 못 움직여서 어머니가 밥을 먹다 주세요

   (   )   076

4   다음 밑줄 친 부분을 알맞게 고쳐 쓴 것을 고르십시오.

   중요한 소식이 ㉠적고 있으니까 이 종이를 꼭 벽에 ㉡붙어 주세요.

unit 13
사동

        ㉠   ㉡   ㉠   ㉡
   ❶ 적혀   붙여   ❷ 적혀   붙혀
   ❸ 적여   붙여   ❹ 적여   붙혀   076

5   다음 중 밑줄 친 부분이 <u>틀린 것</u>을 고르십시오.

    ❶ 어머니가 우는 아이를 힘들게 <u>재운다</u>.

    ❷ 버스는 손님을 <u>태우고</u> 고속도로를 달렸다.

    ❸ 선생님은 그 소식을 학생들에게 <u>알렸다</u>.

    ❹ 의사는 죽어가는 환자를 <u>살였다</u>.

6   다음 중 밑줄 친 부분과 바꾸어 쓸 수 있는 것을 고르십시오.

    어떤 조사에 따르면 코미디언들이 우울증에 잘 걸린다고 한다. 그 기사를 보고 다른 사람을 <u>웃게 하는 것</u>이 직업인 코미디언들이 우울증을 앓는다는 것에 깜짝 놀랐다.

    ❶ 웃는 것   ❷ 웃기는 것

    ❸ 웃어 주는 것   ❹ 웃을 수 있는 것

기회 機会

079 -는 김에 ★★★

1. 알아두기 知っておこう

		-(으)ㄴ 김에	-는 김에
동사	입다	입은 김에	입는 김에
動詞	가다	간 김에	가는 김에

❶ 어떤 행동을 하는 기회에 후행절의 일을 한다는 의미이다.
ある行動をする機会に後続節のことをするという意味である。

> 例 ▶ · 가: 파리에 다녀왔다고 들었는데, 여행간 거야?
> パリに行って来たと聞いたけど、旅行に行って来たの?
> 나: 사실 파리에 출장 갔는데, 출장 간 김에 주말에는 여행도 했어.
> 実はパリに出張に行ったんだけど、出張に行ったついでに週末は旅行もしてきたよ。
>
> · 내 옷을 사는 김에 네 옷도 하나 샀어. 私の服を買うついでに、君の服も一つ買ったよ。

2. 더 알아두기 もっと知ろう

 ▶ '-는 김에'와 '-는 길에'⁰⁸⁰의 문법 비교 「-는 김에」と「-는 길에」の文法比較

'어떤 곳에 가거나 오는 기회에'라는 뜻의 '-는 길에'는 '-는 김에'와 바꾸어 사용할 수 있다.
「어떤 곳에 가거나 오는 기회에」という意味の「-는 길에」は「-는 김에」に置き換えて使うことができる。

> 例 ▶ · 우체국 가는 김에 내 편지도 좀 부쳐 줘. 郵便局に行くついでに私の手紙も出して。
> = 우체국에 가는 길에 내 편지도 좀 부쳐 줘.

'어떤 곳에 가거나 오는 도중에'라는 뜻의 '-는 길에'는 '-는 김에'와 바꾸어 사용할 수 없다.
「어떤 곳에 가거나 오는 도중에」という意味の「-는 길에」は「-는 김에」に置き換えて使うことができない。

> 例 ▶ · 대사관에 갔다 오는 길에 반 친구를 만났어요. (O) 大使館に行って来る途中でクラスの友達に会いました。
> 대사관에 갔다 오는 김에 반 친구를 만났어요. (X)

 ▶ '-는 김에'와 '-을 겸 (-을 겸)'⁰³⁸의 문법 비교 「-는 길에」と「-을 겸 (-을 겸)」の文法比較

'-을 겸 (-을 겸)'이 두 가지 목적을 나타내기 위해서인 것과 달리 '-는 김에'는 선행절의 행동
을 하는 기회에 후행절의 행동을 같이 한다는 의미가 있다.
二つの目的を表すための「-는 길에」と違い、「-을 겸 (-을 겸)」は先行節の行動をする機会に後続節の行動を一緒にするという
意味がある。

> 例 ▶ · 유럽에 출장을 간 김에 거기서 유학 중인 친구를 만났다.
> ヨーロッパへ出張に行くついでに、そこで留学中の友達に会った。
>
> · 숙제를 하는 김에 내 숙제도 해 주면 안 될까?
> 宿題をするついでに私の宿題もやってくれない?

※ 밑줄 친 부분을 같은 의미로 바꾸어 쓴 것을 고르십시오

　　가: 왜 이렇게 늦었어요?
　　나: 시내에 나간 김에 친구 좀 만나느라고요.

　　① 시내에서 갑자기 친구를 만나게 되어서요
　　② 시내에서 볼 일도 보고 친구도 만나서요
　　③ 시내에서 일하는 친구가 갑자기 나오라고 해서요
　　④ 시내에서 볼 일을 보려면 친구를 만나야 되어서요

解説

遅れた理由について市内に出たことを機会に友達に会ったということを言っている。①は突然友達に会ったということなので答えにならず、③も突然友達が呼んだということで答えにならない。そして、④はあることのために友達に会わなければならないということで答えにならない。したがって、市内に出て用事も済ませ、友達にも会ったことを表す②が正解である。

正解 ②

080 | -는 길에 ★★

		-는 길에
동사 動詞	가다	가는 길에
	오다	오는 길에

❶ '가거나 오는 도중에'의 의미이다. 「行ったり来たりする途中に」の意味である。

> 例 ・어제 학교에 가는 길에 친구를 만났다. 昨日、学校に行く途中に友達に会った。
>
> ・집에 오는 길에 편의점에 들러서 우유를 샀어요.
> 家に帰る途中にコンビニエンスストアに寄って牛乳を買いました。

❷ '가거나 오는 상황을 기회로 해서'의 의미이다.
「行ったり来たりする状況を機会にして」の意味である。

> 例 ・집에 오는 길에 빵 좀 사다 줘요. 家に帰る時、パン買ってきてください。
>
> ・나가는 길에 쓰레기 좀 버려 줘요. 出る時、ゴミ捨ててください。

주의사항 注意事項

● 이 문법 앞에는 '가다', '오다' 동사만 올 수 있다.
この文法の前には「가다」、「오다」の動詞だけ来ることができる。

● '-는 길이다'의 형태로도 사용할 수 있다. 「-는 길이다」の形でも使うことができる。

> 例 나는 지금 은행에 가는 길이에요. 私は今、銀行に行く途中である。

▶ '-는 길에'와 '-다가'026의 문법 비교 (P. 86) 「-는 길에」と「-다가」の文法比較

▶ '-는 길에'와 '-을 겸 (-을 겸)'⁰³⁸의 문법 비교 (P. 112) 「-는 길에」と「-을 겸 (-을 겸)」の文法比較

 ▶ '-는 길에'와 '-는 김에'⁰⁷⁹의 문법 비교 (P. 232) 「-는 길에」と「-는 김에」の文法比較

3. 확인하기　確認しよう

※ 밑줄 친 부분과 바꾸어 사용할 수 있는 것을 고르십시오.

가: 꽃이 참 예쁘네요. 누구한테서 받으셨어요?
나: 받은 게 아니에요. <u>오는 길에</u> 예뻐서 샀어요.

① 오기로
② 오다가
③ 오느라고
④ 오기 위해

解説

「-는 길에」に置き換えて使うことができる表現を探す問題である。①の「-기로」は後ろに「하다」、「정하다」と共に使い「결정하다」の意味を表すため答えにならない。③の「-느라고」は理由を表す表現のため答えにならず、④の「-기 위해」は目的を表す表現のため答えにならない。したがって、「오는 도중에」を意味する「-다가」を使う②が正解である。

正解 ②

연습 문제 練習問題

1 다음 밑줄 친 부분과 바꾸어 쓸 수 있는 것을 고르십시오.

> 가: 어제 명동에 갔다면서요? 무슨 일로 갔어요?
> 나: 일 때문에 갔어요. 그런데 <u>명동에 간 김에</u> 쇼핑도 좀 했어요.

❶ 일을 하고 쇼핑도 했어요
❷ 일 하다가 쇼핑을 했어요
❸ 일을 하면 쇼핑을 하곤 했어요
❹ 일 하는 중에 쇼핑하기 마련이에요 **079**

2 밑줄 친 부분과 바꿔 쓸 수 있는 것을 고르십시오.

> 가: 다리를 다친 것 같은데 괜찮아요? 어떻게 다치신 거예요?
> 나: 괜찮아요. 학교 <u>가는 길에</u> 미끄러워 넘어졌어요.

❶ 가더니
❷ 가다가
❸ 가느라고
❹ 가면서도 **080**

3 다음 (   )에 알맞은 말을 고르십시오.

> 가: 혜경 씨에게 이 책을 빌려 주기로 했는데 시간이 없어서 갖다 주기가 어렵네요.
> 나: 그래요? 오늘 혜경 씨 집에 가기로 했는데, (   ) 내가 갖다 줄게요.

❶ 가는 김에
❷ 가기 때문에
❸ 가는 바람에
❹ 가기 위해 **079**

4 다음 밑줄 친 부분 중 <u>틀린 것</u>을 찾아 바르게 고쳐 쓰십시오.

> 비자를 ①<u>연장하기 위해</u> 대사관에 갔다. ②<u>오는 김에</u> 지영 씨를 만났다. 처음 한국에 왔을 때 지영 씨 ③<u>덕분에</u> 한국 생활에 빨리 적응할 수 있었다. 지영 씨가 ④<u>없었더라면</u> 정말 어떻게 그 시간을 참아냈을까 생각한다.

(→   ) **080**

5 밑줄 친 곳에 들어갈 알맞은 것을 고르십시오.

가: _____ 뭘 사 올까요?
나: 수박을 사 가지고 오세요.

❶ 지금 시장에 가는 사이에   ❷ 지금 시장에 가는 길인데
❸ 지금 시장에 가는 대신에   ❹ 지금 시장에 가는 반면에   **080**

TOPIKに出題された韓国文化

ハヌル公園 (空の公園)

　みなさん、「ハヌル公園」をご存知ですか？ ハヌル公園は、2002年日韓ワールドカップを記念して作られた公園で、ごみの埋立地を自然の生態系へと再生して作られました。都市の生活廃棄物で汚染された自然の生態系を元に戻すのには3年ほどかかったそうです。 ハヌル公園は生態環境を再生する目的で作られたため、人工的な便宜施設はほとんどなく、売店もないため、飲食物は各自持参しなければなりません。これは、便宜施設や売店から出るごみによって自然環境がまた汚染されてしまうことが懸念されたからでしょう。では、トイレはどうでしょうか。ご安心ください。トイレは、簡易トイレが設置されており、また、障碍者専用トイレも用意されています。このほか、ハヌル公園が他の公園と一線を画しているのは、自然エネルギーを利用している点でしょう。ハヌル公園では、五つの巨大な風車で100kwの電力を生産し、施設内のエネルギー源として使用し、また、ごみの山から発生するメタンガスを精製処理してワールドカップ競技場をはじめとした周辺地域へ天然ガス燃料を供給しています。

관형 連体形

1. 알아두기 知っておこう

		-던
동사 動詞	먹다	먹던
	가다	가던
형용사 形容詞	작다	작던
	예쁘다	예쁘던

		(이)던
명사+이다 名詞+이다	학생	학생이던
	친구	친구던

❶ 뒤에 오는 명사를 꾸며 주며 회상을 나타낸다.
後ろに来る名詞を修飾し、回想を表す。

> 例 ▶ ・부모님과 헤어져 유학을 가던 날 비행기 안에서 많이 울었어요.
> 両親と別れて留学に行った日、飛行機の中でたくさん泣きました。
>
> ・태어났을 때 그렇게 작던 아이가 벌써 고등학생이 되었다.
> 生まれた時、あんなに小さかった子がもう高校生になった。

❷ 뒤에 오는 명사를 꾸며 주며 상태가 계속되어 아직 끝나지 않은 일을 나타낸다.
後ろに来る名詞を修飾し、その状態が続いていることを表す。

> 例 ▶ ・가: 내가 마시던 커피가 어디 갔지? 私が飲んでいたコーヒーはどこに行ったかな?
> 나: 미안해. 모르고 아까 버렸어. ごめん。知らずに、さっき捨てちゃった。
>
> ・가: 아, 배고프다. 뭐 먹을 게 없나? ああ、お腹すいた。何か食べるものないかな?
> 나: 내가 먹던 빵이라도 먹을래? 私が食べていたパンでも食べる?

❸ 과거에 자주 한 일을 회상해서 말할 때 사용한다.
過去によくした事柄を回想して表す時に使う。

> 例 ▶ ・저 노래방은 내가 대학생 때 자주 가던 곳이에요.
> あのカラオケは、私が大学生の時によく行っていた所です。
>
> ・그 식당은 제가 예전에 주말마다 가던 곳이에요.
> その食堂は私が以前、週末の度に行っていた所です。

2. 더 알아두기 もっと知ろう

 ▶ '-던'과 '-았/었던'⁰⁸³의 문법 비교 「-던」と「-았/었던」の文法比較

과거에 한 번만 한 일에 대해서는 '-았/었던'만 사용할 수 있다.
過去に一度だけ行った事柄については、「-았/었던」のみ使うことができる。

> 例 ▶ ・우리가 처음 데이트할 때 만났던 곳이에요. (O) 私達が初めてデートした時に会った所です。
>
> ・우리가 처음 데이트할 때 만나던 곳이에요. (X)

▶ '-던'과 '-(으)ㄴ('-는'의 과거형)'⁰⁸² 의 문법 비교 「-던」と「-(으)ㄴ(「-는」の過去形)」の文法比較

'-던'은 상태가 계속되어 아직 끝나지 않은 일을 말하고 '-(으)ㄴ'은 과거에 이미 끝난 행동을 말할 때 사용한다.

「-던」はある状態が続いていることを表し、「-(으)ㄴ」は過去のすでに終わった行動を表す時に使う。

例 ▶ ・그것은 어제 내가 먹**던** 빵이야.　それは昨日、私が食べていたパンだ。
　　(그 빵은 어제 내가 다 먹지 않고 남겨 놓은 빵이라는 뜻이다.)
　　(「そのパンは昨日、私が全部食べずに残しておいたパン」という意味)

　　・그것은 어제 내가 먹**은** 빵이야.　それは昨日、私が食べたパンだ。
　　(그 빵은 어제 내가 다 먹은 빵과 같은 종류의 빵이라는 뜻이다.)
　　(「そのパンは昨日、私が食べたパンと同じ種類のパン」という意味)

3. 확인하기 　確認しよう

※ 밑줄 친 것 중에서 틀린 것을 고르십시오.

① 내가 <u>타던</u> 자동차를 친구에게 팔았다.
② 며칠 전에 <u>가던</u> 집인데 도무지 찾을 수 없다.
③ 언니가 결혼식 때 <u>입었던</u> 드레스를 내게 주었다.
④ 이 사진을 <u>찍었던</u> 장소가 어디인지 기억나지 않는다

解説

過去に一度だけ行った事柄には「-던」が使えず、「-았/었던」の形をとる。したがって②は「가던」を「갔던」にかえなければならないので、正解は②である。

正解 ②

082 -는 ★★

1. 알아두기　　知っておこう

		-(으)ㄴ	-는	-(으)ㄹ
동사 動詞	먹다	먹은	먹는	먹을
	가다	간	가는	갈

		-(으)ㄴ			인
형용사 形容詞	작다	작은	명사+이다 名詞+이다	학생	학생인
	크다	큰		친구	친구인

❶ 뒤에 오는 명사를 꾸며 주는 표현이다. 後ろに来る名詞を修飾する表現である。

　例 · 가: 저기 가는 사람이 이 선생님이신가요? あそこを歩いている人はイ先生ですか？
　　　나: 네, 그리고 옆에 있는 사람은 김 선생님이신 것 같아요.
　　　　　はい。それから、横にいる人はキム先生のようです。

　　· 어제 간 식당에 다시 찾아 갈 수 있겠어요?
　　　昨日行った食堂に、もう一度行けますか？

　　· 저는 작고 귀여운 자동차를 사고 싶어요. 私は小さくてかわいい自動車を買いたいです。

　　· 여행을 가서는 배탈이 나지 않도록 항상 먹는 것을 조심해야 해요.
　　　旅行に行ってお腹をこわさないように、いつも食べるものに気を付けなければいけません。

2. 더 알아두기　　もっと知ろう

 ▶ '-(으)ㄴ'('-는'의 과거형)'과 '-던'⁰⁸¹의 문법 비교 (P. 241)

「-(으)ㄴ」(「-는」の過去形)と「-던」の文法比較

※ 다음 밑줄 친 것 중에 틀린 것을 찾아 고치십시오.

<u>10년 만에</u> <u>만날</u> 친구와 <u>이야기하느라고</u> 약속 시간에 못 나갔어요.

(→   )

解説

友達に会ったというのはすでに起きた事実であるから、過去を表す「만난」を使わなければならない。

正解 만날 → 만난

083 −았/었던 ★

I. 알아두기　知っておこう

		−았/었던
동사 動詞	먹다	먹었던
	가다	갔던
형용사 形容詞	작다	작았던
	예쁘다	예뻤던

		이었/였던
명사+이다 名詞+이다	학생	학생이었던
	친구	친구였던

① 뒤에 오는 명사를 꾸며 주며 어떤 일에 대한 회상을 나타낸다.
後ろに来る名詞を修飾し、ある事柄に対する回想を表す。

例 ・ 초등학교 때 친구들과 먹**었던** 아이스크림 맛은 잊을 수가 없어요.
小学生の時、友達と食べたアイスクリームの味は忘れられません。

・ 제가 어릴 때 가장 좋아**했던** 동화가 영화로 만들어진대요.
私が幼かった頃、一番好きだった童話が映画として作られるそうです。

② 뒤에 오는 명사를 꾸며 주며 어떤 일의 상태가 끝난 일을 나타낸다.
後ろに来る名詞を修飾し、ある状態が終わったことを表す。

例 ・ 가: 최근에 읽**었던** 책 중에서 재미있는 책 있어요?
最近読んだ本の中で、おもしろかった本はありますか?
나: 네, 이 책이 재미있어요. 한번 읽어 보세요.
はい。この本がおもしろいです。一度読んでみてください。

③ 과거에 한 번만 한 일을 회상할 때 사용한다.
過去に一度だけした事柄を回想する時に使う。

例 ・ 가: 우리가 처음 만**났던** 장소가 생각나요?　私達が初めて出会った場所を思い出しますか?
나: 그럼요.　もちろんです。

2. 더 알아두기　もっと知ろう

 ▶ '−았/었던'과 '−던'**081**의 문법 비교 (P. 240) 「−았/었던」と「−던」の文法比較

토픽에서는 '-던'과 '-았/었던'을 구별하는 문제가 자주 나와요.
TOPIKでは「-던」と「-았/었던」を区別する問題がよく出ます。

이때 우리는 그 일이 과거에 한 번 일어난 일인지, 여러 번 일어난 일인지 생
각해 봐야 해요. 만약 그 일이 과거에 한 번 일어났다면 '-았/었던'이 정답이
고 그 일이 여러 번 일어났다면 '-던'과 '-았/었던'이 둘 다 가능하지요.
この時、私達は過去に一度起こったことか、何回か起こったことかを考える必要があります。
もし、過去に一度起こったことなら「-았/었던」が正解となり、何回か起こったことなら「-던」と
「-았/었던」の両方を使うことができます。

토픽에는 주로 과거에 한 번 일어났던 일에 대해서 묻는 질문이 나와요.
TOPIKでは主に、過去に一度だけ起きた事柄について問う質問が出題されます。

例   여기가 우리가 처음 만났던 장소예요. (O) ここが私達が初めて会った場所です。
    여기가 우리가 처음 만나던 장소예요. (X)

3. 확인하기   確認しよう

※ 괄호 안에 알맞은 것을 고르십시오.

가: 어디에서 점심 먹을까?
나: 어제 (   ) 데에서 또 먹자.

① 가는   ② 가던
③ 갔을   ④ 갔던

解説

昨日、お昼を食べた所で食べようという意味になる表現を探す問題である。①の「-는」は現在を表す。②の「-던」は過去を表すが、一度しか行ったことのない行動には使えない。③の「-았/었을」は過去の事柄を推測する文法である。④の「-았/었던」は、②とは違い、過去に一度した行動を表す。したがって、④が正解である。

正解 ④

unit 15
관형

1   빈칸에 알맞은 것을 고르십시오

         가: 상훈 씨, 어디에서 만날까요?

         나: 지난 주에 _____ 식당 알죠? 거기에서 만나요.

         ❶ 만나는   ❷ 만나던

         ❸ 만났을   ❹ 만났던   **081**

2   다음 밑줄 친 것 중에 <u>틀린 것</u>을 찾아 고치십시오.

         물건을 사기 전에 ①<u>미리</u> ②<u>산</u> 물건들을 ③<u>정리해서</u> ④<u>쇼핑하면</u> 과소비를 줄일 수 있다.

         (→   )   **082**

3   다음 밑줄 친 부분이 맞는 것을 고르십시오.

         ❶ 공항에 <u>내리는가 하면</u> 전화할게요.

         ❷ 오늘 아침에 늦게 <u>일어나느라고</u> 버스를 놓쳤다.

         ❸ 먹어 <u>보더니</u> 소금 대신 설탕을 넣은 것 같았다.

         ❹ 여기는 내가 처음 그 사람의 선물을 <u>샀던</u> 곳이에요.   **083**

4   다음 밑줄 친 것 중에 <u>틀린 것</u>을 찾아 고치십시오.

         그동안 ①<u>준비하는</u> 시험에 떨어졌다. 이번에 시험에 떨어지면 고향에 ②<u>돌아갈까 했었다</u>. 그런데 시험에 떨어지고 나서 ③<u>생각해 보니까</u> 이번 시험 준비는 열심히 하지 않은 것 같았다. 그래서 내년에 한번 더 시험을 ④<u>보기로</u> 했다.

         (→   )   **082**

5   (   ) 안에 들어갈 알맞은 것을 고르십시오.

         아버지께서는 매일 (   ) 건강을 다시 찾으셨습니다.

         ❶ 운동하시던 끝에   ❷ 운동하시던 탓에

         ❸ 운동하시는 대신에   ❹ 운동하시는 반면에   **081**

UNIT 16

반복 反復

084 -곤 하다 ★★

		-곤 하다
동사 動詞	먹다	먹곤 하다
	만나다	만나곤 하다

❶ 어떤 행동이나 상황이 반복적으로 일어나는 것을 나타낸다.
　ある行動や状況が反復的に起こることを表す。

例 ▶ ・초등학교 때 친구들과 함께 공원에 가곤 했어요.
　　　小学校の頃、友達と一緒に公園に行ったりしました。

　　・고향 음식을 먹을 때는 어머니가 생각나곤 해요.
　　　郷土の料理を食べる時は母を思い出したりします。

　　・대학 때는 친구들과 자주 만나곤 했는데 요즘은 바빠서 잘 못 만나고 있어요.
　　　大学の時は友達とよく会ったりしましたが、最近は忙しくて会えていません。

2. 더 알아두기　もっと知ろう

▶ '-곤 하다'는 '-기 일쑤이다'⁰⁸⁵와 바꾸어 사용할 수 있다.
　「-곤 하다」は「-기 일쑤이다」に置き換えて使うことができる。

例 ▶ ・어렸을 때 항상 뛰어다녀서 넘어지곤 했다. 幼い時、いつも走り回り転んだりした。
　　 = 어렸을 때 항상 뛰어다녀서 넘어지기 일쑤였다.

3. 확인하기　確認しよう

※ 밑줄 친 부분이 틀린 문장을 고르십시오.

　① 이번 방학에 고향에 돌아가기로 했어요.
　② 어렸을 때 엄마가 만들어 주신 빵을 먹었곤 했어요.
　③ 맛이 없을 줄 알았는데 생각보다 먹을만 하네요.
　④ 동생이 숙제는 안하고 게임을 하기만 해요.

解説

文法の使い方を間違った文章を選ぶ問題である。②の「-곤 하다」は常に現在形でのみ使うため間違った文章で、「먹곤 했다」に直し使わなければならない。したがって②が正解である。

正解 ②

085 -기 일쑤이다 ★

1. 알아두기 知っておこう

		-기 일쑤이다
동사 動詞	먹다	먹**기 일쑤이다**
	가다	가**기 일쑤이다**

❶ 어떤 일이 자주 일어날 때 사용한다. ある事がよく起こる時に使う。

例
- 나는 자주 늦잠을 자서 학교에 지각하**기 일쑤이다**.
  私はよく寝坊し、学校に遅刻しがちだ。

- 사람들 앞에서 발표를 할 때는 너무 긴장돼서 할 말을 잊어버리**기 일쑤예요**.
  人前で発表する時は緊張しすぎて、言うことを忘れてしまいがちです。

- 그 친구와 나는 성격이 많이 달라서, 어렸을 때 만나기만 하면 싸우**기 일쑤였다**.
  その友達と私は性格がとても違い、幼い頃、会えば喧嘩するのが常だった。

주의사항 注意事項

● 주로 부정적인 의미로 사용한다. 主に否定的な意味で使う。

例 그 사람은 성실해서 다른 사람들에게 칭찬받기 **일쑤이다**. (X)
　　(긍정적인 의미) (肯定的な意味)

2. 더 알아두기 もっと知ろう

▶ '-기 일쑤이다'는 '-곤 하다'⁰⁸⁴와 바꾸어 사용할 수 있다.
「-기 일쑤이다」は「-곤 하다」に置き換えて使うことができる。

例
- 어렸을 때 항상 뛰어다녀서 넘어지**기 일쑤였다**. 幼い時、いつも走り回りよく転んだ。
  = 어렸을 때 항상 뛰어다녀서 넘어지**곤 했다**.

※ 밑줄 친 문장과 의미가 같은 것을 고르십시오.

> 가: 요즘에는 한국 생활에 불편함이 없으신 것 같아요.
> 나: 네. <u>처음에는 실수하기 일쑤였지요.</u>

① 처음에는 늘 실수하곤 했어요
② 처음에는 실수를 해도 됐어요
③ 처음에는 실수를 하면 안 되지요
④ 처음에는 전혀 실수하지 않았어요

| 解説 |

初めはよく失敗したという意味の答えを探す問題である。②は失敗をする事が大丈夫だったという意味で、③は失敗できないという意味、④は失敗をしなかったという意味のため正解にはならない。したがって、過去によく失敗したことを表す①が正解である。

正解 ①

086 -아/어 대다 ★

知っておこう

		-아/어 대다
동사 動詞	먹다	먹어 대다
	사다	사 대다

❶ 어떤 행동을 계속 반복할 때 사용한다. ある行動を続けて反復する時に使う。

> 例 ▸ ・어젯밤에 옆집 아기가 계속 울**어 대**서 잠을 하나도 못 잤어요.
> 昨日の晩、隣の家の子供が泣き続け、全然眠れませんでした。
>
> ・학생들이 너무 떠들**어 대**서 다른 사람과 이야기도 할 수 없을 정도예요.
> 学生達が騒ぎたて、他の人と話もできないほどです。
>
> ・그 남자가 하루에도 몇 번씩 전화**해 대**서 전화번호를 바꿀까 해요.
> その男が一日に何度も電話をしてくるので、電話番号を変えようかと思います。

주의사항 注意事項

● 보통 말하는 사람의 부정적인 느낌을 전달할 때 사용한다.
普通、話し手の否定的な思いを伝える時に使う。

2. 확인하기 確認しよう

※ 다음 밑줄 친 부분과 의미가 비슷한 것을 고르십시오

친구가 하도 같이 가자고 졸라 대서 거절할 수가 없었다.

① 한 번 졸라서   ② 큰 소리로 조르니까
③ 계속 조르는 바람에   ④ 갑자기 조르기 때문에

解説

友達がせがみ続けるため、断る事ができなかった状況である。①は一度せがんだという意味、②は大きな声でせがんだという意味、④は突然せがんだという意味のため文脈に合わない。したがって、行動の反復を表す③が正解である。

正解 ③

연습 문제 練習問題

1 다음 밑줄 친 부분에 들어갈 알맞은 것을 고르십시오.

옛날에는 놀이 공원에 자주 _____.

❶ 가기로 했어요　　　　　　　　❷ 가곤 했어요
❸ 갈 뻔 했어요　　　　　　　　　❹ 갈 지경이었어요　　　　　**084**

2 다음 밑줄 친 부분에 들어갈 알맞은 것을 고르십시오.

기차에서 옆 사람이 너무 _____ 정말 화가 났어요.

❶ 떠든다 해도　　　　　　　　　❷ 떠들까 봐서
❸ 떠들어 대서　　　　　　　　　❹ 떠드는 덕분에　　　　　**086**

3 다음 밑줄 친 부분이 <u>잘못된 것</u>을 고르십시오.
❶ 선생님들은 학생들을 성적만으로 <u>평가했곤 한다</u>.
❷ 내가 어렸을 때 엄마가 빵을 만들어 <u>주시곤 했다</u>.
❸ 고향에 있을 때는 주말에 가족들과 산책을 <u>하곤 했다</u>.
❹ 사람들은 결과를 가지고 모든 것을 <u>판단하곤 한다</u>.　　　**084**

4 다음 밑줄 친 부분과 바꾸어 쓸 수 있는 것을 고르십시오.

가: 동생이랑 잘 안 싸우는 편이지요?
나: 어렸을 때는 사소한 일로 <u>싸우곤 했는데</u> 지금은 잘 안 싸우는 편이에요.

❶ 싸우기 일쑤였는데　　　　　　❷ 싸운 적이 없는데
❸ 싸운다면 했는데　　　　　　　❹ 싸우기를 원했는데　　　**084 085**

UNIT 17

완료 完了

087 | -고 말다 ★★★

I. 알아두기　知っておこう

		-고 말다
동사 動詞	알다	알고 말다
	가다	가고 말다

❶ 어떤 일이 결국 일어났다는 것을 나타낸다.　ある事柄が結局は起こってしまったということを表す。

> 例 ・어제 그 사람과 헤어지고 말았어요.　昨日、その人と別れてしまいました。
>
> ・뛰어갔는데도 지각하고 말았어.　走っていったのに遅刻してしまった。
>
> ・서두르다가 넘어지고 말았어요.　急いで、転んでしまいました。

2. 더 알아두기　もっと知ろう

▶ '-고 말다'는 '-아/어 버리다'⁰⁸⁸와 바꾸어 사용할 수 있다.
「-고 말다」は、「-아/어 버리다」に置き換えて使うことができる。

> 例 ・어제 그 사람과 헤어지고 말았어요.　昨日、その人と別れてしまいました。
> = 어제 그 사람과 헤어져 버렸어요.

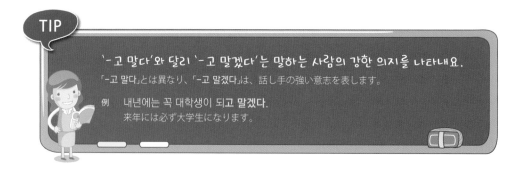

TIP

'-고 말다'와 달리 '-고 말겠다'는 말하는 사람의 강한 의지를 나타내요.
「-고 말다」とは異なり、「-고 말겠다」は、話し手の強い意志を表します。

例　내년에는 꼭 대학생이 되고 말겠다.
来年には必ず大学生になります。

3. 확인하기 確認しよう

※ 다음 빈칸에 들어갈 말로 알맞은 것을 고르십시오.

가: 숙제는 다 했어요?
나: 아니요, 어제 숙제를 하다가 _____.

① 잠이 들고 말았어요
② 잠이 들 뻔 했어요
③ 잠이 들었어야 했어요
④ 잠이 든 셈이에요

宿題をせずに寝たという意味の文を探す問題である。②は寝そうになったが寝なかったという意味で、③は寝なかったことを後悔するという意味、④は寝たに近い状態だという意味のため、答えにならない。したがって、結局寝たという意味の①が正解である。

正解 ①

088 -아/어 버리다 ★★

I. 알아두기 知っておこう

		-아/어 버리다
동사 動詞	먹다	먹어 버리다
	가다	가 버리다

❶ 어떤 일이 모두 끝난 것을 강조할 때 사용한다.
ある事柄が全て終わったことを強調する場合に使う。

> 例 • 음식이 많이 있었는데 너무 배가 고파서 혼자 다 먹**어 버렸**어요.
> 食べ物がたくさんありましたが、とてもお腹が空いていたので一人で全部食べてしまいました。
>
> • 약속 시간에 늦게 갔더니 친구가 더 기다리지 않고 가 **버렸**어요.
> 約束の時間に遅れて行ったら、友達は待たずに行ってしまいました。
>
> • 어젯밤에 텔레비전을 보다가 씻지도 못하고 자 **버렸**어요.
> 昨晩、テレビを見ながらシャワーもせずに寝てしまいました。

2. 더 알아두기 もっと知ろう

▶ '-아/어 버리다'는 '-고 말다'⁰⁸⁷와 바꾸어 사용할 수 있다.
「-아/어 버리다」は「-고 말다」に置き換えて使うことができる。

> 例 • 어제 그 사람과 헤어져 **버렸**어요. 昨日、その人と別れてしまいました。
> = 어제 그 사람과 헤어지고 **말았**어요.

3. 확인하기 確認しよう

※ 다음 밑줄 친 부분과 같은 의미를 가진 말을 고르십시오.

가: 그 일을 맡기로 했어요?
나: 네. 안 하겠다는 말을 못하고 그만 약속을 해 버렸어요.

① 해 냈어요 　　　　　　　② 해 뒀어요
③ 하고 말았어요 　　　　　④ 했으면 했어요

> 解説
>
> 約束したらいけないのにしたという意味の文章である。①の「-아/어 내다」はある結果に繋がったという意味で、②の「-아/어 두다」はすでにあることを準備したという意味、④の「-았/었으면 해요」はある事が成されることを願うという意味のため、答えにならない。したがって、ある事をしなければよかったのにしたという意味の③が正解である。
>
> 正解 ③

089 −아/어 내다 ★

		−아/어 내다
동사 動詞	이기다	이겨 내다
	생각하다	생각해 내다

❶ 어떤 일이 어떤 과정을 거쳐 이룬 결과임을 나타낸다.
ある事柄が、ある過程を経て成された結果であることを表す。

例 ▸ ・어렵고 힘들지만 그 사람은 잘 참아 냈어요.
　　　難しく大変ですが、あの人はよく我慢しました。

・일주일 동안 고생한 덕분에 그 일을 드디어 완성해 냈어요.
　　一週間苦労したおかげで、やっと完成させました。

・그 문제의 해결 방법을 찾아 냈어요.　その問題の解決方法を探し出しました。

※ 다음 밑줄 친 것 중 틀린 것을 고르십시오.

① 우리 사장님은 많은 어려움을 <u>이겼어 냈어요</u>.
② 동생에게 줄 케이크까지 다 <u>먹어 버렸어요</u>.
③ 친구의 비밀을 다른 사람에게 <u>이야기하고 말았어요</u>.
④ 그 사람은 자기가 부자인 것처럼 돈을 <u>써 대요</u>.

解説

間違った使い方の表現を探す問題である。①の「-아/어 내다」は過去形とともに使えないため「이겨 냈어요」の形で使うと正しい文になる。したがって、①が正解である。

正解 ①

연습 문제 練習問題

1 다음 밑줄 친 부분 중 <u>틀린 것</u>을 고르십시오.

❶ 사람들은 흔히 외모를 보고 다른 사람을 <u>평가하곤 한다</u>.

❷ 아무리 힘들어도 <u>포기하지 않았으면 한다</u>.

❸ 여러 가지 가능성을 고려하지 않으면 <u>실수할 게 뻔하다</u>.

❹ 친구와 노느라고 시험 준비를 잘 하지 않았더니 <u>실패하고 말겠다</u>.

2 밑줄 친 부분과 의미가 같은 말을 고르십시오.

가: 왜 어제 여자 친구를 안 만났어요?

나: 약속 시간보다 늦게 갔더니 여자 친구가 집에 <u>가 버렸어요</u>.

❶ 가나 봤어요

❷ 가 뒀어요

❸ 가 냈어요

❹ 가고 말았어요

3 밑줄 친 부분에 들어갈 알맞은 말을 고르십시오.

가: 왜 영수 씨가 화가 났어요?

나: _____.

❶ 제가 영수 씨의 비밀을 말해 버렸어요

❷ 영수 씨가 밖에 나가지 않고 집에만 있어요

❸ 제가 영수 씨 덕분에 시험을 못 봤어요

❹ 영수 씨야말로 좋은 친구예요

4   다음 밑줄 친 부분이 맞는 것을 고르십시오.

     ❶ 미리 준비하지 않았으면 <u>성공해 놓을</u> 수 없었을 겁니다.

     ❷ 최선을 다 <u>할까 말까 하다 보니</u> 좋은 결과가 나왔습니다.

     ❸ 그 친구는 반드시 1등하고 <u>말겠다고</u> 말했습니다.

     ❹ 일을 다 마치고 <u>봐서</u> 벌써 저녁이 되었습니다.

5   밑줄 친 부분에 들어갈 가장 알맞은 것을 고르십시오.

     가: 하는 일마다 자꾸 실패를 해서 걱정이에요.

     나: 걱정하지 마세요. 언젠가는 결국 _____.

     ❶ 잘 할 셈이에요

     ❷ 잘 해 댈 거예요

     ❸ 잘 할 뻔했어요

     ❹ 잘 해 낼 거예요

TOPIKに出題された韓国文化

アルンダウンカゲ（美しい店）

　みなさん、今、一度家の中を見回してみましょう。クローゼットも一度開けてみましょうか。どうでしょう？着なくなった服、かぶらない帽子、締めもしないネクタイなどがあるでしょう。それでは、本棚を見てみましょう。いらない本はないですか？次に居間やキッチンも見てください。家電の買い換えでいらなくなった物はありませんか？みなさんは不要な物を普段どう処分していますか？分別してそのまま捨てるですって？これからは捨てずにアルンダウンカゲに寄付してください。アルンダウンカゲでは寄付された物を必要に応じて修繕、修理し、それを必要とする人に安く提供しています。また、ここで働く人々の大部分がボランティアで、収益金は恵まれない人々のために使われています。今日からみなさんもアルンダウンカゲを利用してください。不要な物を良いことのために使え、また必要な物をとても安く買うことができますよ。

UNIT

18

정보확인

情報確認

–는 줄 알았다/몰랐다 ★★★

		–(으)ㄴ 줄 알았다/몰랐다	–는 줄 알았다/몰랐다	–(으)ㄹ 줄 알았다/몰랐다
동사 動詞	먹다	먹은 줄 알았다/몰랐다	먹는 줄 알았다/몰랐다	먹을 줄 알았다/몰랐다
	가다	간 줄 알았다/몰랐다	가는 줄 알았다/몰랐다	갈 줄 알았다/몰랐다

		–(으)ㄴ 줄 알았다/몰랐다	–(으)ㄹ 줄 알았다/몰랐다
형용사 形容詞	좋다	좋은 줄 알았다/몰랐다	좋을 줄 알았다/몰랐다
	바쁘다	바쁜 줄 알았다/몰랐다	바쁠 줄 알았다/몰랐다

		이었/였을 줄 알았다/몰랐다	인 줄 알았다/몰랐다	일 줄 알았다/몰랐다
명사+이다 名詞+이다	선생님	선생님이었을 줄 알았다/몰랐다	선생님인 줄 알았다/몰랐다	선생님일 줄 알았다/몰랐다
	친구	친구였을 줄 알았다/몰랐다	친구인 줄 알았다/몰랐다	친구일 줄 알았다/몰랐다

❶ 어떤 사실에 대한 정보가 예상과 다를 때 사용한다.
　ある事実に対する情報が予想と違う場合に使う。

> 例 ▶ • 가: 기숙사 방이 생각보다 작네요. 寮の部屋が思ったより小さいですね.
> 　　나: 그러게요. 방이 클 **줄 알았**어요. そうですね。部屋が大きいと思っていました.
>
> 　　• 그 사람이 선생님**인 줄 알았**어요. その人が先生だと思いました.

주의사항　注意事項

> ● '–는 줄 알았다'와 '–는 줄 몰랐다'의 비교 「–는 줄 알았다」と「–는 줄 몰랐다」の比較
>
> > 例 혜경이가 공부를 잘할 줄 몰랐어요. ヘギョンさんが勉強がよくできるとは知りませんでした.
> > = 혜경이가 공부를 못할 줄 알았어요.
> > (말하는 사람은 혜경이가 공부를 못할 거라고 예상했으나 실제로는 잘한다는 것을 알았다.)
> > (話し手はヘギョンさんが勉強ができないだろうと予想していたが、実際はよくできるということがわかった)
> >
> > 例 승준이가 공부를 잘할 줄 알았어요. スンジュンさんは勉強がよくできると思っていました.
> > = 승준이가 공부를 못할 줄 몰랐어요.
> > (말하는 사람은 승준이가 공부를 잘할 거라고 예상했으나 실제로는 못한다는 것을 알았다.)
> > (話し手はスンジュンさんが勉強がよくできるだろうと予想していたが、実際はあまりできないということがわかった)

▶ '-는 줄 알았다/몰랐다'는 '-는다고 생각하다', '-으려니 생각하다'와 바꾸어 사용할 수 있다.
「-는 줄 알았다/몰랐다」는 「-는다고 생각하다」、「-으려니 생각하다」に置き換えて使うことができる。

> **例** • 나는 그렇게 말해도 되**는 줄 알았**어. 　私はそう言っても、大丈夫だと思った。
> 　　= 나는 그렇게 말해도 된**다고 생각했**어.
> 　　= 나는 그렇게 말해도 되**려니 생각했**어.

3. 확인하기　　確認しよう

※ 밑줄 친 부분이 다른 의미로 사용된 것을 고르십시오.

① 요즘 <u>운전할 줄 모르는</u> 사람이 어디 있어요?
② 미영 씨가 하도 안 보여서 어디 <u>아픈 줄 알았어요</u>.
③ 여름 날씨가 이렇게 <u>더운 줄 몰랐어요</u>.
④ 그 사람이 <u>도둑일 줄</u> 아무도 몰랐을 거예요.

> **解説**
>
> ①は運転をする方法に対して知っているという内容で、残りの②、③、④はある事実に対する情報を知っているという内容のため、①が正解である。
>
> 正解 ①

TIP

형태가 비슷하지만 구별해야 하는 초급 문법이 있어요. '-을 줄 알다/모르다'
는 어떤 일을 하는 방법을 알거나 모를 때 사용하는 문법이지요.

形は似ているが、区別して使わなければいけない初級の文法があります。
「-을 줄 알다/모르다」はある事をする方法を知っていたり、知らない場合に使う文法です。

例　저는 수영할 **줄 알아요**. 私は泳ぎ方を知っています。

그 사람은 운전할 **줄 몰라요**. その人は運転の仕方を知りません。

091 -잖아(요) ★★

		-았/었잖아(요)	-잖아(요)	-(으)ㄹ 거잖아(요)
동사 動詞	가다	갔잖아(요)	가잖아(요)	갈 거잖아(요)
	먹다	먹었잖아(요)	먹잖아(요)	먹을 거잖아(요)

		-았/었잖아(요)	-잖아(요)
형용사 形容詞	작다	작았잖아(요)	작잖아(요)
	크다	컸잖아(요)	크잖아(요)

		이었/였잖아(요)	(이)잖아(요)
명사+이다 名詞+이다	선생님	선생님이었잖아(요)	선생님이잖아(요)
	의사	의사였잖아(요)	의사잖아(요)

❶ 서로 알고 있는 어떤 사실에 대해서 말할 때 사용한다.
お互い知っているある事実について話す場合に使う。

> 例 ▶ ・가: 오늘 마이클 씨가 안 왔네요. 今日、マイケルさんが来ませんでしたね。
> 나: 고향에 **갔잖아요**. 故郷に帰ったじゃないですか。
> 가: 맞다. 들었는데 깜빡했어요. そうだ、聞いたのにうっかりしていました。

❷ 듣는 사람에게 자신의 말이 옳다는 것을 강조하여 말할 때 사용한다.
聞き手に自分の言う事が正しいということを強調して話す場合に使う。

> 例 ▶ ・가: 이번 시험도 망쳤어. 今回の試験も駄目だった。
> 나: 그러니까 내가 미리 공부하라고 **했잖아**. だから私が前もって勉強しろと言ったじゃない。

※ 밑줄 친 부분을 같은 의미로 바꿔 쓴 것을 고르십시오

가: 경찰에 신고라도 해야 되는 거 아니에요?
나: 잘 알아보지도 않고 신고부터 해요? 창피를 당할 수도 있잖아요.

① 잘 알아보지도 않고 신고부터 했다가 창피를 당하면 어떻게 해요?
② 잘 알아보지 않고 신고부터 하더라도 창피를 당하는 것은 아니에요.
③ 잘 알아보지도 않고 신고부터 했다고 해서 창피를 당할 수는 없어요.
④ 잘 알아보지도 않고 신고부터 할 건지 창피를 당할 건지 결정해야지요.

解説

よく調べもせずに届けを出したら恥をかくこともある、という事実を知っているのではないかという意味である。②は届けを出しても恥をかかないという意味で、③は先行節の事がらを理由にして恥をかくことはできないという意味のため、答えにならない。また、④は選択の意味のため、やはり答えにならない。したがって、先行節の事柄をした後、恥をかくこともあるという①が正解である。

正解 ①

092 -는지 알다/모르다 ★

I. 알아두기　知っておこう

		-았/었는지 알다/모르다	-는지 알다/모르다	-(으)ㄹ지 알다/모르다
동사 動詞	먹다	먹었는지 알다/모르다	먹는지 알다/모르다	먹을지 알다/모르다
	시작하다	시작했는지 알다/모르다	시작하는지 알다/모르다	시작할지 알다/모르다

		-았/었는지 알다/모르다	-(으)ㄴ지 알다/모르다
형용사 形容詞	작다	작았는지 알다/모르다	작은지 알다/모르다
	크다	컸는지 알다/모르다	큰지 알다/모르다

		이었/였는지 알다/모르다	인지 알다/모르다
명사+이다 名詞+이다	학생	학생이었는지 알다/모르다	학생인지 알다/모르다
	친구	친구였는지 알다/모르다	친구인지 알다/모르다

❶ 어떤 사실에 대해 알고 있는지 질문하거나 대답할 때 사용한다
　ある事実について知っているか質問したり、答える場合に使う。

 ・가: 그 친구가 무슨 음식을 좋아하는지 알아요?
　　　その友達がどんな料理が好きか知っていますか?
　　나: 네, 불고기를 제일 좋아해요.　はい、プルコギが一番好きです。

・가: 우체국이 어디예요?　郵便局はどこですか?
　나: 죄송해요. 저도 어디인지 몰라요.　すみません。私もどこか知りません。

※ 다음 밑줄 친 부분에 알맞은 것을 고르십시오.

가: 이 문법을 어떻게 _____.
나: 그래요? 제가 가르쳐 드릴게요.

① 사용하게 됐어요
② 사용하는지 모르겠어요
③ 사용한다고 들었어요
④ 사용하는 것 같아요

解説

文法をどのように使うのかわからないと話している状況である。①はその文法をすでに使ったということ、③は文法の使い方の説明を聞いたということ、④は文法の使い方を推測しているということを表す。したがって、文法の使い方がわからないと言っている②が正解である。

正解 ②

연습 문제 練習問題

1   밑줄 친 부분과 의미가 같은 말을 고르십시오.

> 가: 미정 씨가 결혼해서 아이도 있대요.
> 나: 정말요? <u>결혼한 줄 몰랐어요</u>. 아가씨 같았는데……

① 결혼한 줄 알았어요
② 결혼했을 줄 알았어요
③ 결혼 안 했다고 생각했어요
④ 결혼 안 할 거라고 생각했어요

 090

2   빈칸에 들어갈 말로 알맞은 것을 고르십시오.

> 가: 엄마, 이번 시험에서는 실수를 많이 했어요.
> 나: 그러니까 내가 마지막에 _____.

① 확인할 뻔 했잖아
② 확인하는 척했잖아
③ 다시 한 번 확인하라고 했잖아
④ 통 모르면 확인할 수조차 없잖아

 091

3   밑줄 친 부분에 들어갈 가장 알맞은 말을 고르십시오.

> 가: 노래를 정말 잘하지요?
> 나: 네, _____.

① 잘 하는 줄 알았지만 노래를 잘 몰랐어요
② 잘 하는 줄 몰랐는데 잘 하는 줄 알았어요
③ 잘 하는 줄 몰랐는데 이 정도일 줄 알았어요
④ 잘 하는 줄 알았지만 이 정도일 줄 몰랐어요

 090

unit 18
정보
확인

연습 문제 練習問題

4 밑줄 친 부분을 같은 의미로 바꾸어 쓴 것을 고르십시오.

> 가: 우리 엄마는 나를 이해하실 생각은 안 하시고 항상 잔소리만 하셔.
> 나: <u>세대 차이가 나잖아</u>. 그래도 부모님이 너를 제일 사랑하실 거야.

❶ 나이 차이가 겨우 나잖아
❷ 나이 차이가 나야 하잖아
❸ 나이 차이가 나는 셈이잖아
❹ 나이 차이가 나니까 그렇잖아

5 상황에 맞는 대화가 되도록 밑줄 친 부분에 가장 알맞은 것을 고르십시오.

> 상황 – 화산 폭발 때문에 비행기가 다닐 수 없어서 사람들이 며칠 동안 다른 나라의 공항에
> 있어야 했다. 그런데 다시 비행기가 다닐 수 있게 되어 자기 나라에 돌아왔다.

> 가: 화산 폭발 때문에 비행기가 안 다녀서 고생 많이 하셨지요?
> 나: 네, 다시는 고향에 _____.

❶ 간 줄 몰랐어요
❷ 올 줄 알았어요
❸ 안 가는 줄 몰랐어요
❹ 못 오는 줄 알았어요

UNIT 19

대조 対照

초급 문법 확인하기! 初級の文法を確認しよう!

-지만

例 혜경이는 키가 크지만 혜경이 동생은 키가 작아요.

ヘギョンは背が高いですが、ヘギョンの弟(妹)は背が低いです。

–는 반면(에) ★★★

1. 알아두기　知っておこう

		-(으)ㄴ 반면(에)	–는 반면(에)
동사 動詞	먹다	먹은 반면(에)	먹는 반면(에)
	가다	간 반면(에)	가는 반면(에)

		-(으)ㄴ 반면(에)			인 반면(에)
형용사 形容詞	좋다	좋은 반면(에)	명사+이다 名詞+이다	학생	학생인 반면(에)
	예쁘다	예쁜 반면(에)		교사	교사인 반면(에)

❶ 선행절의 내용이 후행절의 내용과 상반될 때 사용한다.
先行節の内容が後続節の内容と相反する時に使う。

> 例 • 가: 이번에 들어간 회사는 어때요?　今回入った会社はどうですか?
> 　　나: 월급은 많이 주**는 반면에** 일이 많아서 힘들어요.
> 　　　　給料は多くくれますが、仕事が多くて大変です。
>
> • 저 배우는 얼굴은 예쁜 **반면에** 연기력은 별로야.
> 　あの俳優は顔はかわいいけど演技力はあんまりだ。
>
> • 백화점은 품질이 좋은 **반면** 가격이 비싸요.
> 　デパートは品質がいい反面、値段が高いです。

2. 더 알아두기　もっと知ろう

▶ '–는 반면(에)'는 '–는 데 반해', '–지만'과 바꾸어 사용할 수 있다.
「–는 반면(에)」は「–는 데 반해」、「–지만」に置き換えて使うことができる。

> 例 • 동생은 키가 큰 **반면에** 형은 키가 작다. 弟は背が高いが兄は背の低い。
> 　= 동생은 키가 큰데 **반해** 형은 키가 작다.
> 　= 동생은 키가 크**지만** 형은 작다.

※ 다음 밑줄 친 부분을 알맞게 연결한 것을 고르십시오

가: 학생들을 가르치는 일이 힘들지 않으세요?
나: 남을 가르친다는 것이 <u>힘들지요, 보람도 있어요</u>.

① 힘든 데다가 보람도 있어요
② 힘든 반면에 보람도 있어요
③ 힘들도록 보람도 있어요
④ 힘들면 보람도 있어요

「힘들다」と「보람있다」を会話の内容に合わせて一文にする問題である。①は大変なだけでなくやり甲斐もあるという意味で答えにはならない。③は大変であればあるほど、やり甲斐もあるという程度を表す表現であるが、文法的に間違いである。④は大変ならば、それに応じてやり甲斐もあるという意味で答えにならない。したがって、大変だがやり甲斐もあるという意味の②が正解である。

正解 ②

094 -더니 ★★

知っておこう

		-더니			(이)더니
동사 動詞	먹다	먹**더니**	**명사+이다** 名詞+이다	시골	시골**이더니**
	가다	가**더니**		아이	아이**더니**
형용사 形容詞	덥다	덥**더니**			
	빠르다	빠르**더니**			

unit 19
대조

❶ 선행절과 후행절의 내용이 상반될 때 사용한다. 先行節と後続節の内容が対照になる場合に使う。

例 ・지난 겨울에는 눈이 별로 안 오**더니** 이번에는 많이 오네요.
　　去年の冬は雪があまり降りませんでしたが、今回はたくさん降りますね。
　　・예전에는 뚱뚱하**더니** 지금은 날씬해졌어요. 以前は太っていましたが、今はほっそりしました。

❷ 다른 사람이 한 일과 그로 인해 생긴 결과를 나타낸다.
他の人がしたこととそれによって生じた結果を表す。

例 ・친구가 많이 먹**더니** 배탈이 났어. 友達がたくさん食べたので、お腹をこわしました。
　　・내 친구는 남자 친구와 자주 싸우**더니** 결국 헤어졌다.
　　私の友達は彼氏とよくけんかしたので、結局別れました。

주의사항 注意事項

● 말하는 사람이 주어가 될 수 없다. 話し手が主語にはならない。

例 <u>친구가</u> 열심히 공부하더니 시험을 잘 봤다. (O) 友達は一生懸命勉強したので、試験はうまくいった。
　 (주어) (主語)
　 <u>내가</u> 열심히 공부하더니 시험을 잘 봤다. (X)
　 (주어) (主語)

● 선행절과 후행절의 주어가 같아야 한다. 先行節と後続節の主語が同じでなければならない。

例 <u>동생이</u> 텔레비전을 많이 보더니 <u>(동생이)</u> 눈이 나빠졌다. (O) 弟(妹)はテレビをたくさん見たので、
　 (주어) (主語)　　　　　　　　　　 (주어) (主語)　　　　　　　　　　 目が悪くなった。
　 <u>동생이</u> 텔레비전을 많이 보더니 <u>엄마가</u> 화가 났다. (X)
　 (주어) (主語)　　　　　　　　　　 (주어) (主語)

● 시제와 상관없이 항상 현재형을 사용한다. 時制に関係なく、常に現在形を使う。

例 <u>지난 주말</u>에는 춥더니 이번 주는 따뜻해요. (O) 先週末は寒かったですが、今週は暖かいです。
　 (과거) (過去)
　 <u>요즘</u> 계속 춥더니 오늘 따뜻해졌어요. (O) 最近、ずっと寒かったですが、今日は暖かくなりました。
　 (현재) (現在)

▶ '-더니'와 '-았/었더니'⁰²⁷의 문법 비교   「-더니」と「-았/었더니」の文法比較

-더니	-았/었더니
동사, 형용사와 연결된다. 動詞、形容詞と連結する	동사와 연결된다. 動詞と連結する。
선행절의 주어로 보통 말하는 사람이 오지 않는다. 先行節の主語として普通、話し手が来ない。	선행절의 주어로 보통 말하는 사람이 온다. 先行節の主語として普通、話し手が来る。

例 ▶ ・아침에 날씨가 춥**더니** 오후에 비가 왔다. (O) 朝、寒いと思ったら午後に雨が降った。
   ・아침에 날씨가 추**웠더니** 오후에 비가 왔다. (X)
   ・내가 공부를 열심히 하**더니** 성적이 올랐다. (X)
   ・내가 공부를 열심히 **했더니** 성적이 올랐다. (O) 私は勉強を一生懸命したので成績が上がった。

▶ 다른 문법과의 결합형   他の文法との結合形

・-는다고 하더니(-는다더니): 간접화법 '-는다고 하다'⁰⁴¹와 '-더니'가 결합된 형태이다.
   「-는다고 하더니(-는다더니)」は間接話法「-는다고 하다」に「-더니」が付いた形である。

例 ▶ ・오늘 여행을 간다고 **하더니** 왜 안 갔어? 今日、旅行に行くと言っていたのに、どうして行かなかったの?
   = 오늘 여행을 간**다더니** 왜 안 갔어?

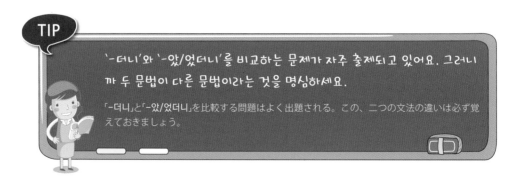

TIP

'-더니'와 '-았/었더니'를 비교하는 문제가 자주 출제되고 있어요. 그러니까 두 문법이 다른 문법이라는 것을 명심하세요.

「-더니」と「-았/었더니」を比較する問題はよく出題される。この、二つの文法の違いは必ず覚えておきましょう。

※ 빈칸에 들어갈 말로 알맞은 것을 고르십시오.

가: 작년 여름과 달리 올해는 비가 안 와서 큰일이에요.
나: _____.

① 올해는 작년에 비해 비가 많이 오려나 봐요
② 올해는 비가 많이 와서 작년보다 더 더워요
③ 작년에는 그렇게 비가 오더니 올해는 별로 안 오네요
④ 작년에는 더웠는데 올해 비가 오지 않았더라면 좋았을걸

雨が降らずに心配している状況である。①と②の選択肢は雨がたくさん降りそうだという内容で、④は雨が降った事実に対して、雨が降らなければという願望を述べているのでそれぞれ返答としておかしい。したがって、昨年と今年を対照的な内容でつなぐ③が正解である。

正解 ③

095 　-으면서도 ★★

		-았/었으면서도	-(으)면서도	-(으)ㄹ 거면서도
동사 動詞	먹다	먹었으면서도	먹으면서도	먹을 거면서도
	가다	갔으면서도	가면서도	갈 거면서도

		-(으)면서도
형용사 形容詞	좋다	좋으면서도
	바쁘다	바쁘면서도

❶ 선행절의 행동이나 상태와 상반되는 내용이 후행절에 올 때 사용한다.
先行節の行動や状態とは反対の内容が後続節に来る場合に使う。

例 ▶ ・저 가게 옷은 품질이 안 좋으면서도 가격은 비싸요.
　　　あの店の服は、品質はよくないながらも値段が高い。

・친구는 잘못을 했으면서도 끝까지 사과하지 않았어요.
　友達は過ちを犯しながらも、最後まで謝りませんでした。

・동생은 여행을 갈 거면서도 가족들하고 가는 여행이 싫다고 안 간대요.
　弟(妹)は旅行に行くと言いながらも、家族と行く旅行は嫌だと行かないそうです。

▶ '-으면서도'는 '-지만'과 바꾸어 사용할 수 있다. 「-으면서도」は「-지만」に置き替えて使うことができる。

例 ▶ ・지영이는 민수를 속으로는 좋아하면서도 겉으로는 싫어하는 척한다.
　　　チヨンはミンスを心の中では好きでありながらも、うわべでは嫌いなふりをする。
　　　= 지영이는 민수를 속으로는 좋아하지만 겉으로는 싫어하는 척한다.

※ (   ) 안에 들어갈 말로 알맞은 것을 고르십시오.

　　가: 수미 씨는 이 대리를 (　　　　　　) 싫어하는 척해요.
　　나: 여자들 마음은 정말 잘 모르겠어요.

　　① 좋아한다면
　　② 좋아한다거나
　　③ 좋아하기에는
　　④ 좋아하면서도

解説

スミさんはイ代理が好きですが、嫌いなふりをするという内容になる選択肢を探す問題である。①の「-는다면」は仮定、②の「-는다거나」は選択を表すため適当ではない。③の「-기에는」を使った表現は「싫어하는 척해요」と意味の上で合わない。したがって、好きだが嫌いなふりをするという対照を表す④の「-으면서도」が正解である。

正解 ④

096 –건만 ★

1. 알아두기　知っておこう

		–았/었건만	–건만
동사 動詞	먹다	먹었건만	먹건만
	가다	갔건만	가건만
형용사 形容詞	좋다	좋았건만	좋건만
	나쁘다	나빴건만	나쁘건만

		이었/였건만	(이)건만
명사+이다 名詞+이다	어른	어른이었건만	어른이건만
	아이	아이였건만	아이건만

❶ 후행절에 선행절의 사실과 상반되는 내용이 올 때 사용한다.
後続節に先行節の事実とは相反する内容がくる場合に使う。

　• 민호는 열심히 공부를 **했건만** 시험을 잘 못 봤다.
　　　ミンホは一生懸命勉強したが、試験はうまくいかなかった。

　• 그 집은 부모님은 키가 크**건만** 아이는 키가 작아요.
　　　その家は両親は背が高いですが、子どもは背が低いです。

　• 그 사람은 어른**이건만** 유치한 행동을 해요.
　　　その人は大人ですが、幼稚な行動をします。

주의사항　注意事項

● 의지나 추측을 나타낼 때는 '–겠건만'의 형태를 사용해서 말한다.
意志や推測を表す場合は「–겠건만」の形になる。

例　그렇게 넘어졌으면 아프겠건만 친구는 아프지 않은 척 했다. (추측)
　　あんな風に転んだら痛そうですが、友達は痛くないふりをした。(推測)

　音식이 짜지만 않으면 다 먹겠건만 너무 짜서 못 먹겠어요. (의지)
　　食べ物は塩辛くなければ何でも食べますが、塩辛すぎて食べられません。(意志)

2. 더 알아두기　もっと知ろう

▶ **다른 문법과의 결합형**　他の文法との結合形

• –는다고 하건만: 간접화법 '–는다고 하다'⁰⁴¹와 '–건만'이 결합된 형태이다.

「–는다고 하건만」は間接話法「–는다고 하다」に「–건만」がついたものである。

> 例 · 부모님이 매일 공부하**라고 하건만** 동생이 말을 안 들어요.
> 両親が毎日勉強しなさいと言いますが、弟(妹)は言う事を聞きません。

3. 확인하기　確認しよう

※ 다음 밑줄 친 부분과 비슷한 의미를 가진 것을 고르십시오.

내가 동생에게 공부하라고 했건만 동생은 말을 듣지 않았다.

① 내가 동생에게 공부하라고 한 덕분에
② 내가 동생에게 공부하라고 할 뿐만 아니라
③ 내가 동생에게 공부하라고 해서
④ 내가 동생에게 공부하라고 했지만

解説

「-건만」は先行節の内容と後続節の結果が相反することを表わす場合に使う表現である。①の「-덕분에」は肯定的な理由を表し、②の「-을 뿐만 아니라」は勉強をするというだけでなく、という内容である。③の「-으라고 해서」は勉強をしない理由を表す。したがって、④が正解である。

正解 ④

연습 문제 練習問題

1 다음 밑줄 친 부분과 바꾸어 쓸 수 있는 것을 고르십시오.

가: 제주도에서 자전거 여행을 했다고 들었는데 어땠어요?
나: <u>힘들었어요. 하지만 즐거웠어요.</u>

❶ 힘들지 않고 즐거웠어요   ❷ 힘든 반면에 즐거웠어요
❸ 힘들기는 커녕 즐거웠어요   ❹ 힘들지 않고 즐겁기만 했어요   **093**

2 밑줄 친 부분에 알맞은 것을 고르십시오.

가: 집 근처에 이렇게 예쁜 공원이 있어서 좋겠어요. 자주 와요?
나: _____.

❶ 가까운 곳에 살기 위해서 자주 와요   ❷ 가까운 곳에 사려고 보니 자주 와요
❸ 가까운 곳에 사는 덕분에 자주 못 와요   ❹ 가까운 곳에 살면서도 바빠서 자주 못 와요

095

3 다음 밑줄 친 부분을 알맞게 연결한 것을 고르십시오.

가: 유학 생활이 힘들지 않아요?
나: <u>힘들죠. 그렇지만 한국어 공부는 재미있어요.</u>

❶ 힘들면 한국어 공부는 재미있어요   ❷ 힘들도록 한국어 공부는 재미있어요
❸ 힘든 탓에 한국어 공부는 재미있어요   ❹ 힘든 반면에 한국어 공부는 재미있어요

093

4 밑줄 친 두 문장을 대화에 맞게 연결한 것을 고르십시오.

가: 봄인데도 날씨가 추워요.
나: <u>작년 봄은 따뜻했어요. 그런데 올해 봄은 춥네요.</u>

❶ 작년 봄은 따뜻했더니 올해 봄은 춥네요
❷ 작년 봄은 따뜻하더니 올해 봄은 춥네요
❸ 작년 봄은 따뜻했더라면 올해 봄은 춥네요
❹ 작년 봄은 따뜻하나마나 올해 봄은 춥네요   **094**

5 다음 (   )에 들어갈 말로 알맞은 것을 고르십시오.

올해는 작년에 비해 과일 값은 (   ) 기름 값은 떨어졌습니다.

① 오르나 마나   ② 오르면 해서
③ 오른 데다가   ④ 오른 반면에   **093**

6 다음 밑줄 친 부분이 <u>틀린 것</u>을 고르십시오.

① 방학 때 자주 <u>가던</u> 공원 이름이 뭐지?
② 시장 <u>가는 길에</u> 먹을 것 좀 사다 줄래?
③ 아침에 날씨가 <u>추웠더니</u> 오후에 비가 왔다.
④ 무엇이든 노력하면 잘 하게 <u>되는 법이에요.</u>   **094**

7 다음 밑줄 친 부분이 알맞은 것을 고르십시오.

① 백화점은 <u>비싼 반면에</u> 서비스가 아주 좋습니다.
② 우리 오랜만에 처음 <u>만나던</u> 커피숍에 가 볼까요?
③ 성공하려면 최선을 다 <u>하면서도</u> 성공할 수 있어요.
④ 피아노 연습을 열심히 <u>한 탓에</u> 아주 잘 치게 되었습니다.   **093**

8 (   ) 안에 들어갈 말로 알맞은 것을 고르십시오.

가: 혜경 씨가 승준 씨와 결혼한다면서요? 전 두 사람이 만나는지도 몰랐네요.
나: 네, 전 사실 (   ) 모르는 척했어요.

① 안다면   ② 알든지
③ 아니까   ④ 알면서도   **095**

TOPIKに出題された韓国文化

韓国の名節－ソル（正月）

　韓国の名節「ソル」は、陰暦1月1日を意味する。新しい年の始まりである陽暦1月1日を「シンジョン(新正月)」といい、陰暦1月1日を「クジョン(旧正月)」というが、ふつう韓国人が「ソル」という場合は「旧正月」を指す。

　韓国では、正月に家族や親戚が集まり先祖の霊を祭るため祭祀を行い、子供たちは韓服を着て大人たちにセベ(歳拝;新年の挨拶)をする。子供たちが「새해복 많이 받으세요(明けましておめでとうございます)」と言いながら礼をすると、大人たちはお年玉を渡し、「새해 복 많이 받아라(明けましておめでとう)」と言うのである。

地域によっても差があるが、韓国人は一般的に、正月にトックク (韓国式の雑煮) を食べる。トッククを一杯食べることでひとつ歳を取ることができるという言葉があるほどトッククは正月にかかせない食べ物なのである。

UNIT **20**

계획 (결심·약속·의도)
計画 (決心·約束·意図)

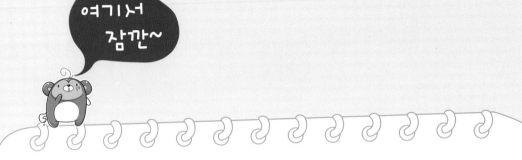

초급 문법 확인하기! 初級の文法を確認しよう!

-겠-

例 방학에는 제주도로 여행을 가겠어요. 休みにはチェジュドに旅行に行きます。

-아/어야겠다

例 지금부터 숙제를 해야겠어요. 今から宿題をしなければなりません。

-을 거예요

例 주말에 명동에서 쇼핑할 거예요. 週末にミョンドンで買い物をします。

-을게요

例 가: 혜경아, 밥 먹어. ヘギョン、ご飯よ。

나: 엄마, 나는 이따가 먹을게요. お母さん、後で食べるよ。

097

–으려던 참이다 ★★★

知っておこう

		–(으)려던 참이다
동사 動詞	먹다	먹으려던 참이다
	가다	가려던 참이다

❶ 가까운 미래의 일을 계획할 때 사용한다. 近い未来の事柄を計画する時に使う。

例 • 가: 지금 출발하지 않으면 늦을 것 같아요. 今、出発しないと遅れそうです。
　　나: 그렇지 않아도 지금 막 출발하려던 참이었어요. ちょうど今、出発しようと思っていたところです。

　• 가: 우체국에 가야 하는데 일이 너무 많아서 못 가겠네요.
　　　郵便局に行かなければならないのですが、仕事が多すぎて行けそうにありません。
　　나: 정말요? 그럼 제가 대신 부쳐 드릴게요. 지금 우체국에 가려던 참이거든요.
　　　本当ですか。それなら、私が代わりに送りますよ。今、郵便局に行こうと思っていたところなんです。

주의사항 注意事項

● 주어의 의도를 나타내기 때문에 명령형, 청유형으로 쓸 수 없다.
　主語の意図を表すため、命令形、勧誘形に使うことはできません。

確認しよう

※ 다음 (　　) 안에 알맞은 것을 고르십시오.

가: 얼굴색이 안 좋은 것 같네요. 어디 아프세요?
나: 네. 안 그래도 감기 기운이 있어서 약을 (　　　　　　).

① 먹고 말겠어요　　　　　　　　② 먹을 게 뻔해요
③ 먹을 모양이에요　　　　　　　　④ 먹으려던 참이에요

解説

ここでは風邪気味のため薬を飲むつもりだという近い未来の事柄の計画を表す表現を探す問題である。①は話し手の強い意志を表し、②、③は推測を表す。したがって、近い未来の計画を表す④が正解である。

正解 ④

098 -는다는 것이 ★★★

1. 알아두기　知っておこう

		-(느)ㄴ다는 것이
동사 動詞	먹다	먹는다는 것이
	가다	간다는 것이

❶ 어떤 일을 하려고 했는데 원래 의도와 다른 결과가 나왔을 때 사용한다.
あることをしようとしていたが、本来の意図とは違う結果になってしまった時に使う。

例 ▸ ・조금만 먹**는다는 것이** 너무 맛있어서 다 먹어 버렸어요.
少しだけ食べようと思っていたのに、おいしくて全部食べてしまいました。

・친구에게 전화한**다는 것이** 번호를 잘못 눌러서 모르는 사람에게 전화했네.
友達に電話しようとしたが、番号を間違えて知らない人にかけちゃったよ。

・오늘까지 등록금을 낸**다는 것이** 바빠서 잊어버리고 말았다.
今日までに登録金を納めなければならないが、忙しくて忘れてしまった。

주의사항 注意事項

● 주어의 의도를 나타내기 때문에 명령형, 청유형으로 쓸 수 없다.
主語の意図を表すため、命令形、勧誘形に使うことはできません。

2. 확인하기　確認しよう

※ 다음 밑줄 친 부분과 바꾸어 사용할 수 있는 말을 고르십시오.

가: 왜 이렇게 음식이 짜요?
나: 간장을 조금 더 넣는다는 것이 그만 쏟고 말았어요.

① 넣어 가면서　　　　② 넣고자 하면
③ 넣어 버려서　　　　④ 넣으려고 하다가

解説

ほんの少しだけしょう油を足そうとしたが、本来の意図とは異なり、こぼれ出てしまった状況である。①の「-으면서」は二つの事柄を同時にする時に使う文法で、②の「-으면」は仮定を表すため間違いである。③の「-아/어 버리다」は何かを終わらせる時に使うため答えとしてはおかしい。したがって、本来の意図とは異なる結果になってしまったことを表す④の「-으려고 하다가」が正解である。

正解 ④

099 −으려고 하다 ★★

unit 20
계획

知っておこう

		−(으)려고 하다
동사 動詞	먹다	먹으려고 하다
	주다	주려고 하다

❶ 미래의 계획을 말할 때 사용한다. 未来の計画を表わす時に使う。

例 ・가: 이번 방학에 뭐 할 거야? 今度の休み、何する？
　　나: 친구와 같이 배낭여행을 **가려고 해**. 友達と一緒にバックパック旅行をしようと思っているんだ。

　　・가: 오늘 점심에 뭐 먹을 거예요? 今日のお昼、何食べる？
　　나: 비가 오니까 따뜻한 삼계탕을 먹**으려고 해요**.
　　　　雨だから温かいサムゲタンを食べようと思っています。

❷ 어떤 일이 일어날 것 같을 때 사용한다. 何かが起こりそうな時に使う。

例 ・가: 저 버스를 타야 하지요? あのバスに乗らなければならないのでしょう？
　　나: 맞아요. 서둘러야겠어요. 버스가 떠나**려고 해요**.
　　　　はい。急がなければなりません。バスが出発しようとしています。

　　・비가 오**려고 하**네요. 우산을 가지고 가세요. 雨が降りそうですね。傘を持っていってください。

주의사항 注意事項

● 주어의 의도를 나타내기 때문에 명령형, 청유형으로 쓸 수 없다.
主語の意図を表すため、命令形、勧誘形に使うことはできません。

▶ **다른 문법과의 결합형**   他の文法との結合形

- –으려고 해도: '–으려고 하다'에 양보의 '–아/어도[004]'가 결합된 형태이다.

  「–으려고 해도」は、「–으려고 하다」に譲歩の「–아/어도」が結合した形である。

  例 ▶ ・운동을 하**려고 해도** 시간이 없어서 못 해요.   運動をしようと思っても時間がなくてできません。

- –으려고 해서: '–으려고 하다'에 이유의 '–아/어서'가 결합된 형태이다.

  「–으려고 해서」は、「–으려고 하다」に理由の「–아/어서」が結合した形である。

  例 ▶ ・아이가 울**려고 해서** 사탕을 주었어요.   子どもが泣きそうになったのでアメをあげました。

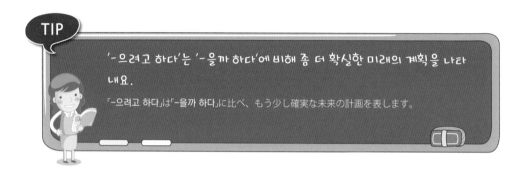

TIP

'–으려고 하다'는 '–을까 하다'에 비해 좀 더 확실한 미래의 계획을 나타내요.

「–으려고 하다」は「–을까 하다」に比べ、もう少し確実な未来の計画を表します。

---

3. 확인하기   確認しよう

※ 다음 밑줄 친 부분과 의미가 비슷한 것을 고르십시오

식사 조절만으로 체중을 <u>줄이고자</u> 하는 것은 위험할 수도 있다.

① 줄이곤
② 줄이라고
③ 줄이려고
④ 줄이기로

解説

ここでは食事を調節して体重を減らそうとする計画を表す。①の「–곤 하다」は過去によくしたことを表わす文法で、②の「–으라고 하다」は命令する状況を伝達する間接話法である。④の「–기로 하다」は既に決定した未来のことを表わす文法なので答えとしてはおかしい。したがって、計画を表す③の「–으려고 하다」が正解である。

正解 ③

100 –을까 하다 ★★

1. 알아두기 知っておこう

		–(으)ㄹ까 하다
동사 動詞	먹다	먹을까 하다
	가다	갈까 하다

❶ 말하는 사람의 약한 의도나 쉽게 바꿀 수 있는 막연한 계획을 말할 때 사용한다.
話し手の弱い意図や簡単に変わる可能性のある漠然とした計画を表す時に使う。

> 例 ▶ ・가: 이번 주말에 무엇을 할 계획이에요? 今週末に何をする計画ですか?
> 나: 특별한 계획은 없고 친구들이랑 영화나 **볼까 해**요.
>   特に計画はなく、友達と映画でも見ようかと思っています。
>
> ・남자 친구 생일 선물로 시계를 **살까 해**요. 彼氏の誕生日プレゼントに時計を買おうかと思っています。
>
> ・날씨가 좋아서 소풍을 **갈까 하**는데 같이 갈래요?
>   天気がいいのでピクニックに行こうと思っていますが一緒に行きませんか?

주의사항 注意事項

● 주어의 의도를 나타내기 때문에 명령형, 청유형으로 쓸 수 없다.
  主語の意図を表すため、命令形、勧誘形に使うことはできません。

2. 더 알아두기 もっと知ろう

▶ '–을까 하다'는 '–을까 보다'와 바꾸어 사용할 수 있다.
「–을까 하다」は「–을까 보다」と置き換えて使うことができる。

> 例 ▶ ・학교를 졸업하고 어학연수를 **갈까 해**요.
>   学校を卒業して語学研修に行こうと思います。
>   = 학교를 졸업하고 어학연수를 **갈까 봐**요.

unit 20
계획

※ (   )에 들어갈 말로 알맞은 것을 고르십시오.

아직 확실하지 않지만 이번 연휴에는 고향에 (   ).

① 갈까 해요   ② 가게 해요
③ 가고 있어요   ④ 갈 걸 그랬어요

解説

これは確実でない計画を表す表現を問う問題である。②は他の人を行くようにさせる使役を表し、③は「今、行っているところ」という意味を表す。④は行かなかったという過去の後悔を表す。したがって、話し手の弱い意図を表す①が正解である。

正解 ①

101 -기로 하다 ★

I. 알아두기　知っておこう

		-기로 하다
동사 動詞	먹다	먹**기로 하다**
	만나다	만나**기로 하다**

❶ 어떤 일에 대한 계획, 결심, 약속을 나타낸다.
ある事柄に対する計画、決心、約束を表す。

例
- 가: 방학 때 뭐 할 거예요?　休みに何をしますか?
  나: 아르바이트를 하**기로 했**어요.　アルバイトをすることにしました。

- 가: 어디로 유학 갈지 결정했어요?　どこに留学するか決めましたか?
  나: 네, 미국으로 유학가**기로 했**어요.　はい。アメリカに留学することにしました。

- 가: 내일 약속 있어요?　明日、約束がありますか?
  나: 네, 친구랑 영화 보**기로 했**어요.　はい。友達と映画を観に行くことにしました。

주의사항　注意事項

● '-기로 하다'는 상황에 따라 '-기로 계획하다', '-기로 결심하다', '-기로 약속하다'로 바꾸어 사용할 수 있다.
「-기로 하다」は状況によって「-기로 계획하다」、「-기로 결심하다」、「-기로 약속하다」に置き換えて使うことができる。

例 이번 여름에는 친구들과 제주도로 놀러 가기로 했어요.
今度の夏は、友達と済州島に遊びに行くことにしました。
= 이번 여름에는 친구들과 제주도로 놀러 가기로 **계획했**어요.

미국으로 유학가기로 **했**어요.　アメリカに留学することにしました。
= 미국으로 유학가기로 **결심했**어요.

그 사람과 내년에 결혼하기로 **했**어요.　その人と来年、結婚することにしました。
= 그 사람과 내년에 결혼하기로 **약속했**어요.

● '-기로 하다'는 주로 '-기로 했다'의 형태로 사용한다.
「-기로 하다」は主に「-기로 했다」の形で使う。

● 계획을 나타내는 문법들은 주어의 의도를 나타내기 때문에 명령형, 청유형으로 쓸 수 없다.
計画を表す文法は主語の意図を表すため、命令形、勧誘形に使うことはできません。

※ 빈칸에 가장 알맞은 것을 고르십시오.

가: 오늘 뭐 할 거예요?
나: 수업 후에 _____.

① 친구를 만나기는 했어요
② 친구를 만나려고 했어요
③ 친구를 만나기로 했어요
④ 친구를 만나기만 했어요

解説

今日の計画を尋ねる質問に対する返事を探す問題である。①と④は友達に会った過去の事実を表し、②は友達と会おうとした過去の計画を表す。したがって、友達と会う未来の計画を表す③が正解である。

正解 ③

연습 문제 練習問題

1 다음 밑줄 친 부분에 가장 알맞은 것을 고르십시오.

가: 누가 지영 씨에게 이 서류를 갖다 줄 수 있어요?
나: 마침 지영 씨에게 _____ 제가 갖다 줄게요.

❶ 가면 큰일인데 ❷ 가려던 참인데
❸ 가지 않으려고 하는데 ❹ 가려고도 하지 않았는데 **097**

2 밑줄 친 부분과 의미가 같은 것을 고르십시오.

가: 오후에 시험이죠? 공부 많이 했어요?
나: 아니요. 어제 저녁에 잠깐 <u>잔다는 것이</u> 오늘 아침까지 자 버렸어요.

❶ 자기도 했지만 ❷ 자든지 말든지
❸ 자려고 하다가 ❹ 자는 줄 모르고 **098** **099**

3 다음 두 문장을 가장 알맞게 연결한 것을 고르십시오

일하는 데 방해가 되다 / 전화조차 못 하다.

❶ 일하는 데 방해가 될까 봐서 전화조차 못 했어요.
❷ 일하는 데 방해가 되려고 전화조차 못 했어요.
❸ 일하는 데 방해가 돼 봤자 전화조차 못 했어요.
❹ 일하는 데 방해가 되는 덕에 전화조차 못 했어요. **100**

4 다음 밑줄 친 부분에 가장 알맞은 것을 고르십시오.

가: 왜 이렇게 늦었어요?
나: 미안해요. 12번 버스를 _____ 그만 21번 버스를 탔어요.

❶ 타 가지고 ❷ 탄다 해도
❸ 타 줬으면 ❹ 탄다는 게 **098**

연습 문제 練習問題

5 빈칸에 가장 알맞은 것을 고르십시오.

가: 혜경 씨, 길이 막히는 시간이니까 지하철을 타고 오세요.
나: 네, 그렇지 않아도 지하철을 _____.

❶ 탈 뻔했네요   ❷ 탈 모양이에요
❸ 타려던 참이에요   ❹ 타려다 말았어요   **097**

6 다음 밑줄 친 부분과 의미가 비슷한 것을 고르십시오.

지금부터 이번 여름에 나온 신제품에 대해서 <u>발표하고자 합니다.</u>

❶ 발표하곤 합니다   ❷ 발표라고 합니다
❸ 발표하려고 합니다   ❹ 발표하기로 합니다   **099**

7 밑줄 친 부분과 의미가 같은 것을 고르십시오.

가: 매일 아침마다 <u>운동하기로 했는데</u> 생각처럼 쉽지 않네.
나: 그럼, 운동도 습관이기 때문에 처음에는 어려운 게 당연해.

❶ 운동하자마자   ❷ 운동하기는커녕
❸ 운동하는 반면에   ❹ 운동하려고 했는데   **101**

8 (   )에 들어갈 말로 알맞은 것을 고르십시오.

아직 확실하진 않지만 내년에는 인터넷 사업을 (   ).

❶ 할까 해요   ❷ 하고 있어요
❸ 하기도 해요   ❹ 할 걸 그랬어요   **100**

9 밑줄 친 부분과 의미가 같은 것을 고르십시오.

가: 여보세요? 일이 끝나려면 많이 남았어요?
나: 기다리게 해서 미안해요. <u>지금 끝내려던 참이었어요.</u>

❶ 지금 끝내려고 했어요   ❷ 지금 끝낸다고 했어요
❸ 지금 시작해도 끝나요   ❹ 지금 시작해서 끝나요   **097**

피동 受け身

102 −이/히/리/기 ★★★

① 어떤 대상이 직접 한 것이 아니라 다른 대상에 의해 그렇게 됐을 때 사용한다.
ある対象が直接した事ではなく、他の対象によりそのようになった時に使う。

例 ▶

・도둑이 경찰에게 쫓기고 있어요.
泥棒が警察に追いかけられています。

・지하철에 사람이 많아서 발을 밟혔어요.
地下鉄に人が多くて足を踏まれました。

・피동형은 '−이/히/리/기'를 사용하여 만든다. 受け身形は 'V-이/히/리/기' を使って作る。

기본형 基本形	피동형 被動形	기본형 基本形	피동형 被動形	기본형 基本形	피동형 被動形	기본형 基本形	피동형 被動形
−다	−이다	−다	−히다	−다	−리다	−다	−기다
놓다	놓이다	닫다	닫히다	걸다	걸리다	끊다	끊기다
바꾸다	바뀌다	막다	막히다	날다	날리다	담다	담기다
보다	보이다	먹다	먹히다	듣다	들리다	빼앗다	빼앗기다
쌓다	쌓이다	밟다	밟히다	물다	물리다	안다	안기다
쓰다	쓰이다	업다	업히다	열다	열리다	쫓다	쫓기다
잠그다	잠기다	읽다	읽히다	팔다	팔리다		
담그다	담기다	잡다	잡히다	풀다	풀리다		

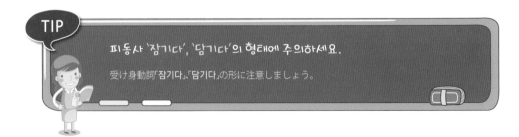

TIP

피동사 '잠기다', '담기다'의 형태에 주의하세요.

受け身動詞「잠기다」「담기다」の形に注意しましょう。

● '읽히다, 보이다, 날리다' 등은 피동과 사동⁰⁷⁶의 형태가 같다.
「읽히다, 보이다, 날리다」等は受け身と使役の形が同じである。

2. 확인하기　　　確認しよう

※ 다음 중 밑줄 친 부분이 맞는 것을 고르십시오.

　① 오후 다섯 시에 가니까 은행 문이 닫았다.
　② 어디선가 내 이름을 부르는 소리가 들렸다.
　③ 책상마다 급히 처리해야 할 서류들이 놓았다.
　④ 수 년간의 노력으로 농촌 경제가 많이 바꿨다.

解説

受け身動詞の正しい形を知る事が重要な問題である。①は「닫혔다」、③は「놓여 있다」、④は「바뀌었다」に直さなければならない。正解は②である。

正解 ②

–아/어지다 1 ★

		–아/어졌다	–아/어지다
동사 動詞	찾다	찾**아졌다**	찾**아지다**
	주다	주**어졌다**	주**어지다**
	지키다	지**켜졌다**	지**켜지다**
	깨다	깨**졌다**	깨**지다**

❶ 주어가 직접 행동을 한 것이 아니라 다른 것에 의해서 그런 상황이 될 때 사용한다.
主語が直接行動する事ではなく、別の事によりそのような状況になる時に使う。

例 ・이 볼펜은 글씨가 잘 써**져**요.　このボールペンは字がよく書けます。

・이번에 한 약속이 꼭 지**켜져야** 한다.　今回した約束は必ず守られなければならない。

・약속 장소가 정**해지**면 연락해 주세요.　約束場所が決まったら連絡ください。

・친구와 전화하는 중에 갑자기 전화가 끊**어졌**어요.
友達と電話している途中で突然、電話が切れました。

주의사항　注意事項

・피동을 표현할 때 피동의 '-이/히/리/기❶❷'를 사용하는 동사 이외의 동사는 '-아/어지다'를
사용해서 말한다.
受け身を表す時、受け身の「-이/히/리/기」を使う動詞以外の動詞は「-아/어지다」を使って作る。

・'-아/어지다'는 '-아/어 있다'와 함께 사용하는 경우가 많다.
「-아/어지다」は「-아/어 있다」と一緒に使う場合が多い。

例 ・집에 돌아오니 창문이 깨져 있었다.　家に帰ると窓が割れていた。

・길거리에는 쓰레기가 많이 버려져 있어요.　道端にはゴミがたくさん捨てられていました。

・집에 불이 꺼져 있는 걸 보니까 아무도 없나 봐요.　家の電気が消えているのを見ると誰もいないようです。

TIP

피동의 'V-아/어지다 1'과 변화의 'A-아/어지다 2'[108]는 형태는 같지만 다른 표현이에요.

受け身の「V-아/어지다1」と状態変化の「A-아/어지다2」は形が同じだが、異なる表現です。

例　피동의 'V-아/어지다': 요리가 다 만들어졌어요. 어서 드세요.
　　受け身の「V-아/어지다」: 料理が全部できました。どうぞ、召し上がってください。

　　상태 변화의 'A-아/어지다': 날씨가 추워졌어요.
　　状態変化の「A-아/어지다」: 寒くなりました。

2. 확인하기　もっと知ろう

※ (　　) 안에 알맞은 것 고르십시오.

가: 수진 씨는 등산을 좋아하는 것 같아요.
나: 네. 그런데 산 여기저기에 쓰레기가 (　　　　　　　　) 있는 걸 보면 기분이 좀 안 좋아요.

① 버려져
② 버리고
③ 버리려고
④ 버렸는데도

解説

主語が「쓰레기」であるため、動詞「버리다」を受け身形として使わなければならない。したがって、②、③、④は全て答えにならない。「버리다」の受け身形である「버려지다」を使った①が正解である。

正解 ①

연습 문제 練習問題

1 다음 중 밑줄 친 부분이 맞는 것을 고르십시오.

❶ 배가 아파서 약국에 갔는데 벌써 문이 <u>닫았다</u>.

❷ 누가 크게 노래를 부르는 소리가 <u>들었다</u>.

❸ 동생의 책상 위에 여러 권의 소설책이 <u>놓았다</u>.

❹ 머리가 마음에 안 들어서 미용실에 가서 <u>바꿨다</u>.

2 다음 중 밑줄 친 부분이 맞는 것을 고르십시오.

❶ 12시가 넘었으니까 지하철이 <u>끊였어요</u>.

❷ 서울 타워에 올라가면 서울 시내가 잘 <u>보여진다</u>.

❸ 요즘 날씨가 더워져서 아이스크림이 잘 <u>팔린다</u>.

❹ 이 핸드폰으로는 상대방의 목소리가 잘 <u>들어진다</u>.

3 다음 중 밑줄 친 부분이 <u>틀린 것</u>을 고르십시오.

❶ 집 앞에 쓰레기가 많이 <u>쌓아</u> 있다.

❷ 교통사고가 나서 길이 <u>막히는</u> 것 같다.

❸ 10분 전에 갔었는데 도서관 문이 <u>닫혀</u> 있었어요.

❹ 친구의 책이랑 내 책이 <u>바뀐</u> 것 같다.

4 (   ) 안에 알맞은 것을 고르십시오.

가: 민호야, 네가 창문을 깬 거야?
나: 아니에요. 집에 오니까 벌써 창문이 (   ) 있었어요.

❶ 깨고   ❷ 깨져

❸ 깨려고   ❹ 깼는데도

UNIT **22**

기준 基準

에 달려 있다 ★★

		에 달려 있다
명사 名詞	습관	습관에 달려 있다
	태도	태도에 달려 있다

❶ 어떤 것을 결정하는 데에 이것이 가장 중요하다는 것을 나타낸다.
  ある事を決定するのに、これが一番重要だということを表す。

> 例▶ ・ 아이의 미래는 교육에 **달려 있다**.　子供の未来は教育にかかっている。
>
> ・ 인생의 행복은 마음에 **달려 있어요**.　人生の幸せは心にかかっている。
>
> ・ 그 회사의 성공 여부는 제품의 품질에 **달려 있습니다**.
>   その会社の成功の可否は製品の品質にかかっている。

주의사항　注意事項

● 동사의 경우에는 명사형 '-기', '-는 것' 으로 바꾸어 사용할 수 있다.
  動詞の場合には名詞型「-기」、「-는 것」に置き換えて使うことができる。

> 例 모든 것은 마음먹기에 달려 있어요.　全ては気持ちの持ち様にかかっています。
> 다이어트의 성공은 열심히 운동하는 것에 달려 있다.
> ダイエットの成功は一生懸命運動することにかかっています。

● '언제, 누구, 어디, 무엇, 얼마나' 등과 같은 의문사와 함께 사용할 때는 '-느냐에 달려 있다'의 형태로 사용한다.
  「いつ、誰、どこ、何、どのくらい」等と同じ疑問詞と共に使う時は「-느냐에 달려 있다」の形で使います。

> 例 여행의 즐거움은 같이 가는 사람이 누구냐에 달려 있어요.　旅行の楽しみは一緒に行く人が誰かにかかっています。
>   (의문사) (疑問詞)
>
> 회사의 성공은 제품의 품질이 얼마나 좋으냐에 달려 있어요.　会社の成功は製品の品質がどれだけ良いかに
>   (의문사) (疑問詞)　　　　　　　　　　　かかっています。

※ 다음 밑줄 친 부분과 의미가 비슷한 것을 고르십시오

가: 영수 씬 고민이 하나도 없는 사람 같아요. 어떻게 하면 그렇게 신나고 즐겁고 그래요?
나: 전 뭐든지 좋게 생각하려고 하거든요. 세상사가 <u>다 마음먹기에 달려 있는 거 아니겠어요?</u>

① 마음만 먹으면 안 되는 일이 없어요
② 세상 일이 사람의 마음을 자주 바꿔 놓아요
③ 살다보면 좋은 일도 있고 나쁜 일도 있어요
④ 모든 게 생각하기에 따라서 달라질 수 있어요

解説

気持ちによって世の中の事柄が変わり得るという意味である。①は決心をすれば全て成し遂げることができるという意味で、②は世の中のことのせいで気持ちが変わるという意味のため答えにならない。また、③は良いことと悪いことが一緒にあるという意味で答えにならない。したがって、考えによって結果が変わり得る事を表す④が正解である。

正解 ④

105 에 따라 다르다 ★

		에 따라 다르다
명사 名詞	사람	사람에 따라 다르다
	문화	문화에 따라 다르다

❶ 어떤 것 때문에 결과가 달라진다는 것을 나타낸다.
何かのために結果が変わるということを表す。

例 ・물건의 품질은 가격에 따라 달라요. 物の品質は価格によって変わります。

・그 사람 기분은 날씨에 따라 달라요. その人の気分は天気によって変わります。

・이번 일에 대한 평가는 사람에 따라 달랐다. 今回のことに対する評価は人によって違った。

주의사항 注意事項

● '언제, 누구, 어디, 무엇, 얼마나' 등과 같은 의문사와 함께 사용할 때는 '-느냐에 따라 다르다'의 형태로 사용한다.
「いつ、誰、どこ、何、どのくらい」等と同じ疑問詞と共に使う時は「-느냐에 따라 다르다」の形を使う。

例 건강은 <u>어떤</u> 습관을 갖고 있느냐에 따라 달라져요. 健康はどのような習慣を持っているかによって変わります。
(의문사) (疑問詞)

<u>어디</u>에 취직하느냐에 따라 미래가 달라집니다. どこに就職したかによって未来が変わります。
(의문사) (疑問詞)

● '-느냐에 따라 다르다'는 '-느냐에 달려 있다'와 바꾸어 사용할 수 있다.
「-느냐에 따라 다르다」は「-느냐에 달려 있다」に置き換えて使うことができます

例 어디에 취직하느냐에 따라 미래가 달라집니다. どこに就職したかによって未来が変わります。
= 미래는 어디에 취직하느냐에 달려 있습니다.

※ 밑줄 친 부분을 같은 의미로 바꿔 쓴 것을 고르십시오.

가: 외국으로 여행가면 돈이 아주 많이 들겠지요?
나: <u>어디로 가느냐에 따라 다르지요</u>. 물가가 비싼 나라도 있고 싼 나라도 있잖아요.

① 어디로 가더라도 비쌀 거예요
② 가는 곳이 어디든 마찬가지예요
③ 가는 곳이 어디냐에 달려 있어요
④ 어디를 가든지 적게 들지 않아요

解説

行く場所によって費用が少なくも多くもかかるという意味である。①はどこでも高いという意味で、②は場所に関係なく
全て費用がかかるという意味で答えにならない。また、④はどこでも費用が多くかかるという意味で、やはり答えになら
ない。したがって、何かのために結果が変わるということを表す③が正解である。

正解 ③

연습 문제 練習問題

1   밑줄 친 부분을 같은 의미로 바꿔 쓴 것을 고르십시오.

가: 1년 정도 공부하면 한국어를 잘 할 수 있겠지요?
나: <u>어떻게 공부하느냐에 따라 다르지요</u>.

❶ 어떻게 공부해도 잘 할 수 있어요
❷ 어떻게 공부해도 마찬가지예요
❸ 어떻게 공부하느냐에 달려 있어요
❹ 어떻게 공부하든지 상관없어요

2   다음 (   )에 알맞은 것을 고르십시오.

성공하는 사람에게는 성공을 위한 특별한 방법이 있습니다. 그것은 바로 매일 자신의 시간을 어떻게 보냈는지 써 보는 것입니다. 이렇게 하면 시간을 효율적으로 쓰는 법을 알게 된다고 합니다. 성공하는 사람들은 '(   )'라고 강조합니다.

❶ 성공에는 특별한 방법이 없다.
❷ 성공은 습관에 달려 있는 것이다.
❸ 성공이 무엇인지 가르쳐 주는 것이다.
❹ 성공은 누구든지 하고 싶어하는 것이다.

UNIT 23

바람 · 희망 願い · 希望

초급 문법 확인하기! 初級の文法を確認しよう!

-고 싶다

例 더워서 아이스크림을 먹고 싶어요. 暑くてアイスクリームが食べたいです。

106 −았/었으면 (싶다/하다/좋겠다) ★★

1. 알아두기 知っておこう

		−았/었으면
동사 動詞	읽다	읽었으면
	사다	샀으면
형용사 形容詞	많다	많았으면
	싸다	쌌으면

		이었/였으면
명사+이다 名詞+이다	이웃	이웃이었으면
	친구	친구였으면

❶ 바람이나 희망을 나타낼 때 사용한다. 希望や願いを表す時に使う。

例 • 미국에 한번 **갔으면** 싶어요. アメリカに一度行きたいです。

• 날씨가 빨리 따뜻해**졌으면** 해요. 早く暖かくなってほしいです。

• 저 사람이 내 친구**였으면** 좋겠다. あの人が私の友達になってほしいです。

unit 23
바람
희망

2. 더 알아두기 もっと知ろう

▶ '−았/었으면 (싶다/하다/좋겠다)'는 '−는다면 좋겠다', '−으면 좋겠다'와 바꾸어 사용할 수 있다.
「−았/었으면 (싶다/하다/좋겠다)」は「−는다면 좋겠다」、「−으면 좋겠다」と置き換えて使うことができます。

例 • 나도 복권에 당첨됐**으면** 좋겠어요. も宝くじに当選したいです。

= 나도 복권에 당첨된**다면** 좋겠어요.

= 나도 복권에 당첨되**면** 좋겠어요.

※ 빈칸에 알맞은 것을 고르십시오.

가: 민정 씨, 이번 생일 선물로 뭘 받고 싶어요?
나: 음, _____.

① 가방을 받으려고 해요
② 가방을 받으면 좋았어요
③ 가방을 받을 거라고 봐요
④ 가방을 받았으면 좋겠어요

誕生日プレゼントに何をもらいたいかという質問をされた状況です。希望を表現する答えがきます。①の「-으려고하다」は計画を表し、②の「-으면 좋았다」は過去の状況に対して話しているため答えにならない。③の「-을 거라고 보다」は推測を表すため、答えにならない。したがって、自分の希望を表現する「-았/었으면 좋겠다」を使った④が正解である。

正解 ④

107 -기(를) 바라다 ★

1. 알아두기　知っておこう

		-기(를) 바라다
동사 動詞	살다	살기(를) 바라다
	만나다	만나기(를) 바라다

❶ 바람이나 희망을 나타낼 때 사용한다. 希望や願いを表す時に使う。

> 例 ▶ · 행복하게 살기를 바랄게요. 幸せに暮らしてください。
> · 좋은 사람 만나기를 바란다. いい人に出会えますように。
> · 건강하게 생활하시기를 바랍니다. 健康に生活してください。

2. 확인하기　確認しよう

unit 23
바람
희망

※ 빈칸에 알맞은 것을 고르십시오.

가: 바쁘실 텐데 이렇게 병문안을 와 주셔서 고맙습니다.
나: 별 말씀을요. 빨리 ＿＿＿＿＿＿＿＿＿＿＿＿＿.

① 나을 뻔 했어요
② 나을까 해요
③ 낫기가 힘들어요
④ 낫기를 바랄게요

解説

入院した人に一日も早くよくなる事を望むという意味の文である。①の「-을 뻔 하다」は過去に起そうとしたが、起こらなかった事を表し、②の「-을까 하다」は話し手の計画を表すため答えにならない。また③の「-기가 힘들다」は治る事が難しいという意味のため文脈に合わない。したがって、相手の一日も早い回復を望む④が正解である。

正解 ④

연습 문제 練習問題

1   빈칸에 알맞은 것을 고르십시오.

> 가: 대학 졸업 후에는 뭐 하고 싶어요?
> 나: 글쎄요. _____.

      ❶ 한국 회사에 취직할 뻔했어요
      ❷ 한국 회사에 취직할 정도예요
      ❸ 한국 회사에 취직했으면 해요
      ❹ 한국 회사에 취직했는 줄 알아요   106

2   빈칸에 알맞은 것을 고르십시오.

> 가: 다음 주에 입학 시험이라면서요? _____.
> 나: 고맙습니다.

      ❶ 합격할 뻔 했어요
      ❷ 합격할 지경이에요
      ❸ 합격하는 줄 알아요
      ❹ 합격하기를 바랄게요   107

3   밑줄 친 부분에 들어갈 말로 알맞은 것을 고르십시오.

> 가: 지난 번에 갔던 커피숍이 괜찮았던 것 같은데, 오늘 거기서 만날까?
> 나: 글쎄, 난 _____.

      ❶ 다른 데에 갔으면 좋겠어
      ❷ 그 커피숍에 가면 좋았을텐데
      ❸ 다른 데 간 게 좋았던 것 같아
      ❹ 그 커피숍에 가는 게 더 나았을 거야   106

UNIT 24

변화 変化

108 −아/어지다 2 ★★

		아/어지다
형용사 形容詞	많다	많**아지다**
	예쁘다	예뻐**지다**

❶ 상태의 변화를 나타낸다. 状態の変化を表す。

 • 요즘 일이 많**아져**서 늦게 퇴근해요. 最近、仕事が多くなって遅く退社します。

 • 매일 운동하면 건강**해질** 거예요. 毎日運動すれば健康になります。

 • 날씨가 많이 추**워졌**어요. とても寒くなりました。

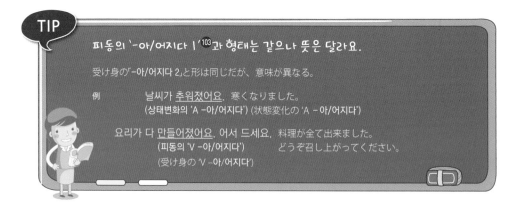

TIP

피동의 '−아/어지다 I' [103]과 형태는 같으나 뜻은 달라요.

受け身の「−아/어지다 2」と形は同じだが、意味が異なる。

例　　　　날씨가 추워졌어요. 寒くなりました。
　　　　(상태변화의 'A −아/어지다') (状態変化の 'A − 아/어지다')

　　　　요리가 다 만들어졌어요. 어서 드세요. 料理が全て出来ました。
　　　　(피동의 'V −아/어지다')　　　　どうぞ召し上がってください。
　　　　(受け身の 'V −아/어지다')

※ 다음 상황에 맞는 대화가 되도록 밑줄 친 곳에 알맞은 말을 고르십시오.

환경 파괴의 심각성을 걱정하고 있다.

가: 쓰레기를 강이나 바다에 함부로 버리는 사람들이 있어요.

나: 그렇게 강과 바다를 오염시키면 _____.

① 자동차 사용을 줄여야 할 거예요

② 일회용품을 사용하지 않아야 해요

③ 곧 마실 물이 부족해질지도 몰라요

④ 자연이 얼마나 심하게 파괴됐는데요

unit 24
변화

解説

汚染により生じる結果を探す問題である。①と②は汚染させないためにしなければならない事で、④は既に起こった結果のため答えにならない。したがって、環境汚染による環境の状態変化を表す③が正解である。

正解 ③

109 -게 되다 ★

		-게 되다
동사 動詞	먹다	먹게 되다
	가다	가게 되다
형용사 形容詞	빨갛다	빨갛게 되다
	깨끗하다	깨끗하게 되다

❶ 처음과 다르게 변하거나 어떤 이유 때문에 새로운 일이 일어났을 때 사용한다.
　初めとは変わったり、何らかの理由により新しい事が起こった時に使う。

例 ▸ ・그 사람이 노래 부르는 모습을 보고 그 사람을 좋아하게 되었어요.
　　　その人か歌を歌う姿を見て、その人を好きになりました。

　　・처음에 한국에 왔을 때는 김치를 못 먹었지만 이제는 김치를 잘 먹게 되었어.
　　　初めて韓国に来た時は、キムチを食べられませんでしたが、今はキムチをよく食べるようになりました。

　　・운동을 시작하고 나서 건강하게 되었어요.
　　　運動を始めてから健康になりました。

2. 확인하기   確認しよう

※ 다음 (　　) 에 알맞은 것을 고르십시오.

가: 왜 이사를 가려고 해요?
나: 다음달부터 (　　　　　) 된 회사가 너무 멀어서요.

① 일하게　　　　　　　　　② 일해서
③ 일하면서　　　　　　　　④ 일하니까

解説

来月から勤める新しい会社が遠いと話している状況である。②の「-아/어서」と③の「-으면서」、④の「-으니까」は全て後ろに
来る「되다」と直接結びつくことができない。したがって、①が正解である。

正解 ①

연습 문제 練習問題

1 상황에 맞는 대화가 되도록 밑줄 친 부분에 가장 알맞은 것을 고르십시오.

상황 – 산업화 때문에 숲이 자꾸 없어지고, 사막도 많아진다는 뉴스를 들었다.

가: 요즘엔 산업화 때문에 숲이 자꾸 없어진대.
나: 맞아. _____.

① 숲과 사막의 기준이 없어진다면 좋을 것 같아
② 숲을 사막으로 바꾸기 위해서 노력해야 하지
③ 이렇게 가다가는 사막이 없어질지도 모르겠어
④ 원래 숲이었던 곳도 점점 사막으로 변하게 된다잖아

2 다음 밑줄 친 부분이 <u>알맞지 않은 것</u>을 고르십시오.

① 다음 주가 <u>되어지면</u> 여행을 갈 거예요.
② 무엇이든지 <u>알게 되면</u> 꼭 나에게 알려 주세요.
③ 운동을 열심히 해서 <u>건강해졌어요</u>.
④ 바쁘면 실수를 <u>하게 되니까</u> 조심하세요.

unit 24
변화

3 다음 밑줄 친 부분에 들어갈 알맞은 것을 고르십시오.

가: 열도 나고, 기침도 나는 게 감기에 걸린 것 같아요.
나: 그래요? 갑자기 날씨가 _____ 요즘 감기에 걸린 사람이 많아요.

① 춥다고 해서
② 추워져서
③ 춥기는 해도
④ 추우면

TOPIKに出題された韓国文化

韓国伝統格闘技－テコンドー(跆拳道)

　テコンドーは 2000年のシドニーオリンピックで正式競技として認定された韓国の代表的なスポーツである。テコンドーは護身術の一種で、手と足を使って自分を守り相手を攻撃する武術である。

　テコンドーは、伝統武術であるにもかかわらず、子供の体と心を鍛える代表的な運動として多くの現代人に親しまれている。特に、韓国には小学生のためのテコンドー教室がたくさんあり、子供たちはそこで自分を守る方法を学び、テコンドーを通じて韓国の伝統的な礼節を身につけるのである。

후회 後悔

–을 걸 (그랬다) ★★

┃. 알아두기　知っておこう

		–(으)ㄹ 걸 (그랬다)
동사 動詞	먹다	먹을 걸 (그랬다)
	가다	갈 걸 (그랬다)

❶ 어떤 일에 대해 후회하거나 아쉬워할 때 사용한다.　ある事柄に対して後悔したり、残念がる場合に使う。

例 • 가: 어제 생일 파티에 왜 안 왔어요? 정말 재미있었는데요.
　　　　昨日、誕生日パーティにどうして来なかったんですか？本当におもしろかったのに。
　　나: 정말요? 몸이 조금 피곤해서 안 갔는데 나도 **갈 걸 그랬**네요.
　　　　本当ですか？(体が)少し疲れていたので行かなかったのですが、私も行けばよかったですね。

　• 가: 방학 숙제 다 했어? 곧 방학이 끝나는데 나는 하나도 못 했어.
　　　　休みの宿題、全部した？もうすぐ休みが終わるけど、私は一つもできなかったよ。
　　나: 나도 그래. 방학 때 놀지만 말고 숙제도 **할 걸 그랬**어요.
　　　　私もそう。休みの時、遊ぶだけじゃなく宿題もすればよかった。

주의사항　注意事項

● '그랬다'는 '그렇다(그래요)' 형태로 쓸 수 없고 항상 과거형인 '그랬다(그랬어요)'의 형태로 써야 한다.
　「그랬다」は、「그렇다(그래요)」の形で使えず、常に過去形である「그랬다(그랬어요)」の形で使わなければならない。

例 열심히 공부할 걸 그래요.(X)

● 문장의 끝에서는 '–을 걸'의 형태로 사용되기도 한다.　文末では、「–을 걸」の形で使うこともある。

例 이렇게 힘들 줄 알았으면 시작하지 말 걸.　こんなに大変だとわかっていたら、始めるんじゃなかった。

▶ '-을 걸 (그랬다)'는 '-았/었어야 했는데'⑪와 바꾸어 사용할 수 있다.

「-을 걸 (그랬다)」は、「-았/었어야 했는데」に置き換えて使うことができる。

例 ▶ ・은행에서 미리 돈을 찾을 걸 그랬어요. 銀行で前もってお金をおろしておけばよかったです.
= 은행에서 미리 돈을 찾았어야 했는데 안 찾았어요.

3. 확인하기   確認しよう

※ 다음 밑줄 친 부분에 들어갈 말로 알맞은 것을 고르십시오.

가: 어제 진수 씨가 고향으로 돌아갔어요.
나: 그래요? 그럴 줄 알았으면 _____ .

① 전화 한번 한 것 같아요
② 얘기 정도는 할 걸 그래요
③ 얘기 정도는 한 것 같았어요
④ 전화 한번 할 걸 그랬어요

unit 25
후회

解説

ジンスさんが故郷に帰ることを知らず、電話を一度もかけなかったことを残念がる状況である。①と③は過去の事実に対する推測を表し、②は「-을 걸 그랬다」を使う場合、常に過去形である「그랬어요」と使わなければならないため、答えにならない。したがって、電話をしないことに対して後悔をする④が正解である。

正解 ④

111 –았/었어야 했는데 ★

		–았/었어야 했는데
동사 動詞	먹다	먹었어야 했는데
	가다	갔어야 했는데
형용사 形容詞	작다	작았어야 했는데
	크다	컸어야 했는데

		이었/였어야 했는데
명사+이다 名詞+이다	남자	남자**였어야 했는데**
	동생	동생**이었어야 했는데**

❶ 어떤 일에 대해 후회하거나 아쉬워할 때 사용한다. ある事柄に対して後悔したり、残念がる場合に使う。

> 例 ▶ · 가: 결국 비행기를 놓치고 말았어! 結局、飛行機に乗り遅れてしまった。
> 　　나: 우리가 조금 더 일찍 나왔**어야 했는데**. 私たちがもう少し早く出ればよかったのに。
>
> · 다이어트 중이라 많이 먹지 말았**어야 했는데** 또 많이 먹어버렸어요.
> 　ダイエット中なので、たくさん食べてはいけなかったのに、またたくさん食べてしまいました。

▶ '–았/었어야 했는데'는 '–을 걸 (그랬다)'⑩와 바꾸어 사용할 수 있다.
「–았/었어야 했는데」は、「–을 걸 (그랬다)」に置き換えて使うことができる。

> 例 ▶ · 은행에서 미리 돈을 찾았**어야 했는데** 안 찾았어요. 銀行で前もってお金をおろしておけばよかったです。
> 　= 은행에서 미리 돈을 찾을 걸 그랬어요.

※ 빈칸에 들어갈 말로 가장 알맞은 것을 고르십시오.

　가: 이번 시험을 잘 봤어요?
　나: 아니요, 못 봤어요. 시간이 있을 때 열심히 _____.

　① 공부했다고 했어요
　② 공부했어야 했어요
　③ 공부했다고 봐요
　④ 공부했다는 말이에요

解説

試験がうまくいかず、一生懸命勉強しなかったことを後悔する内容の文を探す問題である。①の「-았/었다고 했다」は過去のことを間接的に話す間接話法、③の「-았/었다고 보다」は過去に勉強をたくさんしただろうということを推測する内容で、④の「-았/었다는 말이에요」は勉強したという事実をもう一度確認する内容のため、答えにならない。したがって、過去のことを後悔する表現の「-았/었어야 했다」を使った②が正解である。

正解 ②

1   다음 밑줄 친 부분에 들어갈 말로 가장 알맞은 것을 고르십시오.

       가: 제가 말하지 말라고 했잖아요.
       나: 그러게요. 그렇게 화를 낼 줄 알았으면 ＿＿＿＿＿＿＿＿＿＿＿＿＿＿.

       ❶ 말하지 말 걸 그랬어요
       ❷ 말하지 말아야 하던데요
       ❸ 말했어야 했는데 그랬어요
       ❹ 말할 수 있을지 걱정이에요   **110**

2   다음 밑줄 친 부분에 들어갈 말로 알맞은 것을 고르십시오.

       가: 우리 옆집 오빠가 유명한 가수가 됐대.
       나: 정말? 그럴 줄 알았으면 ＿＿＿＿＿＿＿＿＿＿＿＿＿＿.

       ❶ 만난 셈 칠 걸
       ❷ 만나지도 말 걸
       ❸ 사인이라도 받아 둘 걸
       ❹ 사인이라도 받게 될 걸   **110**

UNIT **26**

시간 時間

여기서 잠깐~

초급 문법 확인하기! 初級の文法を確認しよう!

-을 때

例 공부할 때 음악을 들어도 돼요? 勉強するとき、音楽を聴いてもいいですか?

112 –는 동안(에) ★

I. 알아두기 　知っておこう

		–는 동안(에)
동사 動詞	먹다	**먹는 동안(에)**
	가다	**가는 동안(에)**

❶ 어떤 행동이나 상태가 계속되는 시간을 나타낸다.
ある行動や状態が続く時間を表す。

> **例** ・아이가 자는 **동안에** 청소를 했어요. 子供が寝ている間に掃除をしました。
>
> ・영화를 보는 **동안** 계속 다른 생각만 했어요.
> 映画を見る間、ずっと別の考えをしていました。
>
> ・한국에 사는 **동안** 특별한 경험을 많이 하고 싶어요.
> 韓国に住む間、特別な経験をたくさんしたいです。

주의사항 注意事項

● '가다, 오다, 떠나다' 등과 같은 동사의 경우는 과거형인 '-(으)ㄴ 동안에'로 사용할 수 있다.
「가다, 오다, 떠나다」等のような動詞の場合は過去形である「-(으)ㄴ 동안에」を使うことができる。

> **例** 내가 학교에 간 동안에 친구가 우리 집에 왔어요. 私が学校に行っている間に友達が家に来ました。

● 'N 동안(에)'는 '방학, 휴가, 시험 기간, 일주일, 한 달, 일 년' 등과 같이 시간을 나타내는 명사와 같이 사용한다.
「N 동안(에)」は「방학, 휴가, 시험 기간, 일주일, 한 달, 일 년」等のような時間を表す名詞とともに使う。

> **例** 방학 동안에 아르바이트를 했어요. 休みの間にアルバイトをしました。

2. 더 알아두기　もっと知ろう

▶ '-는 동안(에)'와 '-는 사이(에)'113의 문법 비교 (P. 331) 「-는 동안(에)」は「-는 사이(에)」の文法比較

'-는 동안(에)'는 '-는 사이(에)'와 바꾸어 사용할 수 있다. 하지만 선행절과 후행절의 주어가 같을 때는 '-는 동안(에)'만 사용할 수 있다.

「-는 동안(에)」は「-는 사이(에)」に置き換えて使うことができる。しかしながら、先行節と後続節の主語が同じ場合は「-는 동안(에)」のみ使うことができる。

例 ▶ ・내가 요리를 하는 **동안에** 친구는 청소를 했다. (O)　私が料理をしている間に友達は掃除をした。
　　　주어 (主語)　　　　　　　주어 (主語)

　　= 내가 요리를 하는 **사이에** 친구는 청소를 했다.
　　　주어 (主語)　　　　　　　주어 (主語)

　　・나는 공부하는 **동안에** (나는) 음악을 들어요. (O)　私は勉強している間に(私は)音楽を聴きます。
　　　주어 (主語)　　　　　주어 (主語)

　　= 나는 공부하는 **사이에** (나는) 음악을 들어요 (X)
　　　주어 (主語)　　　　　주어 (主語)

3. 확인하기　確認しよう

※ 다음 밑줄 친 부분과 바꾸어 쓸 수 있는 것을 고르십시오.

가: 솜사탕 사러 간다더니 왜 빈손으로 와요?
나: <u>기다리는 동안</u> 솜사탕이 다 팔려버렸어요.

① 기다리기가 무섭게
② 기다리는 사이에
③ 기다리는 길에
④ 기다리는 대로

解説

「待っている間ずっと」という意味である。①は「ある行動をしてすぐ」という意味で、③は「ある行動をする途中に」という意味で答えにならない。また、④は「ある行動が起こった後すぐ」という意味でやはり答えにならない。したがって、「ある事が起こった時間」を表す②が正解である。

正解 ②

113 −는 사이(에) ★

1. 알아두기　知っておこう

		−는 사이(에)
동사 動詞	먹다	먹는 사이(에)
	자다	자는 사이(에)

❶ 어떤 행동이나 상태가 계속되는 시간을 나타낸다.
　ある行動や状態が続く時間を表す。

　　例　• 가: 내가 나갔다 온 **사이에** 집에 누가 왔어?　私が外出して戻ってくる間に家に誰か来た?
　　　　나: 응, 내 친구가 책을 갖다 주러 잠깐 왔어.　うん、私の友達が本を返しに、ちょっとだけ来たよ。

　　　　• 네가 샤워하는 **사이에** 전화가 왔었어.　あなたがシャワーしている間に電話がきたよ。

　주의사항　注意事項

> ● 선행절과 후행절의 주어가 반드시 달라야 한다.
> 　先行節と後続節の主語は、必ず異ならなければならない。
>
> 　　例　<u>내가</u> 숙제하는 **사이에** <u>친구는</u> 커피를 마셨다.(O)　私が宿題をしている間に友達はコーヒーを飲んだ。
> 　　　　(주어) (主語)　　　　　(주어) (主語)
> 　　　　<u>내가</u> 숙제하는 **사이에** (<u>내가</u>) 커피를 마셨다.(X)
> 　　　　(주어) (主語)　　　　　(주어) (主語)
>
> ● '가다, 오다, 떠나다' 등과 같은 동사의 경우는 과거형인 '−(으)ㄴ 사이(에)'로 사용할 수 있다.
> 　「가다, 오다, 떠나다」のような動詞の場合は、過去形である「−(으)ㄴ 사이(에)」を使うことができる。
>
> 　　例　내가 학교에 간 사이에 친구가 우리 집에 왔어요.　私が学校に行っている間に友達が家に来ました。

unit 26
시간

2. 더 알아두기　もっと知ろう

 ▶ '−는 사이(에)'와 '−는 동안(에)'⁽¹¹²⁾의 문법 비교　(P. 330)　「−는 사이(에)」と「−는 동안(에)」の文法比較

※ 밑줄 친 부분과 바꾸어 사용할 수 있는 표현을 고르십시오.

가: 이게 무슨 냄새야? 음식이 타는 것 같은데.
나: 내가 아까 잠깐 전화를 <u>받는 동안에</u> 음식이 타 버렸어.

① 받는 길에
② 받는 사이에
③ 받는 대신에
④ 받는 대로

電話を受けている間に料理が焦げてしまったという意味の文である。①の「-는 길에」はどこかに行くか来る途中だという意味で、③の「-는 대신에」は電話を受ける行動以外に別の行動をしたという意味のため、間違った表現である。④の「-는 대로」は電話を受ける行動をすれば必ず料理が焦げるという意味を表すため答えにならない。したがって、先行節の行動をしている時、後続節の事柄が起こる②が正解である。

正解 ②

114 | –는 중에 ★

1. 알아두기　知っておこう

		–는 중에
동사 動詞	먹다	먹는 중에
	기다리다	기다리는 중에

❶ 어떤 일이 진행되고 있는 과정을 나타낸다.　ある事が進行している過程を表す。

> 例 ▸ ・아침을 먹는 중에 친구한테서 전화가 왔어요.　朝食を食べている途中に、友達から電話がきました。
> ・친구를 기다리는 중에 선생님을 만났어요.　友達を待っている途中、先生に会いました。
> ・나는 일하는 중에 전화를 꺼 두는 습관이 있다.　私は仕事中、電話を切っておく習慣がある。

주의사항　注意事項

● '–는 중이다'의 형태로 사용할 수 있다.　「–는 중이다」の形で使うことができる。

> 例 민호는 지금 공부하는 중이다.　ミンホは今、勉強中です。

2. 확인하기　確認しよう

※ 다음 밑줄 친 부분과 바꾸어 쓸 수 있는 것을 고르십시오.

지하철을 타고 집에 <u>가는 중에</u> 선생님을 만났어요.

① 가다니　　　　　　　　② 가다가
③ 가도록　　　　　　　　④ 가고자

解説

「가는 중에」に置き換えて使うことができる表現を選ぶ問題である。①の「-다니」は前に来る内容を信じられない場合に使う表現のため答えにならない。③の「-도록」と④の「-고자」は目的を表す表現のため答えにならない。したがって、行く途中を意味する②が正解である。

正解 ②

115

–은 지 N이/가 되다/넘다/지나다 ★

1. 알아두기　知っておこう

		–(으)ㄴ 지
동사 動詞	먹다	먹은 지
	가다	간 지

❶ 어떤 일을 한 후 시간이 얼마나 지났는지 말할 때 사용한다.
ある事をした後、時間がどのぐらい過ぎたかを話す場合に使う。

> 例 ▶ ・이 일을 시작한 **지** 벌써 8년**이** 됐어요 この事を始めてから、もう8年になりました。
>
> ・그 친구를 못 만난 **지** 20년**이** 넘었어요.
> その友達に会えなくなってから20年が過ぎました。
>
> ・한국어를 배운 **지** 반 년**이** 지났어요.
> 韓国語を習ってから、半年が経ちました。

주의사항　注意事項

● '–은 지 오래 되다', '–은 지 얼마 안 되다' 등의 형태로 사용하는 경우가 많다.
「–은 지 오래 되다」、「–은 지 얼마 안 되다」等の形で使う場合が多い。

> 例 담배를 끊은 **지 오래** 됐어요. たばこをやめてから、長くなります。
> 직장을 옮긴 **지 얼마 안** 됐어요. 転職してからあまり経っていません。

2. 확인하기　確認しよう

※ 다음 밑줄 친 부분 중 틀린 것을 찾아 바르게 고쳐 쓰십시오.

지방의 작은 도시로 이사 ①오는 지 벌써 십년이 넘었다. 그곳의 조용한 생활에 익숙해져 ②있던 나는 얼마 전 서울에 ③갔다가 아주 당황했다. 복잡한 교통과 많은 사람들 때문에 제대로 걸어 ④다닐 수도 없었기 때문이다.

(　　　　　　　→　　　　　　　　)

解説

①は時間がどのくらい経ったかを表すため、常に過去形である「–(으)ㄴ 지」を使わなければならない。したがって、①が正解である。

正解 ① 오는 지 → 온 지

연습 문제 練習問題

1 빈칸에 들어갈 말로 알맞은 것을 고르십시오.

제가 청소를 (   ) 친구는 요리를 했어요.

① 하는 동안에   ② 하는 데다가
③ 하는 대로   ④ 하는 채로   **112**

2 다음 두 표현을 가장 알맞게 연결한 것을 고르십시오.

수영을 배우다 / 10년이 되다

① 수영을 배운 지 10년이 되었다.
② 수영을 배우다 보면 10년이 되었다.
③ 수영을 배우기 위해 10년이 되었다.
④ 수영을 배우려면 10년이 되었다.   **115**

3 밑줄 친 부분과 의미가 같은 말을 고르십시오.

<u>운전하는 중에</u> 전화를 받으면 사고 나기가 쉽다.

① 운전하도록   ② 운전하면서
③ 운전하느라고   ④ 운전하다가는   **114**

unit 26
시간

4 다음 밑줄 친 부분과 의미가 비슷한 것을 고르십시오.

가: 언제 나갔다 왔어요? 나간 줄도 몰랐어요.
나: 아까 <u>자는 사이에</u> 깰까 봐 살짝 나갔다 왔어요.

① 잔다는 것이   ② 잘 뿐만 아니라
③ 자는 대신에   ④ 자는 동안에   **112 113**

TOPIKに出題された韓国文化

韓国の祭り

　慶尚北道のアンドン(安東)に行ったことがありますか。アンドンは伝統的な韓国の景観と文化を代表する都市として、特にハフェマウル(河回村)、ハフェ仮面(河回仮面)でとても有名です。ナットガン(洛東江)に囲まれた村を意味するハフェマウルは昔の韓国の姿が残されており、ハフェ仮面を最初に作った人もハフェマウルの出身だったといいます。1999年にイギリスのエリザベス女王がこのハフェマウルを訪れたことから、アンドンは世界的な文化観光地としてますます有名になりました。アンドンでは、毎年10月に世界の仮面と踊りが一同に集う安東国際仮面フェスティバルを開催していますが、おもな見どころとしては、タルチュム(仮面劇)、パンソリハンマダン(伝統歌劇)、サムルノリ(4種の民族楽器の演奏)、世界の仮面展示会などがあります。アンドンで世界各国の様々な仮面を見てみませんか?

선택·비교
選択·比較

-느니 ★★

		-느니
동사 動詞	먹다	먹느니
	일하다	일하느니

❶ 후행절의 상황도 마음에 들지 않지만 선행절보다 낫다고 판단해서 선택할 때 사용한다.
後続節の状況も気に入らないが、先行節よりもましだという判断をし選択する時に使う。

例
- 민호 씨 같은 사람과 결혼하**느니** 평생 혼자 살 거예요.
  ミンホさんのような人と結婚するなら、一生一人で生きます。

- 이런 맛없는 음식을 먹**느니** 굶겠다. こんなまずい料理を食べるなら、食事抜きにします。

- 이렇게 월급이 적은 회사에서 일하**느니** 집에서 쉬는 게 낫겠어.
  こんなに給料が低い会社で仕事するなら、家で休んでいる方がましだ。

주의사항 注意事項

● '-느니' 뒤에는 '차라리'가 자주 온다. 「-느니」の後ろには「차라리」がよく来る。

例 이렇게 불행하게 사느니 차라리 죽는 게 낫겠다. こんなに不幸に生きるなら、むしろ死んだ方がましだ。

※ 다음 (   ) 안에 알맞은 것을 고르십시오.

가: 라디오가 고장 났네. 수리점에 맡기고 올게.
나: 벌써 몇 번째야? 또 (   ) 차라리 새로 사는 게 어때?

① 수리하느니   ② 수리하다시피
③ 수리하기로는   ④ 수리하기는커녕

解説

修理する事より買う事がより良いという意味の文章を作る問題である。②は修理するのと同じだという意味で、③は修理する方法を表し、④は修理だけでなく他の事もしないという意味のため答えにならない。したがって、後続節の状況が先行節よりましだという意味を表す①が正解である。

正解 ①

117 -는다기보다(는) ★★

I. 알아두기　知っておこう

		-았/었다기보다(는)	-(느)ㄴ다기보다(는)
동사 動詞	읽다	읽었다기보다(는)	읽는다기보다(는)
	자다	잤다기보다(는)	잔다기보다(는)

		-았/었다기보다(는)	-다기보다(는)
형용사 形容詞	좋다	좋았다기보다(는)	좋다기보다(는)
	예쁘다	예뻤다기보다(는)	예쁘다기보다(는)

		이었/였다기보다(는)	(이)라기보다(는)
명사+이다 名詞+이다	선생님	선생님이었다기보다(는)	선생님이라기보다(는)
	친구	친구였다기보다(는)	친구라기보다(는)

❶ 선행절이라고 말하는 것보다 후행절이라고 말하는 것이 더 적당하다는 것을 나타낸다.
先行節の事より後続節の方がより適当だということを表す。

- 가: 오늘도 라면을 드시네요? 라면을 정말 좋아하나 봐요.
  今日もラーメンを食べていますね？ ラーメンが本当に好きなんですね。

　나: 좋아서 먹**는다기보다는** 편해서 먹는 거예요.
　好きで食べているというより、楽だから食べているんです。

- 가: 저 연예인은 얼굴이 참 예쁘지요? あの芸能人、本当にきれいでしょう？

　나: 글쎄요. 예쁘**다기보다는** 귀여워 보이는 얼굴이지요.
　そうですか。きれいというより、かわいく見える顔ですね。

※ 빈칸에 들어갈 말로 알맞은 것을 고르십시오

가: 오래간만에 고향에 돌아오니까 기분이 좋죠?
나: 그냥 기분이 (　　　　　　　) 마음이 편안해지는 느낌이에요.

① 좋을 뿐
② 좋기는커녕
③ 좋다기보다는
④ 좋든지 말든지

久しぶりに故郷に帰り、穏やかな気分だという意味になる文章である。①は先行節の事実以外に他の事はないという意味で、②は先行節は言うまでもなく後続節も否定する意味のため文が自然でない。また、④は後続節がどのようになっても関係ないという意味で合わない。したがって、現在の気持を表現する時、先行節より後続節の気持がより適当だという事を表す③が正解である。

正解 ③

118 -든지 ★★

1. 알아두기　知っておこう

		-든지
동사 動詞	읽다	읽**든지**
	보내다	보내**든지**

❶ 어떤 것을 선택하는데 무엇을 선택해도 괜찮을 때 사용한다.
ある事物を選択する際に、何を選択してもよい場合に使う。

例
- 가: 이력서는 어떻게 내는 거예요?　履歴書はどうやって出すのですか?
  나: 메일로 보내시**든지** 우편으로 보내시면 됩니다.　メールで送っても、郵便で送っても構いません。

- 가: 명절인데 고향에도 못 가고 너무 심심해요.　名節なのに故郷にも行けず、とても退屈です。
  나: 책을 읽**든지** 영화를 보세요.　本を読むなり、映画を見るなりしてください。

주의사항　注意事項

- 선행절은 의문사 '언제든지, 어디든지, 어떤 N(이)든지, 어떻게 A/V-든지, 누구든지, 뭐든지'의 형태로 자주 쓰인다.
  先行節は疑問詞「언제든지, 어디든지, 어떤 N(이)든지, 어떻게 A/V-든지, 누구든지, 뭐든지」の形でよく使われる。

  例 가: 몇 시에 만날까요?　何時に会いましょうか?
    나: **언제든지** 괜찮아요.　いつでも大丈夫ですよ。

- '-든지'는 '-든지 -든지 하다'의 형태로 사용할 수 있다.
  「-든지」は「-든지 -든지 하다」の形で使うことができる。

  例 책을 읽든지 영화를 보세요.　本を読むなり映画を見るなりしてください。
    = 책을 읽든지 영화를 보든지 하세요.

2. 더 알아두기　もっと知ろう

▶ '-든지'는 '-거나'[120]와 바꾸어 사용할 수 있다. 「-든지」は「-거나」にかえて使うことができる。

例 ・내년에는 대학교에 **가든지** 취직을 할 거예요. 来年には大学に行くか、就職するかするつもりです。
= 내년에는 대학교에 **가거나** 취직을 할 거예요.

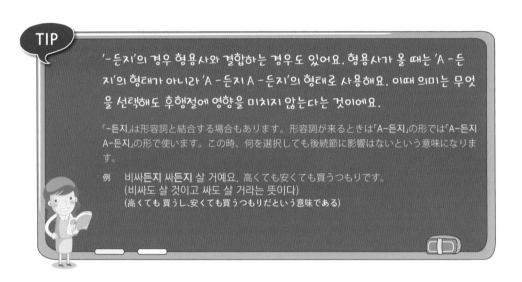

TIP

'-든지'의 경우 형용사와 결합하는 경우도 있어요. 형용사가 올 때는 'A –든지'의 형태가 아니라 'A –든지 A –든지'의 형태로 사용해요. 이때 의미는 무엇을 선택해도 후행절에 영향을 미치지 않는다는 것이에요.

「-든지」は形容詞と結合する場合もあります。形容詞が来るときは「A-든지」の形では「A-든지 A-든지」の形で使います。この時、何を選択しても後続節に影響はないという意味になります。

例　비싸**든지** 싸**든지** 살 거예요. 高くても安くても買うつもりです。
(비싸도 살 것이고 싸도 살 거라는 뜻이다)
(高くても買うし、安くても買うつもりだという意味である)

3. 확인하기　確認しよう

※ 다음 ( )에 알맞은 것을 고르십시오

가: 유학 생활을 잘 할 수 있을지 걱정이에요.
나: 어디에 ( ) 지금처럼 열심히 하면 돼요.

① 가든지
② 가거든
③ 가도록
④ 가던데

解説

留学する場所と関係なく、どこででもうまくいくだろうという意味の文を作る問題である。②の「-거든」は条件や仮定を表し、③の「-도록」は目的を表し、④の「-는데」は過去の状況を予め提示する意味のため答えにならない。したがって、どんな場所に行ってもいいという意味を表す①が正解である。

正解 ①

119

만 하다 ★★

		만 하다
명사 名詞	거실	거실만 하다
	친구	친구만 하다

❶ 정도가 같은 것을 비교할 때 사용한다. 程度が同じことを比較する時に使う。

> 例 • 민호 씨의 키는 나**만 해**요. ミンホさんの背は私ぐらいです。
>
> • 교실 크기는 우리 집 거실**만 해**요. 教室の大きさはうちの居間ぐらいです。
>
> • 우리 언니 발은 어머니 발**만 해**요. 私の姉の足は母の足ぐらいです。

▶ 'N만 못하다'는 주어가 N보다 정도가 덜 하다는 것을 나타낼 때 사용한다.
「N만 못하다」は主語が「N」ほど程度が満たないことを表す時に使う。

> 例 • 영어는 동생이 언니**만 못해**요.
> 英語は妹が姉ほどできません。
>
> (동생이 언니보다 영어를 잘하지 못한다는 의미이다.)
> (妹が姉より英語が上手ではないという意味である)

※ 밑줄 친 부분 중 맞는 것을 고르십시오.

① 내 방도 아마 <u>이 방만 할</u> 거예요.
② 이제 그 사람의 수영 실력도 <u>나보다 된다</u>.
③ 마이클 씨의 한국 요리는 한국 사람 <u>요리만큼이다</u>.
④ 이 세상에 <u>엄마정도</u> 나를 사랑하는 사람이 없을 것이다.

unit 27
선택
비교

解説

文法を正しく使ったものを選ぶ問題である。②はその人の水泳の実力が自分より優れているという意味のため「나보다된다」ではなく「나보다 낫다」とするのが正しい。③はマイケルさんの韓国料理が韓国人が作った料理のレベルに近いという意味の文章のため、「요리만큼이다」ではなく「요리 같다」とするのが正しい。④は世界で母より自分をもっと愛する人はいないという意味のため、「엄마정도」ではなく「엄마 보다」が来るのが正しい。したがって、正解は同等な程度を比較する表現を正確に使った①である。

正解 ①

-거나 (-거나) ★

知っておこう

		-았/었거나	-거나
동사 動詞	먹다	먹었거나	먹거나
	자다	잤거나	자거나
형용사 形容詞	작다	작았거나	작거나
	크다	컸거나	크거나

		이었/였거나	(이)거나
명사+이다 名詞+이다	학생	학생이었거나	학생이거나
	교사	교사였거나	교사거나

❶ 둘 중에 하나를 선택해서 할 때 사용한다.
二つのうち、一つを選択する時に使う。

例 ・가: 주말에는 보통 무엇을 해요? 週末は普通、何をしますか?
　　나: 집에서 쉬거나 빨래를 해요. 家で休むか、洗濯をします。

・잠이 안 올 때는 우유를 마시거나 책을 읽습니다.
眠れない時は牛乳を飲むか、本を読みます。

・밥을 먹거나 차를 마시거나 합시다. ご飯を食べるか、お茶を飲むかします。

もっと知ろう

▶ '-거나'는 '-든지'❶❶❽와 바꾸어 사용할 수 있다. 「-거나」は「-든지」に置き換えて使うことができる。

例 ・내년에는 대학교에 가거나 취직을 할 거예요. 来年には大学に行くか、就職するかするつもりです。
= 내년에는 대학교에 가든지 취직을 할 거예요.

※ 밑줄 친 부분과 바꾸어 쓸 수 있는 것을 고르십시오.

가: 이 식당은 뭐가 맛있어요?
나: 저는 여기 오면 칼국수를 <u>먹든지</u> 만두를 먹어요.

① 먹거나
② 먹어도
③ 먹던데
④ 먹거든

　解説

何を食べるか訊く質問に対してカルグクスかマンドゥのうちいつも、一つを選択しているという返事をしている。②の「-아/어도」は譲歩を表し、③の「-던데」は過去の事に対する回想、④の「-거든」は条件を表すため適当でない。したがって、選択を表す①が正解である。

正解 ①

121 −는 대신(에) ★

		−(으)ㄴ 대신(에)	−는 대신(에)
동사 動詞	먹다	먹은 대신(에)	먹는 대신(에)
	가다	간 대신(에)	가는 대신(에)

		−(으)ㄴ 대신(에)			대신(에)
형용사 形容詞	좋다	좋은 대신(에)	명사 名詞	학생	학생대신(에)
	예쁘다	예쁜 대신(에)		친구	친구대신(에)

❶ 선행절의 일을 후행절의 일로 바꿀 때 사용한다.
先行節の事物を後続節の事物にかえる時に使う。

> 例 ▶ ・시간이 없어서 밥을 먹는 대신에 간단하게 빵을 먹었어요.
> 　　　時間かなくてご飯を食べる代りに、簡単にパンを食べました。
>
> ・오늘 친구가 바빠서 친구대신 제가 왔어요.　今日、友達が忙しくて、友達の代りに私が来ました。

❷ 선행절의 일 때문에 후행절의 일을 보상으로 받을 때 사용한다.
先行節の事物により後続節の事物を補償として受け取る時に使う。

> 例 ▶ ・친구가 공부하는 것을 도와주는 대신에 친구는 나에게 저녁을 사 줬어요.
> 　　　友達が勉強するのを手伝う代りに、友達は私に夕食を奢ってくれました。
>
> ・오늘 쉬는 대신 내일 열심히 일 하겠습니다.　今日休む代りに明日、一生懸命働きます。

2. 확인하기　確認しよう

> ※ 빈칸에 가장 알맞은 것을 고르십시오.
>
> 가: 아저씨, 너무 비싸니까 좀 깎아 주세요.
> 나: _____ 하나 더 드릴게요.
>
> ① 깎아 주는 대로　　　　　　　② 깎아 주는 대신에
> ③ 깎아 줄까 하다가　　　　　　④ 깎아 주기는 하지만

> 解説
>
> 割引はできないがもう一つあげるという意味の文を作る。①はある事柄をするのと同じだという意味、③はある行動を
> しようとしたが、しなかったという意味、④は先行節の行動はしても後続節の行動はできないという意味を表すため答
> えにならない。したがって、先行節と後続節を替える時に使う②が正解である。
>
> 正解 ②

-을 게 아니라 ★

知っておこう

		-(으)ㄹ 게 아니라
동사 動詞	먹다	먹을 게 아니라
	가다	갈 게 아니라

❶ 선행절의 행동을 하지 않고 후행절의 행동을 하려고 할 때 사용한다.
先行節の行動をせず、後続節の行動をしようとする時に使う。

例 ▶ ・가: 우리 오랜만에 만났는데 차나 한잔 할까?
私達、久しぶりに会ったからお茶でもしようか?

나: 좋아. 그런데 곧 점심시간이 되니까 차를 마실 게 아니라 밥을 먹으러 가자.
いいね。でも、すぐお昼の時間になるからお茶をするんじゃなくてご飯を食べに行こう。

・가: 갑자기 손님들이 오신다는데 뭐부터 해야 할지 모르겠어요. 요리부터 해야겠지요?
突然お客様がいらっしゃるといういうのに、何からしなければならないかわかりません。料理からしなければ
いけないですよね?

나: 요리부터 할 게 아니라 우선 청소부터 해야 할 것 같아요.
料理からするのではなく、とりあえず掃除からしなければならないと思います。

・궁금한 것이 있으면 우리끼리 이야기할 게 아니라 선생님께 직접 가서 여쭤보자.
気になる事があれば、私達だけで話すのではなく先生のところに行って訊いてみよう。

주의사항 注意事項

● '-을 게 아니라'는 '-을 것이 아니라'의 형태로 사용할 수 있다.
「-을 게 아니라」は「-을 것이 아니라」の形で使うことができる。

例 전화로 이야기할 게 아니라 만나서 이야기해야겠어요.
電話で話すのではなく会って話さなければならないと思います。
= 전화로 이야기할 것이 아니라 만나서 이야기해야겠어요.

もっと知ろう

▶ '-을 게 아니라'는 '-지 말고'와 바꾸어 사용할 수 있다.
「-을 게 아니라」は「-을 것이 아니라」の形で使うことができる。

例 ▶ ・계속 싸울 게 아니라 이야기를 하면서 오해를 푸세요.
電話で話すのではなく会って話さなければならないと思います。
= 계속 싸우지 말고 이야기를 하면서 오해를 푸세요.

※ 다음 두 문장을 알맞게 연결한 것을 고르십시오.

계속 지도만 보다 / 직접 그곳에 가 보다

① 계속 지도만 보더라도 직접 그곳에 가 봅시다.
② 계속 지도만 볼 뿐만 아니라 직접 그곳에 가 봅시다.
③ 계속 지도만 볼 게 아니라 직접 그곳에 가 봅시다.
④ 계속 지도만 보아도 직접 그곳에 가 봅시다.

解説

地図を見る事と実際そこに行く事を比較する時、後続節の事柄を選択するのがより良いという文である。①と④はずっと先行節の行動をしても後続節の行動をしなければならないという意味のため答えにならない。②は先行節の事柄に加え後続節の事柄もしようという意味で会わない。したがって先行節の事柄でなく後続節の事柄を選択しなさいという③が正解である。

正解 ③

1   다음 밑줄 친 부분과 바꾸어 써도 의미가 같은 것을 고르십시오.

　　가: 혼자 살면 매일 요리를 해서 먹기가 힘들 것 같아요.
　　나: 맞아요. 그래서 밖에서 <u>외식을 하거나</u> 배달을 시켜 먹을 때가 많아요.

　　❶ 외식을 하건만　　　　　　　　❷ 외식을 하든지
　　❸ 외식을 하듯이　　　　　　　　❹ 외식을 하거든　　　　118 120

2   제시된 상황에 맞는 대화가 되도록 밑줄 친 부분에 가장 알맞은 것을 고르십시오.

　　상황 – 이 영화는 코미디 영화라고 알려졌지만 내가 봤을 때 액션 영화인 것 같다.

　　가: 이 영화 봤어? 재미있는 코미디영화라면서?
　　나: 어제 봤는데 나는 ＿＿＿＿＿＿＿＿＿＿＿＿＿.

　　❶ 코미디 영화라기보다는 액션 영화 같았어
　　❷ 코미디 영화라면 모를까 액션 영화는 아니야
　　❸ 액션 영화라고 생각했는데 코미디 영화였어
　　❹ 코미디와 액션 영화는 비슷한 영화인 것 같아　　　　117

3   다음 밑줄 친 부분에 들어갈 말로 알맞은 것을 고르십시오.

　　가: 선생님, 이번 중간 시험을 보지 않는다는 것이 사실인가요?
　　나: 네, 하지만 시험을 ＿＿＿＿＿＿＿＿＿＿ 보고서를 써야 합니다.

　　❶ 안 보는 대신에　　　　　　　　❷ 안 볼 게 아니라
　　❸ 안 볼 테니까　　　　　　　　　❹ 안 보느니 차라리　　　121

unit 27
**선택
비교**

4   다음 밑줄 친 부분에 들어갈 말로 알맞은 것을 고르십시오.

　　가: 저 두 사람은 항상 싸우는 것 같아.
　　나: 그래서 다른 친구들은 두 사람이 ＿＿＿＿＿＿＿＿＿.

　　❶ 싸우든지 말든지 신경을 안 써　　　　❷ 싸우든지 말든지 신경을 쓰려고 해
　　❸ 싸우든지 말든지 신경을 쓰지 마　　　❹ 싸우든지 말든지 항상 신경을 써　　118

연습 문제 練習問題

5 다음 밑줄 친 부분 중 맞지 않은 것을 고르십시오.

① 중요한 내용이니까 <u>전화로 할 게 아니라</u> 만나서 이야기합시다.

② <u>화만 낼 게 아니라</u> 무슨 일이 있었는지 설명해 봐.

③ 그 여자는 <u>얼굴이 예쁠 게 아니라</u> 마음이 예뻐요.

④ 마음에 든다고 <u>무조건 살 게 아니라</u> 꼼꼼하게 따져야지요.

122

6 다음 밑줄 친 부분 중 맞지 않은 것을 고르십시오.

① 이런 음식을 <u>먹느니</u> 안 먹는 것이 낫겠다.

② 남자친구랑 계속 <u>싸우느니</u> 차라리 헤어지는 것이 좋겠어.

③ 아는 사람이 아무도 없는 곳에 <u>갔느니</u> 안 가는 것이 좋아.

④ 이 일을 다시 새로 <u>하느니</u> 포기하는 게 나을 거야.

116

7 다음 빈칸에 들어갈 알맞은 것을 고르십시오

　사람들은 스트레스를 받으면 여러 가지 방법으로 스트레스를 푼다.
운동을 _____ 집을 청소하면서 마음에 있는 스트레스를 긍정적으로 푸는 사람이 있고 반면에 취할 때까지 술을 마시고, 지나치게 쇼핑을 하는 등 부정적인 방법으로 스트레스를 푸는 사람도 있다.

① 하더니 　　　　　　　　② 하는 등

③ 하거나 　　　　　　　　④ 하면

120

8 다음 밑줄 친 부분과 바꾸어 쓸 수 있는 말로 알맞은 것을 고르십시오.

가: 어머니가 정말 젊어 보이시네요.

나: 그렇지요? 사람들이 <u>엄마가 아니라 언니인 것 같다고</u> 할 때도 있어요.

① 엄마라면 좋을 것 같다고 　　　　② 엄마보다 언니 같다고

③ 엄마와 언니가 닮았다고 　　　　④ 엄마라기보다는 언니 같다고

117

9   다음에 제시된 상황에 맞는 문장이 되도록 밑줄 친 부분에 가장 알맞은 것을 고르십시오.

상황 – 마이클 씨는 외국어를 잘한다. 한국어도 잘하고 중국어도 잘한다.
　　　그런데 한국어보다는 중국어를 더 잘 한다.

마이클 씨는 _____.

❶ 중국어 실력이 한국어 실력처럼 좋다
❷ 중국어 실력이 한국어 실력과 비슷하다
❸ 한국어 실력이 중국어 실력보다 낫다
❹ 한국어 실력이 중국어 실력만 못하다   **119**

10   다음 밑줄 친 부분에 들어갈 말로 알맞은 것을 고르십시오.

가: 배가 고프지 않아? 우리 맛있는 요리를 만들어 먹을까?
나: 글쎄. 배는 고픈데 지금 시간이 없으니까 요리를 하느니 _____.

❶ 맛이 없을 것 같아
❷ 별로 배가 안 고픈 것 같아
❸ 음식을 싫어하는 사람도 있어
❹ 간단하게 라면을 끓여먹는 것이 좋겠어   **116**

11   다음 밑줄 친 부분의 의미가 나머지 셋과 <u>다른 것</u>을 고르십시오.

❶ 우리 동생은 벌써 키가 아빠<u>만 해요</u>.
❷ 이 방은 고향에 있는 제 방<u>만 해요</u>.
❸ 그 연예인은 연기는 못하고 예쁘기<u>만 해요</u>.
❹ 컴퓨터가 작아서 지갑크기<u>만 해요</u>.   **119**

TOPIKに出題された韓国文化

韓国の美しい島、チェジュド(済州島)

　韓国で一番大きくて美しい島がどこか知っていますか？そう、チェジュドです。

　チェジュドにいくと「혼저옵서예(いらっしゃいませ)」という言葉を耳にすることがあるでしょう。でも驚かないでください。「어서 오세요(いらっしゃいませ)」という意味なんです。チェジュドは、石、風邪、女が多いことから「サンダド」（三多島）と呼ばれたり、また、泥棒、大きな門、乞食がいないことから「サンムド」（三無島）とも言われています。

　特にチェジュドは、島の真ん中に高くそびえるハンラサン（漢拏山）を中心に広がった美しい自然景観が有名です。有名な観光地としてはウド（牛島）、ソプチコジ、チョンジェヨンポッポ（天帝淵瀑布）、ヨンモリヘアン（龍頭海岸）などがあります。最近では、ゆったりと歩くことのできるオルレギル（オルレ道）というウォーキングコースが脚光を浴びていますが、このオルレギルは 家へ通じる狭い路地を意味しています。この道を歩けば、みな世間のあらゆる不安や心配を忘れられるのではないでしょうか？オルレギルを歩いたあとは、チェジュドの黒豚と馬肉をぜひ食べてみてください。

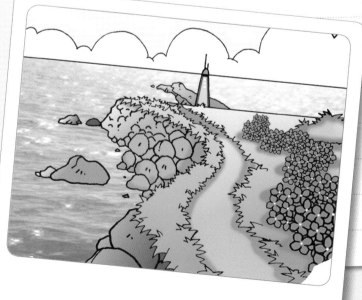

UNIT 28

조사 助詞

여기서
잠깐~

초급 문법 확인하기! 初級の文法を確認しよう!

까지 例 학교에서 우리집까지 30분 정도 걸려요. 学校から私の家まで30分ほどかかります。

도 例 우리 언니는 쇼핑을 좋아해요. 나도 마찬가지예요. 私の姉はショッピングが好きです。私も同じです。

마다 例 아침마다 공원에서 운동을 해요. 毎朝、公園で運動します。

만 例 친구들은 모두 MP3가 있는데 나만 없어요. 友達はみんなMP3があるのに、私だけありません。

보다 例 나는 친구보다 발이 더 커요. 私は友達より足が大きいです。

부터 例 1시부터 3시까지 수업이 있어요. 1時から3時まで授業があります。

에 例 나는 지금 공항에 가요. 私は今空港に行きます。

에게 例 친구가 나에게 선물을 줬어요. 友達が私にプレゼントをくれました。

에서 例 저는 집에서 청소를 해요. 私は家で掃除をします。

와/과 例 나는 아침에 빵과 우유를 먹어요. 私は朝、パンと牛乳を食べます。

으로 例 오른쪽으로 가면 편의점이 있어요. 右側に行けばコンビニがあります。

은/는 例 제 이름은 전혜경입니다. 私の名前はチョン・ヘギョンです。

을/를 例 동생은 채소를 먹지 않아요. 弟(妹)は野菜を食べません。

의 例 이것은 친구의 가방입니다. これは友達のカバンです。

이/가 例 여기가 도서관이에요. ここが図書館です。

이나 例 같이 차나 한 잔 할까요? 一緒にお茶でも一杯しましょうか?

123 만큼 ★★★

1. 알아두기   知っておこう

		만큼
명사 名詞	선생님	선생님**만큼**
	친구	친구**만큼**

❶ 정도가 비슷함을 나타낸다. 対象の事柄と程度が同じくらいであることを表す。

例
- 가: 기말 시험은 어땠어요? 期末試験はどうでしたか?
  나: 중간 고사**만큼** 어려웠어요. 中間試験ぐらい難しかったです。

- 도나 씨는 한국 사람**만큼** 한국어를 잘해요. ドナさんは韓国人と同じくらい韓国語が上手です。

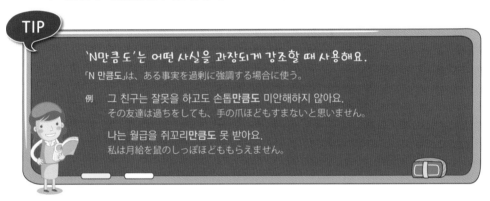

TIP

'N만큼도'는 어떤 사실을 과장되게 강조할 때 사용해요.
「N 만큼도」は、ある事実を過剰に強調する場合に使う。

例   그 친구는 잘못을 하고도 손톱**만큼도** 미안해하지 않아요.
その友達は過ちをしても、手の爪ほどもすまないと思いません。

나는 월급을 쥐꼬리**만큼도** 못 받아요.
私は月給を鼠のしっぽほどももらえません。

2. 확인하기   確認しよう

※ (   )에 맞는 것을 고르십시오.

가: 영미 씨가 노래를 잘 불러요?
나: 네, 영미 씨도 수진 씨(   ) 노래를 잘 불러요.

① 조차   ② 마저
③ 만큼   ④ 부터

解説

ヨンミさんの歌の実力が、スジンさんとほとんど変わらず、うまいと言っている状況である。したがって、ある程度が近いことを表す「만큼」を使った③が正解である。

正解 ③

unit 28
조사

은커녕 ★★★

		은/는커녕
명사 名詞	돈	돈**은커녕**
	친구	친구**는커녕**

❶ 앞의 상황뿐만 아니라 그보다 실현 가능한 뒤의 상황조차 일어나기 어려울 때 사용한다.
前で言ったことは当然不可能で、それより実現可能なことも難しいということを表す。

> 例 ▸ 가: 10만 원만 빌려줄 수 있어? 10万ウォンだけ貸すことができる？
> 　　나: 10만 원**은커녕** 만 원도 없어. 10万ウォンはおろか1万ウォンもない。

주의사항 注意事項

● 뒤에는 주로 부정적인 상황이 온다. 後続節には主に否定的な状況を表す。

> 例 숙제를 다 하기**는커녕** 시작도 못 했어요. 宿題を全部するのはおろか、始めることもできませんでした。

❷ 기대한 것과 다른 것을 나타낸다. 期待したことと違うことを表す。

> 例 ▸ 어른들이 아이들한테 모범이 되기**는커녕** 오히려 안 좋은 모습만 보여 주면 되겠어요?
> 大人が子供にとって模倣になるどころか、むしろ良くない姿ばかり見せていいと思いますか？
>
> ▸ 외국에 있는 친구를 찾아갔는데 나를 반가워하기**는커녕** 오히려 부담스러워했다.
> 外国にいる友達を訪ねて行きましたが、うれしがるどころかむしろ負担に思われた。

주의사항 注意事項

● '오히려'가 함께 사용되는 경우가 많다. 「오히려」と共に使われる場合が多い。

▶ '은커녕'은 '은 말할 것도 없고'와 바꾸어 사용할 수 있다.
「은커녕」は「은 말할 것도 없고」に置き換えて使うことができる。

> **例** ・지진이 난 곳에 의약품**은커녕** 마실 물도 부족해서 큰일이다.
>   地震が起きた所に医薬品どころか飲む水も不足して大変である。
>
>   = 지진이 난 곳에 의약품**은 말할 것도 없고** 마실 물도 부족해서 큰일이다.

3. 확인하기　確認しよう

> ※ 밑줄 친 부분과 바꾸어 사용할 수 있는 것을 고르십시오
>
> 가: 설악산에 가 보셨어요?
> 나: 아니요, <u>설악산은커녕</u> 동네 뒷산도 못 가 봤어요.
>
> ① 설악산은 말고
> ② 설악산이라고 해도
> ③ 설악산은 제외하고
> ④ 설악산은 말할 것도 없고

> **解説**
>
> ソラク山は当然行けず、自分の住んでいる地域の裏山にさえ行けなかったという状況である。前で言ったことは当然不可能で、それより実現可能なことも難しいということを表す「은/는 말할 것도 없고」を使った④が正解である。
>
> 正解 ④

125 치고 ★★★

		치고
명사 名詞	학생	학생**치고**
	친구	친구**치고**

❶ 일반적으로 기대하는 것보다 더하거나 덜할 때 사용한다.
一般的に期待することより、それ以上やそれ以下である場合に使う。

> 例 • 이번 겨울은 겨울**치고** 많이 춥지 않네요.　今年の冬は冬にしてはそれほど寒くありませんね。
>
> • 그 사람은 외국인**치고** 한국말을 아주 잘 하는군요.
> その人は外国人にしては韓国語がとてもよくできるんですね。

❷ 예외 없이 모두 마찬가지일 때 사용한다.　外なしに全て同じ場合に使う。

> 例 • 요즘 젊은 사람**치고** 컴퓨터를 못하는 사람은 없어요.
> 最近の若者でコンピューターができない人はいません。
>
> • 부모**치고** 자기 아이에게 관심이 없는 사람이 어디 있어요?
> 親で自分の子に関心がない人がどこにいますか?

주의사항　注意事項

● '-는 편이다'와 자주 같이 사용한다.　「-는 편이다」とよく一緒に使う。

> 例 그 아이는 초등학생**치고** 용돈을 많이 받는 **편이다**.
> その子は小学生にしてはお小遣いをたくさんもらう方だ。

※ 다음 (　　　)에 알맞은 것을 고르십시오

내 동생은 중학생(　　　　) 키가 너무 작아서 부모님께서 항상 걱정을 하신다.

① 마저
② 조차
③ 부터
④ 치고

解説

弟(妹)が一般的な中学生に比べて背が低いという意味の文を作る問題である。したがって、一般的に期待することより、それ以上だったりそれ以下であることを表す「치고」を使った④が正解である。

正解 ④

126 마저 ★★

 1. 알아두기 知っておこう

		마저
명사 名詞	선생님	선생님**마저**
	너	너**마저**

❶ 마지막 남은 하나까지 더해짐을 나타낸다. 「最後に残った一つまでも」という意味を表す。

> 例 · 사업에 실패해서 마지막 남은 집**마저** 팔아야 해요.
> 事業に失敗して、最後に残った家さえも売らなければなりません。
>
> · 다른 사람은 몰라도 너**마저** 그렇게 말할 줄은 몰랐어.
> 他の人は知らないが、君までそんな風に言うとは知らなかった。
>
> · 작년에 아버지가 돌아가셨는데 어머니**마저** 돌아가셨어요.
> 去年、父が亡くなりましたが、母まで亡くなりました。

주의사항 注意事項

● 부정적인 상황에서 주로 사용한다. 主に否定的な状況で使う。

 2. 더 알아두기 もっと知ろう

▶ '마저'는 주로 '까지'⒀⁰, '조차'⒀³와 바꾸어 사용할 수 있다.
「마저」は、主に「까지」、「조차」に置き換えて使うことができる。

> 例 · 길이 막히는데 비**마저** 쏟아졌다. 道が込み、雨までも降りしきった。
>
> = 길이 막히는데 비**까지** 쏟아졌다.
>
> = 길이 막히는데 비**조차** 쏟아졌다.

※ 다음 밑줄 친 부분과 의미가 비슷한 것을 고르십시오.

　　가: 저 다음 달에 이사 가요.
　　나: 수진 씨도 이사 갔는데 <u>민정 씨도</u> 가신다니 너무 섭섭하네요.

　　① 민정 씨나마
　　② 민정 씨밖에
　　③ 민정 씨야말로
　　④ 민정 씨마저

解説

スジンさんも引っ越しをしていないのに、ミンジョンさんまで引っ越してしまったら本当に寂しくなりそうだという内容の文章である。したがって、「最後に残った一つまでも」という意味を表す「마저」を使った④が正解である。

正解 ④

127 밖에 ★★

		밖에
명사 名詞	선생님	선생님**밖에**
	너	너**밖에**

❶ 오직 그것뿐임을 나타낸다. ただそれだけであることを表す。

> 例 ▶ • 이 일을 할 사람은 너**밖에** 없다. このことをする人はおまえの他にいない。
>
> • 먹을 것이라고는 라면**밖에** 안 남았어요. 食べるものといえば、ラーメンしか残っていません。
>
> • 수업이 곧 시작하는데 교실에는 선생님**밖에** 안 오셨어요.
>   授業がもうすぐ始まるのに、教室には先生しか来られませんでした。

주의사항 注意事項

● 'N밖에' 뒤에는 항상 '없다, 안/못 A/V, A/V-지 않다/못하다'와 같은 부정형을 사용한다.
「N밖에」の後では、常に「없다, 안/못 A/V, A/V-지 않다/못하다」のような否定形を使う。

> 例 방학이 일주일밖에 안 남았다. 休みが1週間しか残っていない。

▶ 'V-(으)ㄹ 수밖에 없다'는 ' V-아/어야 하다'와 바꾸어 사용할 수 있다.
「V-(으)ㄹ 수밖에 없다」は「V-아/어야 하다」に置き換えて使うことができる。

> 例 ▶ • 그럼 내가 갈 **수밖에** **없어요**. それじゃ、私が行くしかありません。
>   = 그럼 내가 가**야 해요**.

▶ 'A-(으)ㄹ 수밖에 없다'는 'A-(으)ㄴ 것은 당연하다'와 바꾸어 사용할 수 있다.
「A-(으)ㄹ 수밖에 없다」は「A-(으)ㄴ 것은 당연하다」に置き換えて使うことができる。

> 例 ▶ • 옷을 그렇게 입으면 추울 **수밖에** **없어요**. 洋服をそんなふううに着たら、寒くないわけがありません。
>   = 옷을 그렇게 입으면 추운 **것은** **당연해요**.

※ 다음 (　　)에 알맞은 것을 고르십시오.

　　가: 이것보다 더 효과적인 방법이 없을까?
　　나: 그런 방법 찾기 전에는 이대로 (　　　　　) 없어요.

　　① 하다시피
　　② 할 수밖에
　　③ 하려다가
　　④ 하는 대신에

解説

よりよい方法を探したいが現在は他の方法がないので今までの方法を使う、という意味の文を作る問題である。したがって、現在可能なことはその方法だけということを表す「밖에」を使った ② が正解である。

正解 ②

128 이나마 ★★

1. 알아두기　知っておこう

		(이)나마
명사 名詞	조금	조금**이나마**
	잠시	잠시**나마**

❶ 마음에 들지는 않지만 아쉬운 대로 그것을 선택할 때 사용한다.
気に入らないが、物足りないなりに選択するということを表す場合に使う。

> **例** ・가: 갑자기 비가 오는데 우산을 안 가지고 와서 큰일이네요.
> 突然、雨が降って、傘を持って来ず大変ですね。
> ・나: 교실에 헌 우산**이나마** 하나 남아 있어서 다행이네요.
> 教室に古い傘ですが、一つ残っていて幸いです。
>
> ・가: 어제 늦게 잠을 잤더니 피곤하다. 昨日、遅く寝たので疲れていた。
> ・나: 그래? 그럼 쉬는 시간에 잠깐**이나마** 잠을 자는 게 어때?
> そう？じゃ、休み時間に少しでも寝たらどう？

주의사항　注意事項

● '잠시나마, 잠깐이나마, 조금이나마'의 형태로 자주 사용된다.
「잠시나마, 잠깐이나마, 조금이나마」の形でよく使われる。

※ 빈칸에 알맞은 말을 고르십시오.

아내는 집이 너무 작다고 불평한다. 하지만 나는 작은 집(   ) 편안하게 쉴 수 있는 우리만의 공간
이 있다는 건 행복한 일이라고 생각한다.

① 이야
② 이나마
③ 까지도
④ 에서는

解説

小さい家は私が一番に望むものではないが、それによりある程度は満足することができるという意味の文である。
したがって、気に入らないが物足りないなりにそれを選択するという意味の「이나마」を使った②が正解である。

正解 ②

129 이야말로 ★★

1. 알아두기
知っておこう

		(이)야말로
명사 名詞	서울	서울**이야말로**
	제주도	제주도**야말로**

❶ 여러 가지 중에서 어떤 것이 가장 대표적이라는 것을 강조할 때 사용한다.
　様々な事の中である事が一番代表的であることを強調する場合に使う。

　例 ・가: 한국을 대표하는 음식이 뭐예요? 韓国を代表する料理は何ですか?
　　　나: 여러 가지가 있지만 김치**야말로** 가장 대표적인 음식이지요.
　　　　　いろいろありますが、キムチこそが一番代表的な料理でしょう。

　　・제주도**야말로** 한국에서 가장 아름다운 관광지라고 할 수 있어요.
　　　済州島こそが韓国で一番美しい観光地と言えます。

　　・세상에 중요한 것이 많이 있지만 사랑**이야말로** 가장 아름다운 것이라고 생각해요.
　　　世の中で重要なことがたくさんありますが、愛こそが一番美しいものだと思います。

2. 확인하기
確認しよう

※ 빈칸에 들어갈 말로 알맞은 것을 고르십시오.

가: 이 사진기가 마음에 드는데 가격이 좀 비싸군요.
나: 그렇기는 하지만 이 사진기(　　　　) 손님이 원하시는 기능을 다 갖춘 것입니다.

① 조차　　　　　　　　　　② 마저
③ 만한　　　　　　　　　　④ 야말로

　解説

話し手が望む一番いいものを強調する内容の文である。したがって、前の内容を強調する「이야말로」を使った④が正解である。

正解 ④

130 까지 ★

1. 알아두기 知っておこう

		까지
동사 動詞	친구	친구**까지**
	학생	학생**까지**

❶ 어떤 상황에서 다른 상황이 더해진 것을 나타낸다.
ある状況で別の状況がひどくなることを表す。

> 例 • 쓰기 시험도 망쳤는데 읽기 시험**까지** 망쳐 버렸어.
> 書き取り試験もだめにしたが、読解の試験までだめにしてしまった
>
> • 그 사람은 얼굴뿐만 아니라 마음**까지** 아름다워요.
> その人は顔だけでなく、心まで美しいです。
>
> • 동생은 영어에 일본어**까지** 잘해요. 妹(弟)は英語に、日本語までよくできます。

2. 더 알아두기 もっと知ろう

▶ 부정적인 상황일 때 '까지'는 '마저'❶²⁶, '조차'❶³³와 바꾸어 사용할 수 있다.
否定的な状況に使われる「까지」は「마저」、「조차」に置き換えて使うことができる。

> 例 • 길이 막히는데 비**까지** 쏟아졌다.
> 道が込み、雨まで降りしきった。
>
> = 길이 막히는데 비**마저** 쏟아졌다.
>
> = 길이 막히는데 비**조차** 쏟아졌다.

unit 28
조사

※ 다음 밑줄 친 부분과 바꿔 쓸 수 있는 것을 고르십시오.

늦게 출발했는데 버스<u>까지</u> 놓치다니 정말 지각하겠는데요.

① 라도
② 마저
③ 에다가
④ 부터

131 에다가 ★

1. 알아두기 知っておこう

명사 名詞		에다가
	옷	옷에다가
	학교	학교에다가

❶ 어떤 행동의 대상이 되는 장소를 나타낸다.
ある行動の対象になる場所を表す。

例 ▸ ・중요한 서류는 이 서랍에다가 넣어 뒀어요. 重要な書類はこの引き出しに入れておきました。

・지갑에다가 뭘 그렇게 많이 넣고 다녀요?
財布に何をそんなにたくさん入れていますか?

・사무실에다가 전화해서 물어 봤어요. 事務所に電話して聞いてみました。

주의사항 注意事項

● 주로 '꽂다, 넣다, 놓다, 두다, 걸다(벽에 걸다), 걸다(전화를 걸다), 물어 보다, 알아 보다' 등의 동사와 사용한다.
主に「꽂다, 넣다, 놓다, 두다, 걸다(벽에 걸다), 걸다(전화를 걸다), 물어 보다, 알아 보다」等の動詞と使う。

2. 더 알아두기 もっと知ろう

▶ '에다가'는 '에'와 바꾸어 사용할 수 있다. 「에다가」は「에」に置き換えて使うことができる。

例 ▸ ・중요한 서류는 이 서랍에다가 넣어 뒀어요. 重要な書類はこの引き出しに入れておきました。
= 중요한 서류는 이 서랍에 넣어 뒀어요.

※ 다음 밑줄 친 부분에 들어갈 적당한 것을 고르십시오.

　　가: 외국인등록증을 가져가야 하는데 못 찾겠어.
　　나: 외국인등록증? 그거 내가 책상 서랍_____ 넣어 두었어.

　　① 조차
　　② 에다가
　　③ 까지
　　④ 이라도

解説

外国人登録証を引き出しに入れておいたと言っている状況である。したがって、ある行動の対象になる場所を表す「에다가」を使った ② が正解である。

正解 ②

으로서 ★

		(으)로서
명사 名詞	인간	인간**으로서**
	친구	친구**로서**

❶ 지위, 신분, 자격이 있다는 것을 나타내거나 그 입장에 있다는 것을 나타낸다.
地位、身分、資格があるということを表したり、その立場にあることを表す。

例 ・학생**으로서** 하지 말아야 할 일들이 있어요.
学生として、してはいけないことがあります。

・이 기업의 회장**으로서** 여러분께 약속하겠습니다.　この企業の会長として、皆さんに約束します。

・선생님**으로서** 최선을 다하고 있습니다.　先生として、最善を尽くしています。

TIP

'으로서'와 '으로써'는 형태는 비슷하지만 다른 문법이에요. '으로서'는 지위, 신분, 자격이 있는 것을 나타내거나 그 입장에 있다는 것을 나타내요. 반면에 '으로써'는 어떤 일을 하기 위한 도구, 수단, 방법을 나타내요.

「으로서」と「으로써」は形は似ていますが異なる文法です。「으로서」は地位、身分、資格があることを表したり、その立場にあることを表します。反対に「으로써」はある事をするための道具、手段、方法を表す場合に使われます。

例　나는 지금 친구로서 충고하는 거야.　私は今、友達として忠告しているんだよ。

unit 28
조사

※ 빈칸에 들어갈 말로 알맞은 것을 고르십시오

너를 사랑하는 친구＿＿ 너에게 충고하고 싶어.

① 밖에
② 로서
③ 에다가
④ 나마

解説

愛する友達の立場で忠告をしたいという意味の文を作る問題である。したがって、資格や立場を表す「으로서」を使った②
が正解である。

正解 ②

조차 ★

知っておこう

		조차
명사 名詞	선생님	선생님**조차**
	부모	부모**조차**

❶ 일반적으로 당연하거나 쉽다고 기대하는 것이 기대와 다른 상황일 때 사용한다.
一般的に当然だったり、簡単だと期待することが、期待とは違う状況である場合に使う。

> 例 ・그 문제는 너무 어려워서 선생님**조차** 못 푼다고 해요.
> その問題は難しすぎて、先生さえも解けないといいます。
>
> ・계속 거짓말을 하니까 부모님**조차** 그의 말을 믿지 않는다.
> うそをつき続けるので、親さえもその言葉を信じません。
>
> ・목이 너무 아파서 침**조차** 삼키기 힘들어요. 喉が痛すぎて、唾さえも飲み込むのが大変です。

もっと知ろう

▶ '조차'는 주로 '마저'❶❷❻, '까지'❶❸⓿와 바꾸어 사용할 수 있다.
「조차」は主に「마저」、「까지」に置き換えて使うことができる。

> 例 ・길이 막히는데 비**조차** 쏟아졌다. 道が込み、雨までも降りしきった。
> = 길이 막히는데 비**마저** 쏟아졌다.
> = 길이 막히는데 비**까지** 쏟아졌다.

確認しよう

※ 빈칸에 들어갈 말로 알맞은 것을 고르십시오.

가: 이번 시험이 어려웠다면서요?
나: 네, 우리 반에서 공부를 제일 잘하는 친구(　　　　) 못 푸는 문제가 많았대요.

① 로서 　　　　　　　　　　② 조차
③ 만큼 　　　　　　　　　　④ 야말로

解説

一番いい点数を期待できるクラスで勉強が一番よくできる友達までも解けない問題が多かったという状況である。
したがって、話し手が一番期待することを表す「조차」を使った②が正解である。

正解 ②

연습 문제 練習問題

1   (   )에 맞는 것을 고르십시오.

가: 철수 씨가 농구를 잘 해요?
나: 네, 철수 씨도 민호 씨(   ) 농구를 해요.

❶ 치고   ❷ 마저
❸ 만큼   ❹ 조차   **123**

2   (   ) 안에 알맞은 것을 고르십시오.

가 : 요즘 대학생들이 졸업을 해도 취업하기가 힘들다고 하던데 직장은 구하셨어요?
나 : 말도 마세요. 직장(   ) 아르바이트도 구하기 힘들어요.

❶ 은커녕   ❷ 이나마
❸ 에다가   ❹ 이야말로   **124**

3   (   ) 안에 알맞은 것을 고르십시오.

가: 이번 교육 공무원 선거할 거예요?
나: 그럼요. 부모(   ) 교육에 관심이 없는 사람은 없을 걸요.

❶ 조차   ❷ 나마
❸ 마저   ❹ 치고   **125**

4   밑줄 친 표현 중 바르게 표현한 것을 고르십시오.

❶ 깜빡하고 핸드폰을 <u>식당으로서</u> 두고 왔다.
❷ 사람들과의 <u>인연은커녕</u> 소중하다.
❸ <u>조금이나마</u> 도움이 될 수 있어서 다행이에요.
❹ 고향 친구가 한국에 와서 <u>제주도야말로</u> 갔다.   **128**

5   다음 (   )에 알맞은 것을 고르십시오.

가: 너도 어렵게 한 부탁일 텐데 못 들어줘서 정말 미안해.
나: 너(   ) 안 된다고 하니 이제는 어쩔 수가 없네.

❶ 마저   ❷ 밖에
❸ 만큼   ❹ 치고   **126**

6   다음 (   ) 안에 알맞은 것을 고르십시오.

노년의 행복은 50대까지 만든 인간관계에 의해 결정된다고 한다. 인간의 수명은 점점 늘어
나고 있다. 우리가 노후를 행복하게 보내려면 친구를 많이 만드는 길(   ) 없다.

❶ 에서   ❷ 밖에
❸ 마저   ❹ 이야말로   **127**

7   다음 (   )에 알맞은 것을 고르십시오.

가: 한국을 대표하는 음식 좀 추천해 주세요.
나: 비빔밥(   ) 한국을 대표하는 음식이라고 할 수 있지요.

❶ 으로서   ❷ 이나마
❸ 에다가   ❹ 이야말로   **129**

8   (   )에 맞는 것을 고르십시오.

가: 동생이 (   ) 예쁘네요.
나: 네, 그 집 자매들은 언니도 동생도 모두 예뻐요.

❶ 언니조차   ❷ 언니만큼
❸ 언니나마   ❹ 언니야말로   **123**

9   (   ) 안에 알맞은 것을 고르십시오.

    가: 최근에는 국제기구와 민간단체들의 적극적인 활동 덕분에 기아에 허덕이는 사람들이
        많이 줄어든 것 같아요.
    나: 글쎄요. 아직도 세계의 많은 아이들이 굶주림에 시달리고 있는데 사람들이 도움을
        (   ) 관심도 없어요.

    ❶ 주기는커녕   ❷ 주기야말로
    ❸ 주는 것만큼   ❹ 주는 것조차   **124**

10   다음 밑줄 친 부분이 맞는 것을 고르십시오.

    ❶ <u>가끔만큼</u> 찾아뵙도록 하겠습니다.
    ❷ 물가가 올라서 과일을 <u>사는 것이나마</u> 겁이 난다.
    ❸ 지금까지 살면서 <u>오늘조차</u> 힘든 날은 없었던 것 같아요.
    ❹ 요즘 <u>청소년치고</u> 연예인을 안 좋아하는 학생들은 없을 거예요.   **125**

11   (   ) 안에 알맞은 것을 고르십시오.

    요즘은 서울에서 집을 사기가 하늘의 별 따기보다 더 어렵다고 한다. 그래도 나는 작은 집
    (   ) 있어서 다행이다.

    ❶ 조차   ❷ 이나마
    ❸ 에다가   ❹ 이야말로   **128**

12   다음 밑줄 친 부분 중 맞는 것을 고르십시오.

    ❶ <u>초등학생이나마</u> 키가 큰 편이네요.
    ❷ <u>친구만큼</u> 인생에서 가장 소중한 존재예요.
    ❸ <u>아버지마저</u> 저를 믿지 않으시면 어떡해요?
    ❹ 여행가는 데 <u>이것은커녕</u> 안 가지고 왔어요?   **76**

13 다음 밑줄 친 부분과 바꾸어 쓸 수 있는 것을 고르십시오.

가: 왜 유학을 포기했어요?
나: 유학을 가고 싶었지만 집안 사정이 어려워서 <u>취직을 할 수밖에 없었어요</u>.

❶ 취직을 해 봤자 소용이 없었어요
❷ 취직을 안 할 수가 없었어요
❸ 취직을 할 수조차 없었어요
❹ 취직을 할래야 할 수가 없었어요

(127)

14 다음 ( )에 알맞은 것을 고르십시오.

가: 제 남자친구는 항상 제 메일을 확인하려고 해요.
나: 말도 안돼요. 그런 행동( ) 심각한 사생활 침해라고 생각해요.

❶ 만큼   ❷ 이나마
❸ 이야말로   ❹ 에다가

(129)

15 ( )에 맞는 것을 고르십시오.

가: 오랜만에 집에서 쉬니까 너무 좋다.
나: 그러게 말이야. ( ).

❶ 집마저 편한 곳은 어디에도 없을 거야
❷ 집밖에 편한 곳은 어디에도 없을 거야
❸ 집만큼 편한 곳은 어디에도 없을 거야
❹ 집까지 편한 곳은 어디에도 없을 거야

unit 28
조사

(123)

연습 문제 練習問題

16   밑줄 친 부분이 맞는 것을 고르십시오.

❶ 노력을 안 하는 <u>사람마저</u> 성공하는 사람은 없다.

❷ 이번 학기는 <u>장학금은커녕</u> 진급도 하기 힘들어요.

❸ 나는 우리 <u>선생님이야말로</u> 친절한 사람은 처음 본다.

❹ <u>선배님밖에</u> 고향에 돌아 간 줄 알았는데 이렇게 만나서 기뻐요.   **124**

17   (   ) 안에 알맞은 것을 고르십시오.

가: 유리코 씨의 한국어 실력이 많이 느는 것 같아요.

나: 네. 그 정도면 6개월 공부한 것(   ) 훌륭하지요.

❶ 조차   ❷ 치고

❸ 밖에   ❹ 마저   **125**

UNIT 29

기타 その他

134 | -는 대로 ★★★

		-(으)ㄴ 대로	-는 대로
동사 動詞	받다	받은 대로	받는 대로
	도착하다	도착한 대로	도착하는 대로

❶ 어떤 일을 하는 것과 똑같이 한다는 의미를 나타낸다.
ある事をすることと同じようにするという意味を表す。

例
- 가: 이제 아기가 말할 줄 알아요? もう赤ちゃんは話せるんですか?
  나: 네, 요즘 제가 말하는 대로 잘 따라해요. はい、最近私が話す通りに真似して言います。

- 가: 가르쳐 주신 대로 했는데 잘 안 돼요. 教えてくださった通りにしましたがだめです。
  나: 그래요? 그럼 제가 다시 설명해 드릴게요. そうですか?それじゃ、私が一度説明してさしあげます。

❷ 어떤 일을 하고 바로라는 의미를 나타낸다.
ある事をしてすぐという意味を表す。

例
- 가: 아직 여자 친구와 결혼 계획은 없어요? まだ彼女と結婚する計画はありませんか?
  나: 취직하는 대로 결혼하려고 해요. 就職したらすぐ結婚しようと思います。

- 가: 언제쯤 도착할 수 있어요? いつ頃、到着できますか?
  나: 일 끝나는 대로 출발하면 8시쯤 도착할 것 같아요.
  仕事が終わってすぐ出発すれば8時頃、到着すると思います。

주의사항 注意事項

● '-는 대로'가 ❷의 뜻일 때는 과거형을 사용할 수 없다.
「-는 대로」が ❷の意味の場合は過去形を使えない。

例 집에 온 대로 저에게 전화 주세요. (X)
   (과거형) (過去形)

▶ '-는 대로'가 ❷의 뜻일 때는 '-자마자'⁰²⁸와 바꾸어 사용할 수 있다.
「-는 대로」が が❷の意味の場合は、「-자마자」に置き換えて使うことができる。

> **例** ▶ ・일이 끝나는 **대로** 출발하겠습니다.
> 仕事が終わったらすぐに出発します。
> = 일이 끝나**자마자** 출발하겠습니다.

▶ **다른 문법과의 결합형**   他の文法との結合形

• V -으라는 대로: 간접화법의 명령형인 '-으라고 하다'⁰⁴¹와 '-는 대로'가 결합된 형태로
명령한 것과 같이 어떤 일을 해야 할 때 사용한다.
「V-으라는 대로」は、間接話法の命令形である「-으라고 하다」と「-는 대로」が結合した形で、命令したようにある事をしなければならない場合に使う。

> **例** ▶ ・언니가 하라**는 대로** 했더니 쉽게 해결됐어.
> お姉さんがしろと言った通りにしたら簡単に解決した。
> (언니가 시키는 것과 같이 했다.) (お姉さんがさせる事と同じようにした)
>
> ・언니 하**는 대로** 했더니 쉽게 해결 됐어.   お姉さんがする通りにしたら簡単に解決した。
> (언니가 하는 행동과 똑같이 했다.) (お姉さんがする行動と同じようにした)

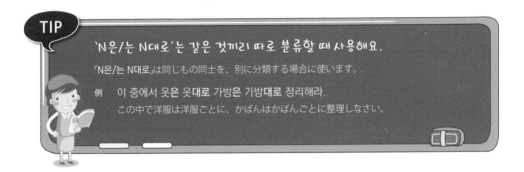

> **TIP**
>
> 'N은/는 N대로'는 같은 것끼리 따로 분류할 때 사용해요.
>
> 「N은/는 N대로」は同じもの同士を、別に分類する場合に使います。
>
> 例   이 중에서 옷은 옷**대로** 가방은 가방**대로** 정리해라.
> この中で洋服は洋服ごとに、かばんはかばんごとに整理しなさい。

※ 밑줄 친 부분이 <u>다른 의미</u>로 사용된 것을 고르십시오.

① 편지 받는 <u>대로</u> 곧 답장하세요.
② 수업이 끝나는 <u>대로</u> 도서관 앞에서 만납시다.
③ 거짓말하지 말고 들은 <u>대로</u> 이야기하세요.
④ 미영 씨 들어오는 <u>대로</u> 저한테 오라고 전해 주세요.

> 解説
>
> 「-는 대로」の二つの意味の中で①、②、④はある事をしてすぐ、という意味で使われ、③はある事を全く同じようにしたという意味である。したがって、正解は③である。
>
> 正解 ③

135 　 –는 척하다 ★★★

I. 알아두기 　知っておこう

		–(으)ㄴ 척하다	–는 척하다
동사 動詞	먹다	먹은 척하다	먹는 척하다
	보다	본 척하다	보는 척하다

		–(으)ㄴ 척하다
형용사 形容詞	작다	작은 척하다
	예쁘다	예쁜 척하다

		인 척하다
명사+이다 名詞+이다	학생	학생인 척하다
	친구	친구인 척하다

❶ 행동이나 상태를 실제와 다르게 꾸미는 태도를 나타낸다.
　行動や状態を実際とは違うようにつくろう態度を表す。

> 例 ▶ ・가: 오늘 아침에 준호를 만났는데 나를 못 본 **척하**고 지나갔어. 나한테 화가 났나?
> 　　　　今朝、ジュンホに会ったが私を見なかった振りして通り過ぎたの。私に怒ったのかな？
> 　　　나: 글쎄, 준호가 너를 정말 못 본 것은 아닐까?
> 　　　　どうかな、ジュンホがおまえを見なかったんじゃないか？
>
> ・항상 예쁜 **척하**기 때문에 여자 아이들이 지영이를 싫어한다.
> 　いつもかわいこぶるので、女の子達はチヨンちゃんを嫌っている。
>
> ・수업 시간에 선생님 말씀을 듣는 **척했**지만 사실은 어제 일을 생각하고 있었어요.
> 　授業時間に先生のお話を聞く振りをしたが、実は昨日のことを考えていました。

주의사항　注意事項

● 동사 '알다'의 경우 현재형으로만 사용하고 과거형은 사용하지 않는다.
　動詞「알다」の場合、現在形として使い、過去形は使わない。

> 例 　그 문제를 이해할 수 없었지만 계속 **아는** 척했어요. (O) 　その問題を理解できなかったが、
> 　　　　　　　　　　　　　 (현재형) (現在形)　 ずっと知っているふりをしました。
>
> 　그 문제를 이해할 수 없었지만 계속 <u>안</u> 척했어요. (X)
> 　　　　　　　　　　　　　 (과거형) (過去形)

2. 더 알아두기　もっと知ろう

▶ '-는 척하다'는 '-는 체하다'[145]와 바꾸어 사용할 수 있다.
「-는 척하다」は、「-는 체하다」に置き換えて使うことができる。

> **例** ▶ ・친구는 내 비밀을 알고 있지만 계속 모르는 **척했**어요.
> 　　友達は私の秘密を知っていたが、ずっと知らない振りをしていました。
> 　　= 친구는 내 비밀을 알고 있지만 계속 모르는 **체했**어요.

3. 확인하기　確認しよう

※ (　　　) 안에 알맞은 것을 고르십시오.

가: 수미 씨가 많이 아픈가 봐요.
나: 아니에요. 오늘 모임에 가기 싫어서 (　　　　　　).

① 아플 거예요
② 아팠으면 해요
③ 아픈 척하는 거예요
④ 아플까봐 걱정이에요

| 解説 |

具合いが悪くないが悪いように行動したという意味の文を作る問題である。①は具合いが悪いと推測する意味で、②は具合いが悪いことを願うという意味で、④は具合いが悪そうで心配だという意味のため、答えにならない。したがって、事実とは違う行動をするという意味を表す③が正解である。

正解 ③

–던데(요) ★★★

동사 動詞		–았/었던데요	–던데요	–겠던데요
	먹다	먹었던데요	먹던데요	먹겠던데요
	가다	갔던데요	가던데요	가겠던데요

형용사 形容詞		–던데요
	작다	작던데요
	예쁘다	예쁘던데요

명사+이다 名詞+이다		(이)던데요
	돈	돈이던데요
	친구	친구던데요

❶ 과거의 어떤 상황을 회상하여 말할 때 사용한다. 過去のある状況を回想して述べる場合に使う。

例 ▶ • 가: 혹시 민수 봤어요? もしかして、ミンス見ましたか？
　　　나: 아까 집에 가던데요. さっき、家に帰ったけど、どうしたんですか？

　　 • 가: 어제 민호 씨 여자 친구를 만났다면서요?
　　　　 昨日、ミンホさんの彼女に会ったそうですね。
　　　나: 네, 정말 예쁘던데요. はい。本当にきれいでした。

주의사항 注意事項

● 감정이나 기분을 나타낼 때를 제외하고는 주어는 1인칭을 사용할 수 없다.
　感情や気分を表す場合を除いて、主語は一人称を使えない。

例 남자친구한테 꽃을 받으니까 (제가) 기분이 정말 좋던데요. (O) 彼氏から花をもらったから気分が本当にいいです。
　　　　　　　　　　　　　　(주어) (기분을 나타냄)
　　　　　　　　　　　　　　(主語) 　(気分を表す)

　　제가 어제 머리를 하러 미용실에 가던데요. (X)
　　(주어) (主語)　　　　　　　(기분을 나타내지 않음) (気分を表さない)

TIP

동사의 경우, '-았/었던데요', '-던데요'는 모두 과거를 회상할 때 사용하는데 형태가 조금씩 다르지요? 각각 의미 차이가 있는데요. '-았/었던데요'는 과거에 이미 완료된 상황을 본 것을 의미하며, '-던데요'는 과거에 진행되고 있던 일을 의미해요.

動詞の場合「-았/었던데요」、「-던데요」は全て過去を回想する場合に使いますが、形が少し違うでしょう。各々、意味に違いがあります。「-았/었던데요」は過去にすでに完了した状況を見たことを意味し、「-던데요」は過去に進行していたことを意味します。

例　비가 오던데요. → 비가 내리고 있는 상황을 보고 나서 이야기한다.
　　雨が降りました。→ 雨が降っている状況を見てから話す。

　　비가 왔던데요. → 비가 내린 후 젖은 땅을 보고 나서 이야기한다.
　　雨が降りました。→ 雨が降った後、濡れている地面を見てから話す。

하지만, '-겠던데요'는 추측의 의미가 있어요.

しかし、「-겠던데요」は推測の意味があります。

例　비가 오겠던데요. → 흐린 하늘을 보고 나서 추측하면서 이야기한다.
　　雨が降りそうです。→ 曇り空を見てから推測しながら話す。

3. 확인하기　確認しよう

※ 밑줄 친 부분이 틀린 것을 고르십시오.

① 저는 무서운 영화를 <u>좋아하던데요</u>.
② 어제는 날씨가 흐렸지만 오늘은 <u>맑던데요</u>.
③ 그 물건을 써 보니까 품질이 아주 <u>좋던데요</u>.
④ 사람들이 매표소 앞에 길게 줄을 서 <u>있던데요</u>.

解説

「-던데요」の場合、感情や気分を表す形容詞を使う場合を除いて、主語に一人称が来ることができない。したがって、①が正解である。

正解 ①

unit 29
기타

137 얼마나 -는지 모르다 ★★★

1. 알아두기 知っておこう

		얼마나 -았/었는지 모르다	얼마나 -는지 모르다
동사 動詞	먹다	얼마나 먹었는지 모르다	얼마나 먹는지 모르다
	자다	얼마나 잤는지 모르다	얼마나 자는지 모르다

		얼마나 -았/었는지 모르다	얼마나 -(으)ㄴ지 모르다
형용사 形容詞	좋다	얼마나 좋았는지 모르다	얼마나 좋은지 모르다
	예쁘다	얼마나 예뻤는지 모르다	얼마나 예쁜지 모르다

		얼마나 이었/였는지 모르다	얼마나 인지 모르다
명사+이다 名詞+이다	학생	얼마나 좋은 학생이었는지 모르다	얼마나 좋은 학생인지 모르다
	친구	얼마나 좋은 친구였는지 모르다	얼마나 좋은 친구인지 모르다

❶ 어떤 사실이나 상황의 정도가 대단함을 강조할 때 사용한다.
　ある事実や状況の程度か立派だということを強調する場合に使う。

> 例 ▶ ・가: 어제 간 식당이 어땠어요? 昨日行った食堂はどうでしたか?
> 　　　나: 정말 좋더라고요. 음식이 맛있어서 **얼마나** 많이 먹**었는지** 몰라요.
> 　　　　　本当によかったです。料理がおいしくて、どれだけたくさん食べたかわかりません。
>
> 　　・가: 요즘 그곳 날씨가 어때요? 最近、そこの天気はどうですか?
> 　　　나: 지금 겨울이어서 **얼마나** 추운**지** 몰라요. 今、冬ですからどれだけ寒いかわかりません。

주의사항 注意事項

● 명사 앞에는 꾸며 주는 형용사가 필요하다.
　名詞の前には修飾する形容詞が必要である。

> 例 **얼마나 좋은 학생인지** 몰라요. (O) どれだけ良い学生かわかりません。
> 　　　　 (꾸며주는 형용사) (修飾する形容詞)
>
> 　　얼마나 학생인지 몰라요. (X)

※ 밑줄 친 부분과 의미가 같은 것을 고르십시오.

가: 어머니 수술이 잘 끝나서 정말 다행이에요.
나: 하지만 어제는 <u>얼마나 마음을 졸였는지 몰라요</u>.

① 마음이 편해졌어요
② 많이 편찮으셨어요
③ 걱정을 정말 많이 했어요
④ 수술이 늦게 끝나서 잠깐 졸았어요

unit 29
기타

–(으면) –을수록 ★★★

知っておこう

		–(으면) –(으)ㄹ록
동사 動詞	마시다	(마시면) 마실수록
	먹다	(먹으면) 먹을수록
형용사 形容詞	싸다	(싸면) 쌀수록
	많다	(많으면) 많을수록

❶ 선행절의 행동이나 상황이 계속됨으로 후행절의 정도가 더해지는 것을 나타낸다.
先行節の行動や状況が続くことで、後続節の程度が強くなることを表す。

例 ▸ • 그 사람은 만나면 만날수록 좋은 사람인 것 같아요.
　　그の人は会えば会うほど、いい人のような気がします。

　　• 싸면 쌀수록 품질이 떨어지는 것 같아요.
　　安ければ安いほど、品質が落ちるようです。

　　• 친구는 많을수록 좋잖아요. 友達が多ければ多いほどいいじゃないですか。

確認しよう

※ 빈칸에 가장 알맞은 것을 고르십시오.

　가: 한국어 공부는 잘 돼 가요?
　나: 네, 힘들지만 ＿＿＿＿＿＿＿＿＿＿ 재미있어요.

　① 공부를 하는 대로　　　　　　② 공부를 하려고 해도

　③ 공부를 하면 할수록　　　　　④ 공부를 하기 힘들까봐

解説

大変だが勉強を続けていたらおもしろくなった、という意味にならなければならない。①の「-는 대로」は「어떤 일은 하고 바로」という意味、②の「-려고 해도」は計画と譲歩の意味、④の「-을까봐」は推測の意味を表すため、答えにならない。したがって、勉強を続けておもしろくなったという意味を表す③が正解である。

正解 ③

139 －을 뻔하다 ★★★

		-(으)ㄹ 뻔하다
동사 動詞	잊다	잊**을 뻔하다**
	넘어지다	넘어질 **뻔하다**

❶ 어떤 상황이 거의 일어나려고 했지만 실제로는 일어나지 않았을 때 사용한다.
　ある状況が起きそうだったが、実際には起こらなかった場合に使う。

> 例 ▸ • 가: 눈이 와서 길이 정말 미끄럽죠? 걷기가 너무 힘드네요.
> 　　　　雪が降ったので道が本当に滑りやすいでしょう？歩くのがとても大変ですね。
> 　　나: 맞아요. 오다가 길에서 넘어질 **뻔 했어요.** 　そうです。来る途中、道で転びそうになりました。
>
> • 가: 여행은 어땠어요? 　旅行はどうでしたか？
> 　나: 사람들이 정말 많아서 아이를 잃어버릴 **뻔 했어요.** 　人が本当に多くて、子供を見失いそうになりました。

주의사항 注意事項

● 항상 과거형으로 쓴다. 常に過去形で使う。

　　例 교통 사고가 날 뻔했어요. (O) 　交通事故が起きそうになりました。
　　　　　(과거형) (過去形)

　　교통 사고가 날 뻔해요. (X)
　　　　(현재형) (現在形)

※ 빈칸에 들어갈 알맞은 것을 고르십시오.

　모처럼 대학 동창들과 함께 극장에 갔더니 주말이라고 표가 모두 매진되었다. 공휴일이라 그런지 극장 안은 사람들로 붐벼서 발 디딜 틈도 없었다. 영화를 못 (　　　　　) 다행히 다음 시간 영화표가 몇 장 남아 있어서 가까스로 표를 살 수 있었다.

① 볼까 봐서
② 볼 뻔했지만
③ 볼 만했지만
④ 볼 리 없었지만

解説

映画のチケットを大変な思いをして手に入れて、やっと映画を観たという内容である。①は映画を観れそうにないと心配するもので、後続節との連結が自然でない。また③は映画に対する評価を表す「-을 만하다」が使われるため、④は映画を観れない可能性がないという意味のため、答えにならない。したがって、ある事が起きそうだったが起こらなかったという事実を表す「-을 뻔하다」を使った②が正解である。

正解 ②

140 −기(가) ★★

		−기(가)
동사 動詞	먹다	먹**기(가)**
	가다	가**기(가)**

❶ 어떤 일을 하는 것에 대한 상태나 생각을 표현할 때 사용한다.
ある事をするのに対する状態や考えを表現する場合に使う。

> **例**　• 눈이 올 때 너무 빨리 운전하면 사고 나**기가** 쉽다.
> 雪が降る時、とても早く運転すると事故が起こりやすい。
>
> • 그 사람 앞에만 가면 왠지 말하**기가** 부끄러워요.
> その人の前に行くだけで、なぜか話すことが恥ずかしくなります。
>
> • 목이 너무 아파서 지금은 노래하**기** 힘들어요. 喉がとても痛いので、今は歌を歌うのが難しいです。

주의사항　注意事項

● 'V−기가' 뒤에는 '부끄럽다, 불편하다, 섭섭하다, 쉽다, 슬프다, 싫다, 어렵다, 좋다, 즐겁다, 편하다, 피곤하다, 힘들다' 등 감정을 표현하는 형용사가 주로 온다.
「V−기가」の後には、主に「부끄럽다, 불편하다, 섭섭하다, 쉽다, 슬프다, 싫다, 어렵다, 좋다, 즐겁다, 편하다, 피곤하다, 힘들다」等の感情を表す形容詞が来る。

※ 밑줄 친 부분과 의미가 같은 말을 고르십시오.

가: 오늘 회의 결과는 어떻게 됐어요?
나: 쉽게 결론을 낼 수 없었어요. 의견이 하도 다양해서 말이에요.

① 결론을 내기가 조금 힘들었어요
② 전혀 힘들지 않게 결론이 났어요
③ 별로 힘들지 않게 결론이 났어요
④ 결론을 내기가 여간 어렵지 않았어요

解説

結論を出すことがとても難しいという意味の文を探す問題である。①は少しだけ難しいという意味、②は難しくないという意味、③はほとんど難しくなかったという意味のため、答えにならない。したがって、結論を出すのがとても難しいという意味の④が正解である。

正解 ④

–기는(요) ★★

		–기는(요)
동사 動詞	찾다	찾기는(요)
	하다	하기는(요)
형용사 形容詞	많다	많기는(요)
	예쁘다	예쁘기는(요)

		(이)기는(요)
명사+이다 名詞+이다	학생	학생이기는(요)
	천재	천재기는(요)

❶ 상대방이 말한 것을 가볍게 부정하거나 칭찬에 대해 겸손하게 대답할 때 사용한다.
相手が言ったことを軽く否定したり、称賛に対して謙遜して答える場合に使う。

例
- 가: 민호는 영어를 정말 잘하는 것 같아. ミンホは英語が本当によくできるみたい。
  나: 잘하기는. 발음도 별로야.
  よくできるなんて。発音もあんまりだよ。
- 가: 오늘 정말 예쁘네요. 今日、本当にきれいですね。
  나: 예쁘기는요. 머리도 엉망인데요. きれいだなんて。髪もぐちゃぐちゃですし。

※ ( ) 안에 알맞은 것을 고르십시오.

가: 오늘 연설 아주 멋있었습니다.
나: ( ). 제 경험을 좀 소개한 것뿐인데요.

① 멋있기는요 ② 멋있고말고요
③ 멋있는 셈이죠 ④ 멋있는 편이죠

解説

称賛を受けた状況でふさわしい返事を選ぶ問題である。②の「-고말고(요)」は相手の言葉に同意する表現、③の「-는 셈이다」はほとんどそんな状況であることを表す表現のため、答えにならない。また④の「-는 편이다」はある片方に近いという意味のため、答えにならない。したがって、相手の言葉を軽く否定しながら称賛に対して謙遜して答える表現の①が正解である。

正解 ①

unit 29
기타

142 -는 둥 마는 둥 ★★

1. 알아두기　知っておこう

		-는 둥 마는 둥
동사 動詞	먹다	먹는 둥 마는 둥
	보다	보는 둥 마는 둥

❶ 어떤 행동을 하기는 했지만 제대로 하지 않은 것을 나타낸다.
　ある行動をすることはしたが、まともにしなかったことを表す。

> **例** ・늦잠을 자는 바람에 아침을 먹**는 둥 마는 둥** 하고 나왔어요.
> 　　　寝坊したせいで朝ご飯を食べたのやら食べないのやらで出てきました。
>
> 　　・미술관에 사람이 많아서 보**는 둥 마는 둥** 했어요. 美術館に人が多くて、見たのやら見なかったのやらでした。
>
> 　　・그 사람은 바쁘다면서 제 얘기를 듣**는 둥 마는 둥** 했어요.
> 　　　その人は忙しいと言いながら、私の話しを聞くのやら聞かないのやらでした。

2. 확인하기　確認しよう

※ 빈칸에 들어갈 말로 알맞은 것을 고르십시오.

　　요즘 동생이 무슨 걱정이 있는 것 같아요. 오늘 아침에는 말도 별로 안 하고 식사도 (　　　　　) 하고 출근했어요.

① 하다가 말다가
② 하거나 말거나
③ 하는 둥 마는 둥
④ 하는 척 마는 척

　解説

食事をしたことはしたが、心配でまともに食べられず、食べなかったのも同然だと話す状況である。①は食事をする行動としない行動を繰り返すことで、②は食事をしても、しないと同じ結果が来るため、答えにならない。また、④は実際はしないのに、したように装うことを表すため、やはり答えにならない。したがって、ある行動をすることはしたが、まともにしないことを意味する③が正解である。

正解 ③

---

143 –고말고(요) ★

		–았/었고말고(요)	–고말고(요)
동사 動詞	먹다	먹었고말고(요)	먹고말고(요)
	가다	갔고말고(요)	가고말고(요)
형용사 形容詞	춥다	추웠고말고(요)	춥고말고(요)
	예쁘다	예뻤고말고(요)	예쁘고말고(요)

		이었/였고말고(요)	(이)고말고(요)
명사+이다 名詞+이다	학생	학생이었고말고(요)	학생이고말고(요)
	친구	친구였고말고(요)	친구고말고(요)

❶ 어떤 일에 대해 동의를 나타내거나 그 일이 당연하다고 생각할 때 사용한다.
ある事に対して同意を表したり、その事が当然だと考える場合に使う。

 ・가: 내일 같이 갈 거지요? 明日一緒に行くでしょう？
　　나: 가**고말고요**. 行くとも。

・가: 엄마, 저도 어렸을 때 귀여웠어요? お母さん、私も幼い頃、かわいかったですか？
　　나: 그럼, 귀여웠**고말고**. もちろん、かわいかったとも。

※ 빈칸에 들어갈 말로 알맞은 것을 고르십시오.

　　가: 내일 제 생일인데, 파티에 올 거지요?
　　나: _____.

　　① 가도 돼요
　　② 가 봤어요
　　③ 가고말고요
　　④ 가서 좋았어요

誕生日パーティに来れるかという質問に答える状況である。①は誕生日パーティに行くことを承諾することを表し、②は誕生日パーティに行ったことがあるということを表し、④はパーティに行ってきてよかったということを表す。したがって、パーティに当然行くと応答する③が正解である。

正解 ③

144 -는 수가 있다 ★

1. 알아두기 知っておこう

		-는 수가 있다
동사 動詞	남다	남**는 수가 있다**
	보다	보**는 수가 있다**

❶ 어떤 행동이나 상태 때문에 어떤 결과가 생길 가능성이 있다는 것을 나타낸다.
ある行動や状態のせいで、ある結果が生じる可能性があるということを表す。

例 ▶ ・그렇게 버릇없이 굴다가는 혼나**는 수가 있어**. そんなに不作法に振る舞ってはひどいことに遭うこともある。

・자신의 이익만 생각하다가는 오히려 손해를 보**는 수가 있다**.
自分の利益だけ考えてはむしろ損をすることもある。

・과거에 대한 반성 없이 미래만 생각하면 같은 잘못을 저지르**는 수가 있다**.
過去に対する反省なしに未来だけ考えれば、同じ過ちを犯すこともある。

주의사항 注意事項

● 결과는 주로 부정적인 것이 많다. 結果は主に否定的なことが多い。

2. 더 알아두기 もっと知ろう

▶ '-는 수가 있다'는 '-을 지도 모르다'와 바꾸어 사용할 수 있다.
「-는 수가 있다」、「-을 지도 모르다」に置き換えて使うことができる。

例 ▶ ・감기가 심해지면 목이 붓**는 수가 있어요**. 風邪がひどいと喉が腫れることもあります。
= 감기가 심해지면 목이 부**을 지도 몰라요**.

※ 다음 밑줄 친 부분과 바꾸어 쓸 수 있는 것을 고르십시오.

　설날에는 고향에 가는 표를 미리 사 놓지 않으면 <u>못 가는 수가 있어요</u>.

　① 못 갈 지도 몰라요
　② 못 갈 정도예요
　③ 못 갈까 해요
　④ 못 갈 리 없어요

故郷に帰れない可能性があるという意味の文である。②の「-을 정도이다」はあることと状態が似ていることを表し、③の「-을까 하다」は計画を表すため、答えにならない。また、④の「-을 리 없다」は可能性がないことを表すため、やはり答えにならない。したがって、帰れない可能性があるという意味の①が正解である。

正解 ①

145 −는 체하다 ★

		−(으)ㄴ 체하다	−는 체하다
동사 動詞	먹다	먹은 체하다	먹는 체하다
	보다	본 체하다	보는 체하다

		−(으)ㄴ 체하다
형용사 形容詞	작다	작은 체하다
	예쁘다	예쁜 체하다

		인 체하다
명사+이다 名詞+이다	학생	학생인 체하다
	친구	친구인 체하다

❶ 행동이나 상태를 실제와 다르게 꾸미는 태도를 나타낸다.
　行動や状態を実際とは違うようにつくろう態度を表す。

> 例 ・그 사람은 나를 봤는데도 모르는 체했어요.
> 　その人は私を見ても知らない振りをしました。
>
> ・집에 가고 싶어서 학교에서 아픈 체했어요.
> 　家に帰りたくて、学校で具合いの悪い振りをしました。
>
> ・채팅을 하고 있었지만 중요한 일을 하고 있는 체했어요.
> 　チャットをしていましたが、重要なことをしている振りをしました。

2. 더 알아두기　もっと知ろう

▶ '−는 체하다'는 '−는 척하다'[135]와 바꾸어 사용할 수 있다.
　「−는 체하다」は、「−는 척하다」に置き換えて使うことができる。

> 例 ・친구는 내 비밀을 알고 있지만 계속 모르는 체했어요.
> 　友達は私の秘密を知っていながら、ずっと知らない振りをしました。
> ＝ 친구는 내 비밀을 알고 있지만 계속 모르는 척했어요.

unit 29
기타

※ 밑줄 친 부분을 같은 의미로 바꾸어 쓴 것을 고르십시오.

　가: 어제 본 영화 어땠어요? 정말 무섭다고 들었는데.
　나: 정말 무서웠는데 여자 친구 때문에 안 <u>무서운 체했어요</u>.

　① 무서운 셈이에요
　② 무서운 척했어요
　③ 무서울 뻔했어요
　④ 무서울 지경이에요

怖かったが怖くないことのように行動したという文を探す問題である。①の「-는 셈이다」はあることと同じであることを表し、③の「-을 뻔 했다」はしようとしたがしなかったということを表し、④の「-을 지경이다」は程度を表すため、答えにならない。したがって、事実と違う行動をしたという意味の「-는 척하다」を使った②が正解である。

正解 ②

-다니 ★

1. 알아두기 知っておこう

		-았/었다니	-다니	-(으)ㄹ 거라니
동사 動詞	먹다	먹었다니	먹다니	먹을 거라니
	가다	갔다니	가다니	갈 거라니

		-았/었다니	-다니
형용사 形容詞	좋다	좋았다니	좋다니
	예쁘다	예뻤다니	예쁘다니

		이었/였다니	(이)라니
명사+이다 名詞+이다	학생	학생이었다니	학생이라니
	친구	친구였다니	친구라니

❶ 어떤 사실이나 상황이 놀랍거나 믿을 수 없을 때 사용한다.
ある事実や状況が驚いたり、信じられない場合に使う。

> **例** ▸ ・저렇게 빨리 달릴 수 있다니 정말 신기하군요. あんなに早く走れるなんて本当に不思議です。
>
> ・봄인데도 이렇게 춥다니 너무 이상해요. 春ですがこんなに寒いなんておかし過ぎます。
>
> ・그 사람이 50대라니 믿을 수 없어요. 저는 30대인 줄 알았어요.
>   その人が50代なんて信じられません。私は30代だと思いました。

주의사항 注意事項

● 문장의 끝에 올 때 '-다니(요)'의 형태로 사용할 수 있다.
  文の終わりに来る場合、「-다니(요)」の形で使うことができる。

> **例** 친구가 나에 대해 나쁜 말을 하다니……. 友達が私に対して悪い言葉を言ったなんて……
>   = 친구가 나에 대해 나쁜 말을 하다니 믿을 수 없어요.
>
>   벌써 밤 12시라니요? もう夜の12時ですって？
>   = 벌써 밤 12시라니 말도 안 돼요.

※ 다음 두 문장을 바르게 연결한 것을 고르십시오.

　공부를 하나도 안 한 친구가 1등을 하다 / 믿을 수 없다

① 공부를 하나도 안 한 친구가 1등을 하느라고 믿을 수 없어요.
② 공부를 하나도 안 한 친구가 1등을 하다시피 믿을 수 없어요.
③ 공부를 하나도 안 한 친구가 1등을 하다니 믿을 수 없어요.
④ 공부를 하나도 안 한 친구가 1등을 하다가 믿을 수 없어요.

解説

勉強をしない友達が1等になった事実に驚いたことを表す文を探す問題である。①の「-느라고」は理由を表し、②の「-다시피」は情報の確認を表し、④の「-다가」はあることをする途中に、という意味を表すため、答えにならない。したがって、信じられない状況を表現する「-다니」を使った③が正解である。

正解 ③

147 어찌나 -는지 ★

		어찌나 -았/었는지	어찌나 -는지
동사 動詞	먹다	어찌나 먹었는지	어찌나 먹는지
	사다	어찌나 샀는지	어찌나 사는지

		어찌나 -았/었는지	어찌나 -(으)ㄴ지
형용사 形容詞	작다	어찌나 작았는지	어찌나 작은지
	크다	어찌나 컸는지	어찌나 큰지

❶ 선행절의 내용을 강조하며 그것이 후행절의 원인이 될 때 사용한다.
   先行節の内容を強調し、それが後続節の原因になる場合に使う。

> 例 ▸ • 가: 이번 여름은 날씨가 **어찌나** 더운지 밖에 나가고 싶지가 않네요.
>   今年の夏はあまりにも暑くて、外に出たくありませんでした。
>   나: 맞아요. 너무 더워서 짜증이 날 정도예요. そうです。暑すぎて頭にくるほどです。
>
> • 아까 맛있다고 밥을 **어찌나** 많이 먹었는지 지금도 배가 불러요.
>   さっき、おいしいとご飯をどれだけたくさん食べたのか、今でもお腹がいっぱいです。

주의사항 注意事項

● 동사를 사용할 때 '잘, 많이, 자주, 열심히' 등의 부사와 함께 자주 사용된다.
   動詞を使う場合、「잘, 많이, 자주, 열심히」等の副詞とともに使われることが多い。

> 例 한국 요리를 어찌나 잘 먹는지 한국 사람 같아요.
>   韓国料理をどれだけよく食べるのか、韓国人みたいです。

▶ '어찌나 -는지'는 '얼마나 -는지'와 바꾸어 사용할 수 있다.
   「어찌나 -는지」は、「얼마나 -는지」に置き換えて使うことができる。

> 例 ▸ • 옆집이 **어찌나** 시끄러운지 잠을 잘 수가 없다.
>   隣の家がどれほどうるさいか、眠れない。
>   = 옆집이 **얼마나** 시끄러운**지** 잠을 잘 수가 없다.

unit 29
기타

※ 다음 문장의 의미를 가장 잘 설명하고 있는 것을 고르십시오.

　　내 친구는 목소리가 어찌나 작은지 옆에 있는 사람도 잘 들을 수가 없어요.

　① 내 친구의 목소리가 아주 작아서 사람들이 잘 듣지 못한다.
　② 내 친구의 목소리가 아주 작지만 사람들이 듣는 데에 문제가 없다.
　③ 내 친구의 목소리가 더 작다면 사람들이 잘 듣지 못했을 것이다.
　④ 내 친구의 목소리가 더 작다면 몰라도 사람들이 듣는 데에 문제가 없다.

解説

友達の声が小さすぎて、よく聞こえないという内容の文を選ぶ問題である。②は声が小さいが皆は問題なく聞くことができるということを表し、③と④は友達の声がもっと小さい場合を仮定する意味のため、答えにならない。したがって、友達の小さすぎる声のせいで皆聞こえないという意味の①が正解である。

正解 ①

148 −으리라고 ★

知っておこう

		−았/었으리라고	−(으)리라고
동사 動詞	먹다	먹었으리라고	먹으리라고
	합격하다	합격했으리라고	합격하리라고
형용사 形容詞	작다	작았으리라고	작으리라고
	크다	컸으리라고	크리라고

		이었/였으리라고	(이)리라고
명사+이다 名詞+이다	학생	학생이었으리라고	학생이리라고
	친구	친구였으리라고	친구리라고

❶ 어떤 일에 대한 추측을 나타낼 때 사용한다. ある事に対する推測を表す場合に使う。

例 · 열심히 공부했으니까 꼭 합격하리라고 믿어요.
　　一生懸命勉強したから、必ず合格するだろうと信じます。

· 같은 학교 학생이니 우연히 한번쯤은 만나리라고 생각해.
　同じ学校の学生だから、偶然に一度くらいは会うだろうと思う。

· 그 사람이 지영 씨 친구였으리라고 생각하지 못했어요.
　その人がチヨンさんの友達であるとは思えませんでした。

주의사항 注意事項

● '−으리라고' 뒤에 '믿다, 생각하다, 보다' 등의 동사가 자주 온다.
「−으리라고」の後に「믿다, 생각하다, 보다」等の動詞がよく来る。

● '생각, 예상, 추측, 믿음' 등의 명사 앞에서 '−으리라는 N' 형태로 사용한다.
「생각, 예상, 추측, 믿음」等の名詞の前で「−으리라는 N」の形で使う。

例 나는 그 사람이 거짓말을 하지 않으리라는 믿음을 가지고 있어요.　私はその人がうそをついていないだろうと
　　　　　　　　　　　　　　　(명사) (名詞)　　　　　　　　　信じる心を持っています。

TIP

이 문법은 '-으리라고는 상상도 못하다'의 형태로 자주 사용돼요.
この文法は、「-으리라고는 상상도 못하다」の形でよく使われます。

'-으리라고는 상상도 못하다'의 의미는 어떤 일에 대해서 생각조차 못하고
있었다는 것을 나타내요. 그래서 정말 생각지도 못한 깜짝 놀란 일이라는
것을 표현할 때 사용해요.
「-으리라고는 상상도 못하다」の意味は、あることについて考えることさえできていないということを表します。それで、本当に考えることもできないびっくりしたことを表現する場合に使います。

例　너가 이번 시험에서 1등을 하리라고는 상상도 못했어.
　　おまえが今回の試験で1等になるだろうと想像もできなかった。

2. 확인하기　　確認しよう

※ 밑줄 친 부분에 가장 알맞은 것을 고르십시오.

가: 만나기만 하면 싸우던 두 사람이 다음 주에 결혼을 한다니 정말 믿을 수 없었어요.
나: 저도 _____.

① 두 사람이 결혼하리라고는 상상도 못했어요
② 두 사람이 결혼 안 한다면 믿지 못했을 거예요
③ 두 사람이 사이가 나쁘다고 생각지도 못했어요
④ 사이가 좋은 두 사람이 결혼할 거라고 믿었어요

解説

会えば必ず喧嘩する二人が結婚する、ということに対して全く予想できなかったという意味の文である。②は二人が結婚することが当然だと信じることを意味し、③は二人の仲がいいと考えるという意味で、④は二人が結婚すると信じるということを表す。したがって、二人が結婚するとは全然知らなかったという意味を表す①が正解である。

正解 ①

149 -을락 말락 하다 ★

1. 알아두기　知っておこう

		-(으)ㄹ락 말락 하다
동사 動詞	닿다	닿을락 말락 하다
	보이다	보일락 말락 하다

❶ 어떤 일이 거의 일어날 것 같다가 안 일어남을 나타낸다.
ある事が起こりそうで起こらないことを表す。

 · 잠이 겨우 들**락 말락 했**는데 전화 소리에 깼어요. 眠りにやっとつきそうだったのに、電話の音で覚めました。

· 바람이 부니까 잎이 떨어질**락 말락 해**요. 風が吹くので葉が今にも落ちそうです。

· 손을 뻗긴 뻗었는데 닿**을락 말락 해**요. 手を伸ばすことは伸ばしましたが、今にも届きそうで届きません。

2. 확인하기　確認しよう

※ 다음 밑줄 친 부분에 알맞은 것을 고르십시오.

　가: 하늘을 보니까 비가 ＿＿＿＿＿＿＿＿＿＿.
　나: 그러네요. 아침에 뉴스에서 그냥 흐리다고만 했었는데.

　① 올 뿐이에요
　② 올 뻔했어요
　③ 올까 해요
　④ 올락 말락 해요

解説

空を見て、すぐ雨が降りそうだと話す状況である。①の「-을 뿐이다」は一つの事実以外に別のことはないという意味ほか
で、②の「-을 뻔하다」は起こりそうだったが結局起こらなかったという意味で、③の「-을까 하다」は主語の計画を表すため、
答えにならない。したがって、すぐ雨が降りそうだと話す④が正解である。

正解 ④

150 -지 그래(요)? ★

1. 알아두기　知っておこう

		-지 그래(요)?
동사 動詞	먹다	먹**지 그래(요)?**
	가다	가**지 그래(요)?**

❶ 다른 사람에게 어떤 일을 하기 권하거나 추천할 때 사용한다.
他の人に、あることをすることを勧めたり推薦する場合に使う。

例 ▸ ・가: 내일 회사 면접이 있는데 어떤 옷을 입어야 할지 고민이에요.
　　　 明日、会社の面接があるのですが、どんな洋服を着なければならないか悩みです。
　　 나: 지난번에 산 검은색 양복을 입**지 그래요?** 先週買った黒色のスーツを着ればどうですか?

　　 ・가: 감기에 걸렸는지 목이 너무 아프네. 風邪を引いたのか喉がとても痛いです。
　　 나: 그럼 꿀물을 마셔 보**지 그래?** それじゃ、蜂蜜を溶かした水を飲んでみたらどうですか?

2. 확인하기　確認しよう

※ 밑줄 친 문장과 의미가 같은 것을 고르십시오.

가: 내일이 어머니 생신인데 뭘 선물하면 좋을지 모르겠어요.
나: 요즘 날씨가 추워졌으니까 따뜻한 장갑을 <u>선물하면 어때요?</u>

① 선물할까 봐요.
② 선물해 놓으세요.
③ 선물하게 할까요?
④ 선물하지 그래요?

解説

お母さんの誕生日プレゼントとして手袋を推薦する状況である。①の「-을까 보다」は話し手の計画を表し、②の「-아/어 놓다」はあることを前もって準備する場合に使い、③の「-게 하다」は話し手が別の人に仕事をするようにさせるという意味のため、答えにならない。したがって、別の人にあることをすることを推薦する④の「-지 그래요?」が正解である。

正解 ④

연습 문제 練習問題

1   다음 밑줄 친 부분과 의미가 비슷한 것을 고르십시오.

고향에 <u>도착하는 대로</u> 전화해 주세요.

① 도착했으니까   ② 도착하자마자
③ 도착하더라도   ④ 도착하기 전에

2   (   ) 안에 알맞은 것을 고르십시오.

가: 너는 민호 씨 이야기가 재미있나 봐. 민호 씨가 얘기만 하면 웃잖아.
나: 아니야. 나도 재미없는데 그냥 예의상 (   ).

① 재미있을 거야   ② 재미있었으면 해
③ 재미있을까 봐 걱정이야   ④ 재미있는 척하는 거야

3   다음 (   )에 알맞은 말을 고르십시오.

가: 죄송하지만 부탁하신 일이 아직 안 끝났습니다.
나: 그럼, 시간을 더 줄 테니까 (   ) 이메일로 보내 주세요.

① 완성할 만큼   ② 완성하느라고
③ 완성하는 대로   ④ 완성하는 정도로

4   다음 두 표현을 가장 알맞게 연결한 것을 고르십시오.

한국어를 공부하다 / 더 어렵다는 생각이 들다

① 한국어를 공부할 뿐이지 더 어렵다는 생각이 들어요.
② 한국어를 공부할수록 더 어렵다는 생각이 들어요.
③ 한국어를 공부할까 봐서 더 어렵다는 생각이 들어요.
④ 한국어를 공부할 정도로 더 어렵다는 생각이 들어요.

unit 29
기타

연습 문제 練習問題

5 (   ) 안에 알맞은 것을 고르십시오.

가: 오늘 수업 내용은 정말 어렵더라. 그런데 수업 시간에 보니까 너는 다 이해한 것 같더라.
나: 아니야. 교수님이 자꾸 나를 보시길래 잘 모르면서 그냥 (   ) 했어.

① 이해할 줄   ② 이해할 법
③ 이해하는 척   ④ 이해하는 셈   **135**

6 밑줄 친 문장의 의미와 같은 것을 고르십시오.

가: 어제 회식에서 술을 많이 마셨어요?
나: 아니요, 술을 마시기 싫어서 <u>술을 전혀 못 마시는 척했어요.</u>

① 술을 마시는 사람을 이해하지 못하겠어요
② 술을 같이 마시자고 계속 말했어요
③ 술을 마실 수 있지만 못 마신다고 했어요
④ 술을 마시고 싶어도 못 마셔요   **135**

7 (   )에 들어갈 적당한 말을 고르십시오.

가: 떡볶이가 맵다고 하면서 계속 잘 먹네.
나: 맵기는 한데 (   ) 맛있어요.

① 먹을 테니까   ② 먹어서 그런지
③ 먹는다고 해도   ④ 먹을수록   **138**

8 두 문장을 바르게 연결한 것을 고르십시오.

민호가 곧 올 거예요. 그러면 바로 출발하도록 할게요.

① 민호가 오기 전에 출발하도록 할게요.
② 민호가 오는 데에 출발하도록 할게요.
③ 민호가 오는 대로 출발하도록 할게요.
④ 민호가 온다고 해도 출발하도록 할게요.   **134**

9   제시된 상황에 맞는 대화가 되도록 밑줄 친 부분에 가장 알맞은 것을 고르십시오.

상황 – 친구와 같이 영화관에서 슬픈 영화를 보고 나왔다.

가: 영화가 정말 슬프고 감동적이었지?
나: 응, 아까 영화를 보다가 _____.

❶ 눈물이 났어도 괜찮았어   ❷ 눈물이 날 뻔했어
❸ 눈물을 흘릴 리가 없었어   ❹ 눈물을 흘리지 않았을 텐데   **139**

10   다음 두 표현을 가장 알맞게 연결한 것을 고르십시오.

친구는 많다 / 더 좋다

❶ 친구는 많으면 많을수록 더 좋습니다.   ❷ 친구는 많든지 적든지 더 좋습니다.
❸ 친구는 많으려고 해도 더 좋습니다.   ❹ 친구는 많으나마나 더 좋습니다.   **138**

11   다음 (   )에 알맞은 것을 고르십시오.

가: 아이고, 네가 나를 안 잡아 줬으면 계단에서 (   ).
나: 계단이 미끄러우니까 조심해.

❶ 넘어질 텐데   ❷ 넘어질까 해
❸ 넘어진 척했어   ❹ 넘어질 뻔했어   **139**

12   (   ) 안에 알맞은 것을 고르십시오.

가: 한국어를 정말 잘하시네요.
나: (   ). 아직도 멀었는데요.

❶ 잘하기는요   ❷ 잘하고 말고요
❸ 잘하는 셈이죠   ❹ 잘하는 편이죠   **141**

unit 29
기타

연습 문제 練習問題

13   다음 밑줄 친 부분에 가장 알맞은 것을 고르십시오.

가: 제가 아까 횡단보도를 건너다가 _____. 정말 깜짝 놀랐어요.
나: 또 음악을 듣다가 주변을 보지 않고 길을 건넜지? 엄마가 횡단보도에서는 조심하라고
    했잖아.

❶ 사고가 날 뻔했어요   ❷ 길에 자동차가 없던데요
❸ 친구가 길에 쓰러졌어요   ❹ 사람들이 함께 건넜어요   **139**

14   (　　　) 안에 알맞은 것을 고르십시오.

가: 미영 씨, 이 음식을 직접 만든 거예요? 요리 실력이 진짜 대단한데요!
나: (　　　　　　). 평범한 실력에 불과해요.

❶ 대단하나 마나예요   ❷ 대단한 것 같아요
❸ 대단하기는요   ❹ 대단한 체해요   **141**

15   밑줄 친 부분과 의미가 같은 말을 고르십시오.

가: 휴가 때 어디로 여행을 갈 지 결정했어요?
나: 쉽게 결정할 수가 없네요. 가고 싶은 곳이 너무 많아서 말이에요.

❶ 여행갈 곳을 결정하기가 힘들어요.   ❷ 전혀 힘들지 않게 결정을 했어요.
❸ 별로 힘들지 않게 결정을 했어요.   ❹ 결정을 하는 게 이만저만 쉽지 않아요.   **140**

16   빈칸에 들어갈 말로 알맞은 것을 고르십시오.

요즘 내 친구 혜경이에게 무슨 일이 있는 것 같다. 성격이 밝고 명랑하던 혜경이는 요즘 만
나도 말도 별로 안 하고 내가 말을 해도 (　　　　　) 한다.

❶ 듣거나 말다가   ❷ 듣든지 말든지
❸ 듣는 둥 마는 둥   ❹ 들으면 들을수록   **142**

17 다음 밑줄 친 부분에 알맞은 것을 고르십시오.

> 가: 이번 주말에 집들이하는데 혹시 와서 좀 도와줄 수 있어?
> 나: 그럼 _____. 몇 시까지 가면 돼?

❶ 도와줄 리 없어　　　　　　　❷ 도와줘 봤어

❸ 도와주고말고　　　　　　　　❹ 도와주곤 했어　　　**143**

18 밑줄 친 부분과 바꿔 쓸 말을 고르십시오.

> 가: 여보, 민호는 어디 갔어요?
> 나: 몰라. 아까 밥을 먹는 둥 마는 둥 하더니 나가 버렸어.

❶ 밥을 먹고 또 먹고　　　　　　❷ 밥을 제대로 안 먹고

❸ 밥을 계속 먹다가　　　　　　❹ 밥을 전혀 안 먹고　　　**142**

19 다음 밑줄 친 부분과 바꾸어 쓸 수 있는 것을 고르십시오.

> 엄마 말을 계속 안 듣다가는 혼나는 수가 있어요.

❶ 혼날 리가 없어요　　　　　　❷ 혼날 정도예요

❸ 혼날까 해요　　　　　　　　❹ 혼날 지도 몰라요　　　**144**

20 밑줄 친 부분을 같은 의미로 바꾸어 쓴 것을 고르십시오.

> 학교에서 공부하기 싫어서 아픈 체했더니 선생님께서 집에 가라고 하셨어요.

❶ 아픈 셈쳤더니　　　　　　　❷ 아픈 척했더니

❸ 아플 뻔했더니　　　　　　　❹ 아플 뿐이었더니　　　**145**

연습 문제 練習問題

21   밑줄 친 부분에 알맞은 것을 고르십시오.

가: 왜 이렇게 늦었어요? _____.
나: 미안해요. 연락하려고 했는데 핸드폰 베터리가 없었어요.

❶ 늦는 척이라도 해야죠   ❷ 얼마나 걱정했는지 몰라요
❸ 무소식이 희소식이라고 했잖아요   ❹ 얼마나 늦었는지 걱정하고 있었어요

137

22   다음 밑줄 친 부분 중 바른 것을 고르십시오.

❶ 가족들이 모두 옛날 사진을 보던데요.
❷ 계속 통화 중인걸 보니까 바쁜가 봤어요.
❸ 오랜만에 친구를 만나게 되더라도 자주 연락할 거예요.
❹ 오늘 내가 심하게 운동을 하더니 친구가 몸살이 났어요.

136

23   다음 두 문장을 바르게 연결한 것을 고르십시오.

4월에 눈이 오다 / 믿을 수 없다

❶ 4월에 눈이 오느라고 믿을 수 없어요.   ❷ 4월에 눈이 오다시피 믿을 수 없어요.
❸ 4월에 눈이 오다니 믿을 수 없어요.   ❹ 4월에 눈이 오다가 믿을 수 없어요.

146

24   밑줄 친 부분에 알맞은 것을 고르십시오.

가: 요즘 물가가 올라서 만원으로 살 수 있는 물건이 몇 개 없어요.
나: 맞아요. 특히 _____.

❶ 채소값이 얼마나 올랐어요?   ❷ 채소를 얼마나 샀는지 알아요?
❸ 채소값이 얼마나 올랐는지 몰라.   ❹ 채소가 얼마인지 모르겠어요.

137

25   밑줄 친 부분에 가장 알맞은 것을 고르십시오.

      가: 내가 대학교에 일등으로 합격하다니 정말 믿을 수 없어.
      나: 그러게. 나도 합격은 예상했지만 _____.

      ① 일등을 하리라고는 상상도 못했어
      ② 일등을 못 했다면 믿지 못했을 거야
      ③ 일등을 하는 게 이렇게 어려울 줄 몰랐어
      ④ 일등을 한 것은 당연한 결과라고 생각해   148

26   밑줄 친 부분과 의미가 같은 것을 고르십시오.

      가: 아들이 이번에 대학에 합격했다고 들었어요. 축하해요.
      나: 고마워요. 합격 소식을 듣기 전까지 얼마나 마음을 졸였는지 몰라요.

      ① 마음이 맞았어요   ② 마음이 편했어요
      ③ 걱정을 정말 많이 했어요.   ④ 걱정을 할 필요가 없었어요   137

27   빈칸에 알맞은 것을 고르십시오.

      가: 수민 씨가 노래를 잘 한다고 (   ) 들어 봤어요?
      나: 안 그래도 어제 노래방에 같이 갔었는데 정말 잘했어요.

      ① 하고서   ② 하도록
      ③ 하더니   ④ 하던데   136

28   다음 밑줄 친 부분에 알맞은 것을 고르십시오.

      가: 벽에 붙어 있는 종이가 _____.
      나: 그러네요. 다시 붙여야겠어요.

      ① 떨어질 뿐이에요   ② 떨어질 리가 없어요
      ③ 떨어질까 해요   ④ 떨어질락 말락 해요   149

29 밑줄 친 부분과 의미가 같은 것을 고르십시오.

눈이 내린 학교가 <u>어찌나 아름다운지</u> 사진을 찍을 수밖에 없네요.

❶ 아주 아름다워서   ❷ 아주 아름답긴 해도

❸ 아주 아름다운 반면에   ❹ 아주 아름답도록   **147**

30 밑줄 친 문장과 의미가 같은 것을 고르십시오.

가: 요즘 밤에 잠이 안 와서 걱정이에요.
나: 자기 전에 따뜻한 <u>우유를 마시는 게 어때요?</u>

❶ 우유를 마실까 봐요.   ❷ 우유를 준비해 놓았어요.

❸ 우유를 마시게 할까요?   ❹ 우유를 마시지 그래요?   **150**

31 빈칸에 알맞은 것을 고르십시오.

가: 그 회사 면접에 사람들이 많이 왔다면서요?
나: 네, 역시 경쟁률이 _____.

❶ 세던데요   ❷ 세면서요

❸ 셀까 봐서요   ❹ 셀 리가 없어요   **136**

부록 付録

불규칙 不規則

반말 ぞんざい語

서술문 叙述文

1. '**ㄷ**' 불규칙 : 받침이 'ㄷ'인 어간은 모음 '-아/어'나 '으'로 시작하는 문법 형태와 결합할경우 어간 받침 'ㄷ'가 'ㄹ'로 바뀐다. 단, '닫다, 받다'의 경우는 받침의 형태가 변하지 않는다.

「ㄷ」不規則 : パッチムが「ㄷ」の語幹は母音「아/어」や「으」で始まる文法形態と結合する場合、語幹パッチム「ㄷ」が「ㄹ」に変わる。しかし、「닫다, 받다」の場合はパッチムの形態が変わらない。

걷다 ▶ 걷 + 어요 → 걸 + 어요 → 걸어요
　　 ▶ 걷 + 으니까 → 걸 + 으니까 → 걸으니까

	-아/어요	-아/어도	-(으)ㄹ 텐데	-(으)면	-(으)니까	-(스)ㅂ니다
걷다	걸어요	걸어도	걸을 텐데	걸으면	걸으니까	걷습니다
듣다	들어요	들어도	들을 텐데	들으면	들으니까	듣습니다
묻다	물어요	물어도	물을 텐데	물으면	물으니까	묻습니다
싣다	실어요	실어도	실을 텐데	실으면	실으니까	싣습니다
닫다	닫아요	닫아도	닫을 텐데	닫으면	닫으니까	닫습니다
받다	받아요	받아도	받을 텐데	받으면	받으니까	받습니다

例 ▶ • 많이 걸어야 할 텐데 편한 운동화를 준비하세요.
　　　たくさん歩かなければならないだろうから、楽な運動靴を準備してください。

　　• 한국 음악을 들어 보니까 어땠어요?
　　　韓国の音楽を聴いてみて、どうですか？

　　• 곧 출발합니다. 어서 차에 짐을 실으세요.
　　　すぐ出発します。どうぞ車に荷物を載せてください。

2. '**ㅂ**' 불규칙 : 받침이 'ㅂ'인 어간은 모음 '아/어'나 '으'로 시작하는 문법 형태와 결합할 경우 어간 받침 'ㅂ'는 없어지고, 모음 '아/어'는 '워'로 '으'는 '우'로 바뀐다. 단, '돕다'의 경우는 모음 '아/어'로 시작하는 문법 형태가 올 경우 '아/어'는 '와'로 바뀐다. 그런데 '입다, 좁다'의 경우는 받침의 형태가 변하지 않는다.

「ㅂ」不規則 : パッチムが「ㅂ」の語幹は母音「아/어」や「으」で始まる文法形態と結合する場合、語幹パッチム「ㅂ」はなくなり、母音「아/어」は「워」に、「으」は「우」に変わる。但し、「돕다」の場合は母音「아/어」で始まる文法形態が来る場合、「아/어」は「와」に変わる。しかし、「입다, 좁다」の場合はパッチムの形態が変わらない。

덥다 ▶ 덥 + 어요 → 더 + 워요 → 더워요
　　 ▶ 덥 + 으니까 → 더 + 우니까 → 더우니까

	-아/어요	-아/어도	-(으)ㄹ 텐데	-(으)면	-(으)니까	-(스)ㅂ니다
덥다	더워요	더워도	더울 텐데	더우면	더우니까	덥습니다
아름답다	아름다워요	아름다워도	아름다울 텐데	아름다우면	아름다우니까	아름답습니다
고맙다	고마워요	고마워도	고마울 텐데	고마우면	고마우니까	고맙습니다
돕다	도와요	도와도	도울 텐데	도우면	도우니까	돕습니다
입다	입어요	입어도	입을 텐데	입으면	입으니까	입습니다
좁다	좁아요	좁아도	좁을 텐데	좁으면	좁으니까	좁습니다

例
• 날씨가 너무 더운 탓에 밤에 잠을 잘 수가 없어요.
　暑すぎるせいで夜、眠れません。

• 지하철역이 가까워서 출근하기가 편해요.
　地下鉄の駅が近いので、通勤が楽です。

• 상희 씨가 입은 옷은 요즘 한창 유행하는 스타일이에요.
　サンヒさんが着ている服は最近とても流行しているスタイルです。

3. '으' 불규칙: 끝음절이 모음 '으'로 끝나는 어간은 '아/어'로 시작하는 문법 형태와 결합할 경우 어간의 '으'는 없어진다.
「으」不規則 : 終節が母音「으」で終わる語幹は「아/어」で始まる文法形態と結合する場合、語幹の「으」は無くなる。

예쁘다 ▶ 예쁘 + 어요 → 예뻐요

	-아/어요	-아/어도	-(으)ㄹ 텐데	-(으)면	-(으)니까	-(스)ㅂ니다
예쁘다	예뻐요	예뻐도	예쁠 텐데	예쁘면	예쁘니까	예쁩니다
기쁘다	기뻐요	기뻐도	기쁠 텐데	기쁘면	기쁘니까	기쁩니다
고프다	고파요	고파도	고플 텐데	고프면	고프니까	고픕니다
쓰다	써요	써도	쓸 텐데	쓰면	쓰니까	씁니다

例 • 상희 씨는 하도 예뻐서 인기가 많아요.
　　サンヒさんはとてもかわいいので人気があります。

• 아침을 먹는 둥 마는 둥 했더니 배가 너무 고파요.
　朝ご飯を食べたのやら食べないのやらお腹がとてもすきました。

• 벌써 이번 달 월급을 다 써 버렸어요.
　既に今月の給料を全て使ってしまいました。

4. '르' 불규칙: 끝음절이 '르'인 어간은 '아/어'로 시작하는 문법 형태와 결합할 경우 어간에 받침 '르'이 생기고 '으'가 없어진다.

「르」不規則 : 終節が「르」の語幹は「아/어」で始まる文法形態と結合する場合、語幹にパッチム「ㄹ」が生じ、「으」が無くなる。

모르다 ▶ 모름 + 아요 → 몰ㄹ + 아요 → 몰라요

	-아/어요	-아/어도	-(으)ㄹ 텐데	-(으)면	-(으)니까	-(스)ㅂ니다
모르다	몰라요	몰라도	모를 텐데	모르면	모르니까	모릅니다
고르다	골라요	골라도	고를 텐데	고르면	고르니까	고릅니다
오르다	올라요	올라도	오를 텐데	오르면	오르니까	오릅니다
부르다	불러요	불러도	부를 텐데	부르면	부르니까	부릅니다

例 • 그 사람을 아무리 불러도 대답을 안 했어요.
　　その人をいくら呼んでも返事をしませんでした。

• 요즘 물가가 많이 올랐다고 해요.
　最近、物価がかなり上がったそうです。

• 친구 생일인데 선물 좀 같이 골라 주세요.
　友達の誕生日なのでプレゼントを一緒に選んでください。

5. 'ㅅ' 불규칙: 받침이 'ㅅ'인 어간은 모음 '아/어'나 '으'로 시작하는 문법 형태와 결합할 경우 어간 받침 'ㅅ'이 없어진다.

「ㅅ」不規則 : パッチム「ㅅ」の語幹は母音「아/어」や「으」で始まる文法形態と結合する場合、語幹パッチム「ㅅ」が無くなる。

짓다 ▶ 짓 + 어요 = 지어요
　　 ▶ 짓 + 으면 = 지으면

	-아/어요	-아/어도	-(으)ㄹ 텐데	-(으)면	-(으)니까	-(스)ㅂ니다
짓다	지어요	지어도	지을 텐데	지으면	지으니까	짓습니다
붓다	부어요	부어도	부을 텐데	부으면	부으니까	붓습니다
젓다	저어요	저어도	저을 텐데	저으면	저으니까	젓습니다
웃다	웃어요	웃어도	웃을 텐데	웃으면	웃으니까	웃습니다
씻다	씻어요	씻어도	씻을 텐데	씻으면	씻으니까	씻습니다

 • 길에서 넘어져서 발목이 부었어요.
　　　道で転んで足首が腫れました。

　　　• 동대문은 지은 지 얼마나 됐어요?
　　　東大門は建ててからどのくらい経ちましたか？

　　　• 제 동생은 자주 웃는 편이에요.
　　　私の弟(妹)はよく笑う方です。

6. 'ㄹ' 불규칙: 받침이 'ㄹ'인 어간은 모음 'ㄴ, ㅂ, ㅅ'로 시작하는 문법 형태와 결합할 경우 어간 받침 'ㄹ'이 없어진다. 뿐만 아니라 받침이 'ㄹ'인 어간은 모음 '으'로 시작하는 문법 형태와 결합할 경우는 'ㄹ' 받침과 '으'가 없어진다.

　「ㄹ」不規則：パッチム「ㄹ」の語幹は母音「ㄴ,ㅂ,ㅅ」で始まる文法形態と結合する場合、語幹パッチム「ㄹ」が無くなる。それだけでなく、パッチムが「ㄹ」の語幹は母音「으」で始まる文法形態と結合する場合は「으」が無くなる。

　　　살다 ▶ 살+ㅂ니다 = 삽니다
　　　　　 ▶ 살+는 = 사는
　　　　　 ▶ 살 +으면 = 살면

	-아/어요	-아/어도	-(으)ㄹ 텐데	-(으)면	-(으)니까	-(스)ㅂ니다
살다	살아요	살아도	살 텐데	살면	사니까	삽니다
놀다	놀아요	놀아도	놀 텐데	놀면	노니까	놉니다
만들다	만들어요	만들어도	만들 텐데	만들면	만드니까	만듭니다
멀다	멀어요	멀어도	멀 텐데	멀면	머니까	멉니다

例

- 한국에서 산 지 벌써 10년이 되었어요.
  韓国に住んでもう10年になりました。

- 어머니께서 만드신 고향 음식을 먹고 싶어요.
  母が作った田舎の料理が食べたいです。

- 먼 곳으로 이사를 가도 계속 연락합시다.
  遠い所に引っ越ししても、ずっと連絡を取りましょう。

7. 'ㅎ' 불규칙: 받침이 'ㅎ'인 어간은 '아/어'로 시작하는 문법 형태와 결합할 경우 받침 'ㅎ'가 없어지고 '아/어'는 '애'가 된다. 반면에 '으'로 시작하는 문법 형태와 결합할 경우 받침 'ㅎ'는 없어지지만 '아/어'는 변하지 않는다.

「ㅎ」不規則：パッチム「ㅎ」の語幹は母音「아/어」で始まる文法形態と結合する場合、パッチム「ㅎ」が無くなり、「아/어」は「애」になる。一方、母音「으」で始まる文法形態と結合する場合、パッチム「ㅎ」は無くなり、「아/어」は変わらない。

노랗다 ▶ 노랗다 + 아요 = 노래요
　　　 ▶ 노랗다 + 니까 = 노라니까

	-아/어요	-아/어도	-(으)ㄹ 텐데	-(으)면	-(으)니까	-(스)ㅂ니다
노랗다	노래요	노래도	노랄 텐데	노라면	노라니까	노랗습니다
까맣다	까매요	까매도	까말 텐데	까마면	까마니까	까맣습니다
하얗다	하얘요	하얘도	하얄 텐데	하야면	하야니까	하얗습니다
그렇다	그래요	그래도	그럴 텐데	그러면	그러니까	그렇습니다

例

- 황사가 심해서 하늘이 노래요.
  黄砂がひどくて空が黄色いです。

- 장례식에 갈 때는 까만색 옷을 입어야 해요.
  お葬式に行く時は、黒い服を着なければなりません。

- 아이에게 그런 칭찬을 하면 할수록 좋아요.
  子供にそのように誉めれば誉めるほどいいです。

반말
ぞんざい語

1. 알아두기 用法の確認

친구나 나이가 비슷한 친한 사람 또는 자기보다 나이가 어린 사람과 이야기할 때 사용한다.

友達や歳が近い親しい人、または自分より歳が若い人と話す時に使う。

가. 평서문/의문문 (平素文/疑問文)

동사 動詞		-았/었어	-아/어	-(으)ㄹ 거야
	먹다	먹었어	먹어	먹을 거야
	가다	갔어	가	갈 거야

형용사 形容詞		-았/었어	-아/어	-(으)ㄹ 거야
	작다	작았어	작아	작을 거야
	크다	컸어	커	클 거야

명사+이다 名詞+이다		이었어/였어	(이)야
	학생	학생이었어	학생이야
	친구	친구였어	친구야

- 가: 요즘 도나가 통 안 보이던데 어디 갔어?
  最近、ドナを全然見ないけど、どこか行った？
- 나: 유학 갔다고 들었어.
  留学したって聞いたよ。

- 가: 왜 이렇게 늦었어?
  どうしてこんなに遅くなったの？
- 나: 미안해. 길이 막혀서 어쩔 수가 없었어.
  ごめん。道が込んでいて、しようがなかったんだ。

- 가: 아까 이야기하던 사람 누구야? 아는 사람이야?
  さっき話しした人って誰？知っている人？
- 나: 응. 고등학교 때 친구였어.
  うん。高校の時の友達だよ。

나. 명령문 (命令文)

		-아/어	-지 마
동사 動詞	먹다	먹어	먹지 마
	가다	가	가지 마

例
- 가: 배고플 텐데 많이 먹어.
  お腹空いているだろうから、たくさん食べて。
- 나: 고마워. 맛있는 게 많네.
  ありがとう。おいしいものが多いね。

- 가: 뜨거우니까 만지지 마.
  熱いから触らないで。
- 나: 알았어. 큰일 날 뻔했네.
  わかったよ。大変なことになるところだった。

다. 청유문 (勧誘文)

		-자	-지 말자
동사 動詞	먹다	먹자	먹지 말자
	가다	가자	가지 말자

例
- 가: 시간이 없는데 빨리 가자.
  時間がないから早く行こう。
- 나: 그래. 조금만 기다려.
  そうね。少しだけ待って。

- 가: 하늘을 보니 비가 올 모양이야.
  空を見ると雨が降りそうだ。
- 나: 그러네. 그럼, 오늘 가지 말자.
  そうだね。じゃ、今日は行くのをやめよう。

2. 더 알아두기 もっと知ろう

높임말	반말	예문
저는 / 전	나는 / 난	저는 학생입니다. → 나는 학생이야.
제가	내가	제가 청소 할게요. → 내가 청소 할게.
(당신은)	너는 / 넌	(당신은) 누구예요? → 너는 누구야?
(당신이)	네가	(당신이) 혜경 씨예요? → 네가 혜경이야?
저의 / 제	나의 / 내	제 여자 친구를 소개 할게요. → 내 여자 친구를 소개 할게.
(당신의)	너의 / 네	(당신의) 차를 탈 거예요. → 네 차를 탈 거야.
(당신을)	너를 / 널	(당신을) 사랑해요. → 너를 사랑해.
(당신에게 / 당신한테)	너에게 / 너한테	(당신에게) 드릴 선물이 있어요. → 너에게 줄 선물이 있어.
(당신과 / 당신하고)	너와 / 너하고	(당신과) 결혼하고 싶어요. → 너와 결혼하고 싶어.
네	응	네, 알겠어요. → 응, 알겠어.
아니요	아니	아니요, 몰라요. → 아니, 몰라.

서술문
叙述文

1. 알아두기 知っておこう

보통 책이나 신문기사, 일기 등을 쓸 때 사용한다.
一般的に、本や新聞、日記などを書くときに使う。

		-았/었다	-(느)ㄴ다	-(으)ㄹ 것이다
동사 動詞	먹다	먹었다	먹는다	먹을 것이다
	가다	갔다	간다	갈 것이다

		-았/었다	-다	-(으)ㄹ 것이다
형용사 形容詞	좋다	좋았다	좋다	좋을 것이다
	예쁘다	예뻤다	예쁘다	예쁠 것이다

		이었다/였다	(이)다	일 것이다
명사+이다 名詞+이다	학생	학생이었다	학생이다	학생일 것이다
	친구	친구였다	친구다	친구일 것이다

 例
• 나는 매일 학교에 간다.
　私は毎日、学校に行く。
• 어제는 날씨가 좋았다.
　昨日は天気が良かった
• 저 분이 김 선생님일 것이다.
　あの方がキム先生だろう。

연습 문제 정답 練習問題 解答

unit 1 | 양보 | 讓歩
1. ① 2. ④ 3. ① 4. ② 5. ① 6. ②
7. ③ 8. ④ 9. ① 10. ① 11. ③ 12. ④
13. ③ 14. ② 15.③

unit 2 | 정도 | 程度
1. ① 2. ④ 3. ② 4.④ 5. ③ 6. ④
7. 구경해 볼 8. ③ 9. ② 10.② 11. ③
12. ③

unit 3 | 추측 | 推測
1. ① 2. ④ 3. ① 4. ③ 5. ④ 6. ①
7. ② 8. ④ 9. ② 10. ② 11. ③ 12. ③
13. ① 14. ③ 15. ②
16. ② 싫어한가 봐요 → 싫어하나 봐요 17. ③
18. ③ 19. ②

unit 4 | 순서 | 順序
1. ① 2. ② 3. ② 4. ② 5. ③ 6. ④
7. ③ 8. ① 9. ① 10. ④ 11. ③ 12. ②
13. ④ 14. ④ 15. ③ 16. ②

unit 5 | 목적 | 目的
1. ① 2. ② 3. ① 4. ② 5. ① 위한 → 위해
6. ③ 7. ② 8. ② 9. ① 10. ④ 11. ②
12. ①

unit 6 | 인용(간접화법) | 引用(間接話法)
1. ⓔ 돌아가자고 → 돌아가라고 2. ② 3. ②
4. ④ 5. ④ 6. ④

unit 7 | 당연 | 当然
1. ④ 2. ③ 3. ② 4. ③

unit 8 | 한정 | 限定
1. ② 2. ② 3. ④ 4. ② 5. ③

unit 9 | 나열 | 羅列
1. ④ 2. ② 3. ③ 4. ② 5. ④

unit 10 | 상태지속 | 状態·持続
1. ③ 2. ④ 3. ② 4. ① 5. ② 6. ①
7. ① 8. ② 9. ④ 10. ③ 11. ③ 12. ②

unit 11 | 조건 / 가정 | 条件/仮定
1. ② 2. ② 3. ③ 4. ① 5. ① 6. ③
7. ③ 8. ① 9. ④ 10. ① 11. ④ 12. ①
13. ③ 14. ② 15. ② 16. ③ 17. ②

unit 12 | 이유 | 理由
1. ② 2. ③ 3. ③ 4. ③ 했길래 → 하길래
5. ④ 6. ② 7. ④ 8. ① 9. ③ 10. ①
11. ③ 12. ③ 13. ④ 14. ④ 15. ② 16. ④
17. ② 18. ④ 19. ① 20. ② 21. ④ 22. ①

unit 13 | 사동 | 使役
1. ③ 2. ① 3. 먹여 4. ① 5. ④ 6. ②

unit 14 | 기회 | 機会
1. ① 2. ② 3. ①
4. ② 오는 김에 → 오는 길에 5. ②

unit 15 | 관형 | 連体形
1. ④ 2. ② 산 → 살 3. ④
4. ① 준비하는 → 준비했던 5. ①

unit 16 반복 反復

1. ② 2. ③ 3. ① 4. ①

unit 17 완료 完了

1. ④ 2. ④ 3. ① 4. ③ 5. ④

unit 18 정보확인 情報確認

1. ③ 2. ③ 3. ④ 4. ④ 5. ④

unit 19 대조 対照

1. ② 2. ④ 3. ④ 4. ② 5. ④ 6. ③
7. ① 8. ④

unit 20 계획 計画

1. ② 2. ③ 3. ① 4. ④ 5. ③ 6. ③
7. ④ 8. ① 9. ①

unit 21 피동 受け身

1. ④ 2. ③ 3. ① 4. ②

unit 22 기준 基準

1. ③ 2. ②

unit 23 바람·희망 願い·希望

1. ③ 2. ④ 3. ①

unit 24 변화 変化

1. ④ 2. ① 3. ②

unit 25 후회 後悔

1. ① 2. ③

unit 26 시간 時間

1. ① 2. ① 3. ② 4. ④

unit 27 선택·비교 選択·比較

1. ② 2. ① 3. ① 4. ① 5. ③ 6. ③ 7. ③
8. ④ 9. ④ 10. ④ 11. ③

unit 28 조사 助詞

1. ③ 2. ① 3. ④ 4. ③ 5. ① 6. ② 7. ④
8. ② 9. ① 10. ④ 11. ② 12. ③ 13. ②
14. ③ 15. ③ 16. ② 17. ②

unit 29 기타 その他

1. ② 2. ④ 3. ③ 4. ② 5. ③ 6. ③ 7. ④
8. ③ 9. ② 10. ① 11. ④ 12. ① 13. ①
14. ③ 15. ① 16. ③ 17. ③ 18. ② 19. ④
20. ② 21. ② 22. ① 23. ③ 24. ③ 25. ①
26. ③ 27. ④ 28. ④ 29. ① 30. ④ 31. ①